在基督里得自由

尼尔·安德森　司提夫·高斯

教员手册

信徒适用13周门徒训练课程
全新修订版

《在基督里得自由》教员手册　信徒适用13周门徒训练课程
Freedom in Christ. Leader's Guide, A 13 Week Discipleship Course For Every Christian
作者：尼尔·安德森、司提夫·高斯 合著 Neil T. Anderson & Steve Goss

版权所有。未经许可，请勿翻印。无论全书册或部分内容的翻印、转载，或任何方式的拷贝、录制、储存，必须先获得出版社的书面许可。若非特别注明，所有圣经参考皆取自和合本 - 新国际版，1990年。

ISBN: 978-1-913082-00-0

Copyright © Neil T. Anderson and Steve Goss 2004, 2009.
The right of Neil T. Anderson and Steve Goss to be identified as authors of this work has been asserted by them in accordance with the Copyright, Designs and Patents Act 1988.

Published by Freedom In Christ Ministries International
4 Beacontree Plaza, Gillette Way, Reading RG2 0BS, UK
Tel: +44 (0)118 321 8084 Fax: +44 (0)118 973 3313
Email: office@ficminternational.org
www.ficminternational.org

All rights reserved.

大英图书馆编目资料
本书书目收录于大英图书馆。

手册设计和插图：Ezekiel Design, Manchester, www.ezedkieldesign.co.uk

教会领袖怎么看《在基督里得自由》的课程？

《在基督里得自由》的课程在英国被数以千计的教会使用，帮助了大约125,000位基督徒成为结实累累的门徒。下述回应将帮助你评估它如何适用于你的处境：

> 越来越多新一代的基督徒背负着重大的属灵包袱，灵里受到伤害和辖制。
> 传统的门徒训练教材强调信徒的成长、恩赐和付出，却并不奏效。
> 然而藉着这课程，我们看见人们以前所未有的速度在灵命上突飞猛进。
> 这课程非常平衡、奠基于圣经、精心呈现，而且正被神大大地使用。
> Sam Griffiths, 萨默塞特郡 威灵顿浸信教会

> 《在基督里得自由》乃精心制作的课程，专为人们能经历圣经中的真理而设。
> 藉着它，许多人的生命被转化。这课程确实造就过形形色色的人们，
> 包括那些不堪回首过往的人们，又或是那些生活步伐平淡无奇的人。
> Graham Fry, 南威尔斯 纽波特市 圣珠联卫理堂

> 对于城市内的圣公会来说，这课程成了我们的优质资源，
> 因为教会内许多老老少少的基督徒，都背负着重大的情绪包袱。
> 看见他们被圣灵释放获得自由，真是非常令人心满意足。
> Arani牧师, 绍和牧区 以马内利堂 主任牧师

> 能够逐个礼拜看见生命奇妙地被转化，真是让人喜乐。
> 在三年内运用这课程所带来的转化，比起过去许多年所做成的都来得多。
> 它是继Alpha福音课程后绝佳的跟进教材。
> Jenny Walker, 威斯特堡镇 坦柯顿福音教会 门训部主任

> 相当释放人心的课程。它采用非常实际和敏锐的方式来处理生命的课题。
> 我们的教会因此而大大蒙福。
> Billy Fenning, 律定镇 圣救主以琳堂 信徒领袖总长

> 这课程为教会的生命带来戏剧性的影响，强大的属灵新浪潮洋溢着爱、
> 热忱和鼓舞，激荡在我们中间。会众切望期待主的医治和修复之工。
> Liz Smith, 簿拔治郊区 诸圣堂

> 《在基督里得自由》门徒训练课程为我们教会带来迥然不同的面貌。
> 如今，它是教会内培育新信徒的重要环节，我们竭尽所能地在小组生活内融入门徒训练课程。
> 《在基督里得自由》教材的强项在于它的基本理念——大多数基督徒的行为问题缘自于
> 其信念。当真理展现在个人面前之际，他若相信真理，就必经历自由。
> John Groves, 温彻斯特家庭教会 主任牧师

能看见信徒以崭新的方式掌握自己在基督里的身份，真是太棒了；
这课程成了非常好的管道，能促成这美好的事。

Jim Partridge, 中-苏设区 君王教会牧者

正如Alpha课程，它的教材并不新颖，而是古旧的基督教教义。
尼尔安德森和司提夫高斯把教义包装，成为易于接触和使用的教材。
只须稍加训练和思考，教会里任何人都能信手拈来用之。
FIC (Freedom in Christ) 团队在其中所提供的支援和鼓励，确实卓越出色。

Nick Cooper, 弗罗姆浸信教会 牧者

每次当我办这课程，神都向我说话，并指示我如何能更像耶稣。

Geoff Thompson, 切斯特市 王威堂 牧者

《在基督里得自由》课程的信息简易而深入，被证实是许多人生命中的转捩点。

Melanie Smith, 伯明罕市 莎莉澳克区 基督生命中心

《在基督里得自由》课程沿用的方式柔和，但却大有能力，能使人认识真理；
而且藉着真理，释放人得以自由。

Bob & Angela Earl, 士葩定镇 灯塔教会

这是独特的课程，因为它提供了机会，让人能明白作为神儿女意味着什么；
又使人能体会那释放人心的真理；彻底纠正人与神之间的关系；
它能除去拦阻，使人能重享父神的悦纳；并且帮助人迈向成熟。

Joyce Nimmo, 佩斯利镇 新生命教会

教会就像是从沉睡中骤然醒过来一般！一位年70岁的弟兄开始成为教会领袖们的支援，
并不是因为他认为自己作为基督徒这么多年，必须这么做；而是因为神与他相遇了，
神的大能彻底改变了他的想法和认知。这课程使基督徒得以刚强有力，管治自己的生命。
它是平静安恬、直截了当的，并且完全符合圣经。我很难用言词来形容其中的好处。

Jean Mintoft, 梯文浸信教会

我们的会友倍感激励，要继续迈步前进。许多人分享说，他们觉得自己不一样了，
而且内在经历着更深的自由。它正前所未有地为我们的教会带来合一。

Elizabeth Byrne, 爱尔兰 卡洛郡 黑克斯镇基督徒中心

目睹超过70人完成这课程，而自己则成为当中委身的热衷者。
它是相当好的教导方式，能帮助人深化门徒训练。
它也提供了管道，改变人心，使许多人的生命从此截然不同。

Ruth Humphreys, 蘭开夏郡 纽迅镇 The Mission

我们领受了这教导，经历"自由约见"过后，确实被神话语里深邃奥妙的教导所改变——我们认识了自己在基督里的位分，而这对我们和教会而言意味非凡。正如圣经说「真理能释放我们」，我们确实经历了个人的自由。教会若正寻求一种福音教导，想要改变会友的心志，并栽培他们作主门徒的话，我们向您极力推荐FIC，如此您的会友们就能自由地放眼教会的四面墙外，携手同建神的国度。

Aidan Tod, 吉爾福德市 圣约瑟堂罗马天主教会

我们目睹了属灵的高度成长和自由。在FIC的聚会中，我们的青少年人占大多数。他们来参加聚会，想要逗留更久，即使聚会结束，他们也不愿离开教会。哈利路亚！在基督里，他们是自由的。

Sadie Lindsay-Brooks, 山威尔区 奥尔德伯里神的新约教会 青少年和基督徒教育地区主任

我看见人们的认知被彻底改变，他们的基督徒生涯完全被转化。

Phil Cole, 柏让斯各尔社区教会 领袖

《在基督里得自由》的课程提供了一个架构，使人们得以坦然无惧地检视自己的过往和生活形态；并且它也提供了出路，使人们得以走出阴暗，迎向在基督里踏实的新生命。

Graham Marsh, 伊斯特本镇 君王教会

这真是一大福气，能找到一个结合了属灵发展及神活泼大能医治的课程；而且，不管你是来自于被高度剥削的社会基层，或是较为富裕的人家，这课程同样适用于你。

Canon Steve S Morgan, 梅瑟蒂德菲尔镇 基督教会

最常听到个别信徒对课程如此回应："我多么希望自己在刚成为基督徒的时候就知道这些事"；"它的教导是那么简单明了"；"没有人曾经如此解说。"

Sandra Stark, 格拉斯哥市Whitlawburn & Springhall社区教会

某位资深会友说，他曾经上过好几种带领人作信徒的课程，不过，这是第一个帮助了他成为真基督徒的课程。

Paul Day, 默西賽德郡 以克里斯顿区 圣路加堂

《在基督里得自由》这课程的好处，甚至惠及旁听生以外的人——那些他们在生活上所认识或遇见的人。有位旁听生说，她从未跟同事们提及自己是基督徒；但她在完成这课程之后，就把自己的见证向同事们分享，并且过后还带了许多同事来上Alpha课程！

Ben & Beccy Oliver, 布拉克內尔镇 柯律社区教会

我们把FIC课程当作是市面上最好的教材，因它能造就信徒持续与主同行。它鼓励信徒负起个人的责任，以致自己能更深入与神相交，也就更多发掘神所赐的恩泽。它对我们的教会和社区影响深远。

Adrian Pike, 坎柏里镇 烽火教会

我们有将近两千名会友上过了FIC课程，他们都被神摸着。
教会信徒的灵命显著地成长，许多周旋于伤害和饶恕的问题都被处理了。

Dawie van Vuuren, 伦敦 南非洲教会

《在基督里得自由》课程是我所见过最好的课程。无论我们是信主多年，或是刚信主才几个礼拜或几个月，稳固的圣经真理都能叫我们从捆绑中得自由。我向每位教会领袖推荐此课程，同时希望教会领袖也能尽量鼓励更多会友来上这课程。

Adrian Lowe, 士多波律治镇 安柏寇特基督徒中心

内容呈现清晰，插图幽默有趣，学员们皆感激不已。

Ron Craven, 怡莲丽镇 长老教会

我们一度停滞不前，也不知道该往哪里去。这课程帮助我们看见问题的症结，对症下药，并明白真理。它提供了一个架构，让我们可以面对问题，并释放我们得自由，继续往前迈进。信徒灵命前后的差别，实令人难以想像。

Betty Barnes, 彭布羅克市 避风港教会

《在基督里得自由》的门徒训练课程提供了踏实的根基，让信徒得以实际面对每天与主同行的挑战。其中一大优点在于它丰富的支援教材，里面包括了许多结构清晰的祷文和宣认文；此外，平衡而奠基于圣经的真理应有尽有，可以用来加强教学的内容。

Joel Jardine, 伦敦 城市圣殿

作为一间服事外籍人士的教会，我们有来自于各源流背景的会众群，而且他们停留在我们教会的时间非常短暂。《在基督里得自由》的门徒训练课程是非常有用的资源，让人们逗留这驿站的时日变得有意义。他们不但有机会检视自己与主的关系目前位于何处，而且，无论他们的下一站要去哪里，这课程仍然可以成为他们随手可用的资源。

Derek Frank, 日内瓦福音浸信教会

这是继Alpha福音课程之后，很好的跟进课程。由于许多初信主的基督徒对圣经的认识还很匮乏，所以这课程就益发显得举足轻重。

Andrew Whitman, 伯恩茅斯社区教会

《在基督里得自由》的课程彻底改变了人的生命。这些人先前属灵身份的不踏实感完全消失，接下来，他们接触其他人的方针也深受影响。耶稣变得又真又活，他们切望能跟其他人分享耶稣能够做成的工。这课程确实能使你的教会为主大发热心！

Jackie Leswell少校, 帕克斯顿区 救世军

我们已沿用过各种情境或方式来教课——无论是一对一、两三人小组、细胞小组，或是在教会的大组内运作。经过不同的教学情境，它被证实是教会的一大资产，教会可以运用它来栽培人成为有效率的门徒。

Richard & Anna Wilson, 海斯廷斯镇 王者教会

目录

课程入门
为何采用此课程？ 第10页
如何开办课程？ 第11页
课程的功效何在 第18页
培训和其他资源 第24页

课程简介（选修）
第零课：简介 第27页

第一章 基要真理
第一课：我从哪里来？ 第43页
第二课：我如今是谁？ 第63页
第三课：选择相信真理 第77页

第二章 世界、肉体和恶者
第四课：世界的真理观 第91页
第五课：我们的日常选择 第111页
第六课：拆毁营垒 第129页
第七课：心思的争战 第143页

第三章 断开往日的纠缠
第八课：妥善管理情绪 第163页
第九课：打从心里饶恕 第183页
带领《在基督里得自由的步骤》 第201页

第四章 成长为门徒
第十课：每日行在自由里 第221页
第十一课：与他人相处 第243页
第十二课：你朝何处走？ 第261页
第十三课：持续行走正道 第281页

在你的教会走多一哩路
更多应用 第302页
为年轻人而设的"在基督里得自由" 第303页
成为FIC之友 第304页

致谢

我们非常感激为《在基督里得自由》课程而献上努力，及协助教会有效地运用此课程的每一位。特别在此要感谢：

- Freedom In Christ Ministries 的义工团队。一直以来，为了能在教会内奠定这改变人心的信息，你们不计代价地付出，在各相关活动内从事教导，也为事工代祷，不遗余力地支持我们。没有你们，这些事都不可能做成。

- Tony Collins及其在莫纳(Monarch)的优秀团队。他们使这工程变为可能，并且信任我们能把这工程妥善地完成。

- Andy和Jenny Moxon。他们贡献了新版本的"静思"提问。

- Sue Lindsay。她修订"敬拜"项目上的建议。

- Ezekiel Design的Jon Smethurst。在紧凑的时间下，你的努力和贡献，已化作一幅幅卓越的设计和插图。

- 本课程先前的使用者。他们耗时费力，回馈本课程，提供了他们宝贵的经验和建议。

欢迎！

欢迎来上这全新修订版的《在基督里得自由》门徒训练课程！

我们的祷告是，这课程能在你用心经营的事工上生发莫大的效益，以致你能装备信徒，成为结实累累的门徒，并在你的社区产生确凿的影响力。

请阅读本手册的"课程入门"，获取相关的宝贵讯息，包括了解下一步该怎么做、课程简介、以及如何善用这课程等等。

请记得，Freedom In Christ Ministries随时守候，在如何进行课程的问题上，为领袖们提供意见。倘有需要，尽管致电联络我们！

首先请登记报名

无须支付分文，你就会获得：
- Freedom In Christ网页里特殊区的登入许可，你可以从此下载一些对进行课程有用的相关资料
- Freedom In Christ所发放的不定期讯息
- 在你所处地区内所举办的训练特会细节
- Freedom In Christ其余资源材料目录

欲登记报名，请上网www.ficm.org.uk/discipleship，并点击"登记(register)"，或致电0118 321 8084。

我们不会把你的个人资料向第三者透露；也不会发放无谓的讯息给你。

为何采用此课程？

耶稣吩咐我们要"去使人作主门徒"。虽然我们曾经带领一些人信主，但我想大多数人都会同意，我们其实只栽培了很少真门徒。太多的一般信徒仍旧挣扎不休，无法持守圣经的基要真理，也无法活出其中的真理。

我们通常耗费痛苦而漫长的年日才能趋向成熟。有时候，我们似乎被往日负面的影响所困；有时候，我们可能会重蹈复撤，灵里混淆不清，落入惯性犯罪的循环里。

这并不是指，我们缺乏了优秀的门训教导或资源。问题在于，我们若仍旧在昔日的罪中挣扎，仍旧被过去的经历所局限，我们将发现自己很难跟真理"连结"。我们无法体会耶稣所说的："你们必晓得真理，真理必叫你们得以自由。"（约8：32）

《在基督里得自由》门徒训练课程，将帮助每位基督徒解决个人属灵的冲突，藉着真心悔改，信徒能紧守自己在基督里的位份，甚至能以超乎自己想像的速率，迈向成熟。

本课程的目标：

- 解说耶稣所行过的奇妙真理，用意在于使基督徒能与真理"连结"，并把真理融入在他们的日常生活里。
- 帮助信徒明白当今属灵争战的本质，并装备他们胜过世界、肉体，和那恶者。
- 帮助信徒运用自己如今在基督里的权柄，去解决个人的属灵冲突。
- 装备基督徒能负起个人的责任，持守自己的自由，持续地迈向成熟并结果子。

本课程另有同步平行的青少年版本，专为11至18岁的青少年而设（参阅第303页）。

修订版不同之处

原版的课程经125,000名左右的基督徒所使用，并广受欢迎；因此，要推出新版本的课程，我们必须面对诸多挑战。不过，推陈出新实属必要。有鉴于此，我们要特别感谢那些愿意回馈和提出各种意见给我们的领袖。

着手进行这修订版的时候，我们致力于纳入所有的意见和回馈，同时保存原版课程的基本要素。课程的每个部分都经过修订，主要的不同之处如下：

- 增添课程简介（"第零课"）选修课。专为一些缺乏基督信仰背景的信徒而设，特别适合那些继Alpha课程、Christianity Explored课程等入门课程之后，而来上本课程的信徒。
- 大幅度修订了第四课"世界的真理观"，此课结合了"世界"（而不只是世界观）这课题的全面教导。同时，也重新撰写了第十、十一及十二课。
- 崭新的插图，新面貌的PowerPoint呈现档。此CD今以宽屏呈现，也适用于双屏幕的设置。
- 完全修订过的"静思"问题，帮助学员更深入思考。此外，也有新的提问指南。
- 完全修订过的"敬拜"主题建议
- 加入四本"门徒训练系列书籍"（参阅第25页）的参照书目和页数。这四本书是为了配合门徒训练课程而著，被证实是非常有效的门训进深书籍。

我们很乐意倾听教会使用此课程后的成就和挑战。请把您的经验回馈给我们，不吝分享您的忠告，好让我们能传递给其他人。

如何开办课程

这课程为期多久？

《在基督里得自由》课程共有四大章，每一章各包含了好几课，每个星期上一课。整体来说，全课程共13课，另有一课可供选修的课程简介。此外，课程的第三章还包括了"在基督里得自由的步骤"，须特别安排某静修日或周末进行。

倘若每个礼拜依序上一课，连同课程入门，共须14个星期及一个静修日/周末，来上完整个课程。不过，你若觉得时间太长的话，也可以按你所需，选择其他的编排方案。其中，为期最短的课程运作编排须时7周（叙述如下）：

课程简介（即"第零课"）是选修课。它能有效地吸引学员上课，建立彼此的关系，并促进学员对课程的期待；不过，它主要的目的是为了帮助那些缺乏基督信仰背景的学员，以致他们能信圣经确实是神启示人的话语。而是否要上这一课，完全取决于学员们的背景组成。倘若学员里面有缺乏基督教背景的人，或者这是一个新的组别，那么你可能需要上这一课。

我们极力推荐你连续上完第一至第十课（包括"在基督里得自由的步骤"），切勿间断。因为前面十课是关键的教导。而剩余的最后三课，倘若时间不允许的话，你可以迟些才逐一跟进。

若连续十个礼拜对你来说为期太长的话，你也可以安排某静修日/周末，一次过上完第八至第十课，以及"在基督里得自由的步骤"。这表示，即使分十个礼拜来上会较为舒适，但倘若有必要的话，你可以用七个礼拜为期较短的时间，完成前面十课和"在基督里得自由的步骤"。

课程结构

课程简介（选修课）

第零课：课程简介

虽然此选修课是为了简介课程和营造期待感而设，但我们必须达成一个任务——为学员提供合理而有力的依据，帮助他们相信"圣经是神向受造人类所启示的信息"。否则在教导的过程中，那些缺乏基督教背景的学员将会难以理解为何课程如此强调圣经真理。本课旨在事先处理他们日后的提问。

第一章：基要真理

耶稣说，我们必晓得真理，真理必叫我们得以自由！前面三课，我们会看一些基要真理，了解作为一名基督徒的意义何在。

第一课：我从哪里来？

亚当和夏娃起初被造的时候，他们拥有全然丰盛的生命。神满足他们一切的需求。他们完全被神接纳，并活得有平安及有意义。始祖堕落之后，他们与神的关系破裂。从此之后，我们的出生只有肉身的生命，却没有灵里的生命。我们深切地渴求认同感（被接纳）、安全感（平安）与充实感（人生的意义）。耶稣来，为了要修复人类起初所拥有的生命，也就是亚当夏娃起初曾经拥有的认同感、安全感与充实感。

第二课：我如今是谁？

许多基督徒看待自己不过是"蒙赦免的罪人"，但其实圣经清楚地表明：因着耶稣为我们所做成的一切，我们如今在基督里已是新造的人；我们是神的儿女，可以坦然无惧、无可指责地进到神的面前。能够认清自己这位份，已足以改变每件事情。

第三课：选择相信真理

人人皆凭信心而活，不管你是不是基督徒。我们把信心放在谁身上，或放在何处，就决定了你的信心会不会有果效。作为基督徒，我们所相信的东西，必须符合神话语所启示的内容。

第二章：世界、肉体和恶者

每一天，我们都挣扎着要抵挡三样东西：世界、肉体和恶者。它们合谋要让我们偏离真理。明白这三者如何运作将能帮助我们更新自己的心思，并且站稳立场。

第四课：世界的真理观

世界试着要影响我们，使我们以敌对神话语的方式来看待现实。它透过"肉体的情欲、眼目的情欲，和今生的骄傲"来诱惑我们。它也以我们不同的成长背景（地点与时代）影响我们的世界观。当我们成为基督徒之后，我们必须下定决心，不再按一贯的方式，反而要开始从神的角度来看待世界，接受圣经的世界观——即神怎么说。

第五课：我们的日常选择

基督徒虽拥有新的心和新的灵，但我们仍挣扎不前，习惯依循许多没有助益的想法和成长的模式行事为人，这也是圣经所形容"肉体"的主要特征之一。尽管如此，我们无须再屈服于这"肉体"。每时每刻，我们都能选择究竟是要随从肉体的催逼抑或顺服圣灵的感动。

第六课：拆毁营垒

我们的成长环境、昔日的创伤经验、不断向试探低头等因素，将导致我们在心思上筑起"营垒"，继而阻扰我们按真理而活。成为基督徒并不表示能立即改变我们习以为常的想法，但只要我们能时时以神话语的真理来更新自己的心思，就能拆毁各样的营垒。

第七课：心思的争战

我们必须了解我们所面对的是一场属灵的争战，不是换了想法就能拆毁营垒。每一天，我们都面对心思上的争战。我们若能明白撒旦的工作方式，靠着基督，就能得着胜利。

第三章：断开往日的纠缠

神并不改变我们的过去，但靠着祂的恩典，祂使我们能脱离过去。本章可以让我们看见如何靠着基督做到这点。本章也涵盖了"在基督里得自由的步骤"。

第八课：妥善管理情绪

一般而言，情绪是我们选择何种信念后的结果，我们无法直接控制自己该有何种情绪。倘若我们不真正认识神和祂的话，也不了解自己身为基督徒该有的品质，那么我们就会陷入情绪化之中。没有妥善处理自己的情绪将会令我们无力抵挡属灵的攻击。当我们能跟随真理，相信神所说的话时，我们就可以避免被自己的感觉控制。

第九课：打从心里饶恕

（通常此课结合《在基督里得自由的步骤》在静修会一并进行）

我们与神的关系如何，奠定了我们与他人的关系如何。当你不愿饶恕别人，你将被囚禁在过去，并在生命中打开更多的破口让仇敌侵入。不愿饶恕不单只是你和那冒犯你的人之间的事，更多是在于你和神之间的关系。学习打从心底饶恕将释放我们脱离过去的枷锁，并使我们的情绪伤痛得到医治。饶恕，完全是为了你个人的好处。

带领《在基督里得自由的步骤》

这是本课程中的服事项目。教员使用《在基督里得自由的步骤》，带领学员们悔罪，让学员们能藉着顺服神，解决自我与属灵的冲突，抵挡恶者，经历在基督里的自由（雅4:7）。这步骤直截了当，温和而渐进。在过程中，学员需揭露自己在生命中的营垒，好让他们日后能进一步把它拆除干净。

我们建议你安排一个静修会或在私下个别约见学员，带领学员进行此"步骤"。你可以计划在第九课和第十课之间进行此"步骤"，并为学员准备一份《在基督里得自由的步骤》。

第四章：成长为门徒

在基督里得自由之后，我们须把心思集中在迈向成熟的课题。在这一章，我们将学习如何站立得稳、如何与他人来往及如何持守正道，使自己越来越像耶稣。

第十课：每日行在自由里

进行"在基督里得自由的步骤"之际，我们若坦诚地回应了圣灵的启示和光照，那我们就已经握有基督为我们所赢取的自由了。我们能否成功地继续持守自由并迈向成熟，则取决于我们是否能不断更新自己的心思并学习分辨善恶。

持守自由须成为一种生活的态度。在这一课，我们会探讨各种策略，好让我们能更新自己的心思，并抵挡撒旦的攻击。与此同时，学员将学习如何应付错误的想法，也就是进行"在基督里得自由的步骤"时所揭露的那些想法。

第十一课：与他人相处

耶稣的大使命告诉我们，要尽心、尽性、尽意爱主我们的神，并要爱邻舍如同爱自己。这是整本圣经信息的总结。我们被呼召要爱神和彼此相爱。如果我们排除他人，就不能与神建立正确的关系。我们若与神有好的关系，我们与邻舍之间也同样会有好的关系。在这一课，我们将探讨权利、义务、论断、管教、职责，以及他人的需求。

第十二课：你朝何处走？

我们必须明白，神的目标和神圣的渴望两者有所不同。神为我们所订立的人生目标，我们都可以在基督里把它达成。但神圣的渴望是超出我们的控制范围，它们有些会达成，有些则可能不会达成，千万别以它们是否达成来定夺自己的价值。神为我们生命所订立的目标是，我们的品格能越来越像基督。能把个人目标贴近这个神圣目标的话，我们就能活出真正自由的生命。

第十三课：持续行走正道

我们若想真正地成功、有成就感及满足感的话，就先要把错误的信念揭露及丢弃，对它们不再寄存丝毫冀望，并转而全心相信神话语中的真理。这一课，在神话语的光照底下，我们会检视个人生命的八大领域。其目的是为了帮助学员明白，信心会如何在他们的生命中运作，同时鼓励他们能持续地行走正道，使自己越来越像耶稣。

"在基督里得自由的步骤"包括些什么？

"在基督里得自由的步骤"是整个课程的服事项目。这些步骤纯粹是一种工具，为学员提供机会，藉此把自己的生命敞开在神面前，并处理任何阻扰他们与神同行的障碍。

学员只须求神让自己看见自己生命中有哪些地方出现了需要解决的问题。接着，在这些事上认罪悔改。这样就能除掉仇敌在他们生命中的地盘。这过程乃根据雅各书4：7「故此，你们要顺服神。务要抵挡魔鬼，魔鬼就必离开你们逃跑了。」过程非常简单而温和，但却出奇地有效！

"在基督里得自由的步骤"是整个课程的一体。请别错过，尽量鼓励每位学员都能进行这步骤。

进行"在基督里得自由的步骤"最理想的方式是个别地约见学员。典型的个别约见是由一位"鼓励者"带领一位学员，并伴随着一位祷告伙伴。这过程通常需时3到5个小时。

如果你课堂上有许多学员的话，逐一为学员提供约见似乎不太可行，你也可以采取另一种方式进行。不过，个别约见的果效堪称值得，尤其是当领袖们先在教会内培训了主要的会友领袖，过后发现"鼓励者"团队可以从中超乎常速地被设立起来时，他们都讶异不已。所以，请你别完全排除个别约见的这理想方案。

此外，你可以在静修会或周末分组别来进行这步骤。这步骤适合在第九课和第十课之间进行。你也可以藉这静修会或周末的期间，一并上第八乃至第十课的课程。在教员手册上，你可以找到关于"在基督里得自由的步骤"的更多资料。

教会该从何着手？

取得领导层的委身投入

依我们的经验，"在基督里得自由"能否植根教会，成为信徒的生活态度，最关键的因素在于领导层（尤其是核心领袖）的委身。我们极力推荐领导层能率先走一步，先上过这课程，并亲身体验他们个别的自由约见。如果你的领导同工尚未如此委身，我们劝你耐心等待，直至他们全然委身。或许，你可以先推介他们到 Freedom In Christ 的网页(www.ficm.org.uk)，他们在那里可以读到好些教会的个案，以及一些领袖们的见证。

让关键人物同步踏上

或许,你也想确保其他的关键人物能与你站同一阵线,比如细胞小组或小组长、一些负责牧养的同工们等等。可以的话,我们建议他们腾出一天,上"在基督里得自由"的入门课;或者,你也可以使用《栽培结实累累的门徒(Making Fruitful Disciples)》DVD,播给他们观看。上述两项的相关资料请查阅第24页。不然,你也可以给他们尼尔安德森的主要著作《胜过黑暗》和《击开困锁》(Victory Over The Darkness and The Bondage Breaker),或是《在基督里得自由》门徒训练系列书籍,详情请看第25页;又或者推介他们到Freedom In Christ的网页。接下来,带他们上《在基督里得自由》的课程。按我们的经验,先让领导层上完整个课程,将为你日后的教课带来极大的益处。当然,我们能理解你或许面对时间的压力或其他方面的困难。不过,完善的准备功夫将为你铺排日后的大道,以致你能带领许多人经历生命被改变。

获取经验——带领人进行"在基督里得自由的步骤"

理想的情况下,率先走过"在基督里得自由的步骤"并进行个别"自由约见"的人,是领导层。如此,他们日后就可以带领人走这过程。此后,被带领者也继而可以领人走这过程。当你走过之后,你将发现,这过程所依靠的并非鼓励者的技巧,而是耶稣出现的事实。对于那些准备开办课程、及课程开办中的教会,Freedom In Christ通常可以为其中一两位领袖进行"自由约见",好让他们日后可以带领人走这过程。

课程开跑

我们鼓励先从少数人——可能是一两个小组,来开办这课程。不过,若你的领导同工已经做好准备,而你也认为合适的话,你也可以向教会全体会友推介这课程。倘若你从少数开始,通常你将发现,当人们见到学员生命有成果的时候,会众对这课程的需求也会增加。倘若你的教会总动员在上这课程,你会发现,有些人会想要重上这课程,有些人可能有兴趣想在重开这课程时加入带领的团队。按我们的经验,这课程通常在教会内不会只办一次。

设立自由约见的程序

进行教课的时候,不妨向学员简介"在基督里得自由的步骤",同时策划该如何编排学员的"自由约见"。当教课接近尾声的时候,开始向学员开放个别约见的时机——先约见一些率直的学员以获取经验,那些有较深入需求的人可以稍后才处理。即使你打算在静修会约见整组学员,我们也建议你先作安排。

建立你的"鼓励者"团队

那些上过课、约见过的学员通常能很快就成为"鼓励者",并能带人进行约见,继而减轻你的负担。你可以装备他们,邀请他们参加"帮助人在基督里找到自由(Helping Others Find Freedom In Christ)"的活动,或者播放类同性质的DVD(请参阅第24页)给他们观看。或许,有些人也想要出席"帮助人面对生命中深入课题(Helping Others With Deeper Issues)"的工作坊。

强调建立生活态度的必要

向学员们极力强调,要持守那些经已达成的进展,鼓励他们使用"打击营垒"(看第十课)来不断更新自己的心思。你或许可以开办辅育小组,鼓励人每年安排一次自由约见,作为一种"属灵的MOT"。

装备自己带人的最佳方法是？

开跑的绝妙方法之一就是，观赏《给教员的简介》(Leader's Introduction)DVD组合（另行购买）。它可以为你提供一些很棒的背景知识和意见。还有，我们向你推荐以下各项：

自己先上课程一遍

预备自己带课程的最佳方法，就是自己先上过一遍。你可以在另一间教会列席这课程。若还是办不到的话，我们建议你先读司提夫高斯的《在基督里得自由》门徒训练系列书籍，它们是专门为了课程而著，特别与课程的其中四课互相呼应（请看第25页）。或者读Freedom In Christ Ministries创办人尼尔安德森所著的基础书籍《击开困锁》及《胜过黑暗》。

我们也推荐《门徒训练的辅导艺术（Discipleship Counselling）》（尼尔安德森著，2003年由Regal Books出版）。关于"在基督里得自由的步骤"的过程，此书提供了神学基础及实际有效的劝勉。

体验你个人的"自由约见"

预备自己的关键之一，就是亲身经历你个人"在基督里得自由的步骤"。倘若教员能表明："我曾经做过，也从中得到帮助"，那它无疑对学员形成一则有力的信息，即这步骤适合每个人。你可以在自己教会里进行这步骤，不过若情况不允许的话，Freedom In Christ可以为领袖们穿针引线，安排他们到乐意提供这服事的某地方教会，但附带条件是，这些领袖必须正准备在自己教会开办这课程。

拟定及使用"打击营垒"方案

"打击营垒"是一种策略，用来更新你的心思（大纲请见第十课）。你若能从个人的经验，讲述你如何在自己的生命进程用过这策略，对学员自然产生更大的震撼力。

考虑各种培训的机会

教员无须受太多培训就可以带领这课程。只要使用所提供的教材，你就可以开课。尽管如此，教员们若能出席Freedom In Christ Ministries的定期训练，或是观看内容等同的DVD，那么课程的影响力自然相对地提高。有关训练和培训DVD的详情，请看第24页。

你可以上Freedom In Christ的网页www.ficm.org.uk，里面有各样培训消息的绝佳资料来源和意见。

向Freedom In Christ报名登记

Freedom In Christ Ministries事工的目标，是装备基督徒领袖扶助他们的会友，以致信徒能自由地生活，并在基督里成长。如果你是领袖，我们建议你向我们报名登记，成为这课程的使用者。你将会收到我们的消息、课程小提示和建议、以及网页特殊区的登入许可。登记无需付费。

加入The Freedom团契

如果你经常采用Freedom In Christ所提呈的工作方针，我们鼓励你加入The Freedom团契，因为这是我们支援你的主要方式。详情请参阅第25页。

其他小提示和建议

- 教会领袖能先上过课程及体验过"在基督里得自由的步骤",藉此竖立榜样,表明"这课程适合每个人"。
- 加入 The Freedom 团契——一个取得宝贵意见的源头(请看第25页)。
- 即使课程能带出戏剧性的成果,但请勿把它描绘成"能快速搞定问题"的课程。
- 向每位寻求自由的人强调,他们务必不断地努力持守已获得的自由,并继续成长为门徒的样式。
- 放慢脚步。这课程并非一般教会办的"一次过"活动,而是要把它逐渐发展为教会的一项"常态作业"。
- 慎防仇敌的攻击。牠通常透过你最意想不到的人来发动攻击。
- 祷告守护你的课程。已登记的使用者可以从网页下载并进行"祷告行动方案(Prayer Action Plan)"。
- 提早决定该如何进行"在基督里得自由的步骤"(更多详情请看"在基督里得自由的步骤"一课)。你若决定采取以静修会的方式进行,请务必在好时机内预定合适的场地,并及早把日期告知学员。请务必让学员们明白,这是课程不可或缺的一部分,他们千万不可错过!
- 不住强调这门徒训练课是给每个人的,而不只是为了教会内"难解决的个案"或某个部门的人而设。
- 有些人或许会要求只进行"在基督里得自由的步骤",或是马上要进行这"步骤",请你拒绝他们,并坚持人人皆须完成基础课程后,才可做这"步骤"。否则,他们将不知道自己往后该如何站稳立场。如果教会没有开办这课程,他们也可以阅读门徒训练的系列书籍;因为他们自己必须明白课程的关键原则,才能持守往后的自由。他们不能把这"步骤"视为别人的义务,以为那是"某人为了他们而做"的一些服事。
- "转化过的生命能改变人的生命"。一旦人们握有了自由,你将会看见,这课程会在你全教会甚至教会以外,带来正面的改变。当基督徒重新发现"耶稣的确是所有问题的答案"时,请你想想这将会如何影响你所处在的社区。
- 记得,Freedom In Christ Ministries的存在,是为了要装备领袖。倘若你面对问题,或需要征询任何意见时,别迟疑,请联络我们。

课程的功效何在

该如何使用课程？

大多数教会使用这课程来栽培每位会友（不在乎他们作了多久基督徒）成为门徒。

自原版的"在基督里得自由"课程启用以来，我们推荐教会能为全体会友开设这课程。一般上可以在礼拜天教课，理想上另在小组内进行周间跟进。这方法仍然适用于某些教会的处境。不过，我们观察到用不同的方式运作课程，可以带来不同的成效。其中，我们发现，最明显能从课程获益的教会，就是那些把课程的主要原则设定为"一种生活方式"的教会，他们同时也把原则运用在如何办教会的架构里面。通常，他们采取小组方式来进行课程；从一两个小组先开始上课，随后，当人们看见在小组当中发生积极的改变之时，人们会主动要求加入，小组也随之开始增长。

这些教会都花了相当多时间和努力在准备功夫上。不过，随着年日过去，当课程的原则得以植根人心并改变生命之后，那起初的努力也就得着加倍的回报。那些事前的准备功夫通常包括了：让主要领导层先上过课程以及相关的培训，以致他们能真正先尝到课程的好处。最终，团队得以建立，课程也得以连续开办。依个别教会需求，一年内会开办两至三次课程。我们知道有些教会，虽从少数人开办课程，但如今已建立起团队，一年内由团队来办课甚至达八九次。许多教会一年接一年地开课，并且也呈报越来越好的成绩。

有鉴于此，在这新版本的课程，我们特别加强适于小组使用的内容，比如说，完全经修改过的"静思"提问；以及为每一课添加小组时间流程提案等等。

有些教会结合此课程与传福音课程一并适用，像是Alpha或Christianity Explored课程等。他们会带两组人一起用餐，然后带非信徒上Alpha或Christianity Explored课程；初信的基督徒则上"在基督里得自由"课程。即使上过传福音课程后，人们尚未决定信耶稣，我们也无须禁止他们上"在基督里得自由"的课程；因为这课程的前两课会清楚表明，人一旦成为基督徒之后有哪些不同。通常，他们会在那个时候决志是否要成为基督徒。

"在基督里得自由"课程设计具备弹性，适于教会各种情境使用：

小组内

按我们的经验，这是传递教导最有效的方式。

若情况许可的话，我们建议小组使用"静思"选项进行讨论。

系统性教导加上小组跟进

每一课的"话语"教导为时30至40分钟。你可以使用它作为教导会友的例常项目之一（例如主日崇拜的讲道），然后在周间的小组进行跟进。

此方法的缺点是，未必所有人都能出席全部的课，而为了使各人能跟上进度，需要费时费力做跟进工作，这并非一件容易的事。

周间聚会

周间的聚会并非在既定的小组内进行。你可以召集所有人一起上课，在讲完课之后把他们分成小组，讨论"静思"问题。或者，你也可以在聚会中分阶段授课，当你讲到合适的地方，就容许他们停下来讨论"静思"问题。

需要什么教材？

我们建议每位带小组的人都能有自己的一套"教员手册"。

每位学员都需要一份《学员手册》，里面包括了每一课的笔记、静思提问和相关的圣经真理列单、以及《在基督里得自由的步骤》小册子一份。你也可以为他们预备圣经真理明信片组合（一组内有三张明信片），在头三课的课后发给他们。此外，不妨鼓励学员选购一套《在基督里得自由》门徒训练系列书籍（请看第25页），这会有助于他们的学习。

每一课的课程模式？

每一课都有相同的模式，并包含了下列各项组成：

教员须知

提供该课的简介，以辅助教员备课。

欢迎

适用小组情境的开场提问，为了让组员之间能发展较深入的关系而设；通常这开场能引发学员在该课主题有所沟通。在课堂的这时段，最主要的目的是鼓励组员参与、彼此互动，和建立关系，而不是给予教导。

敬拜

适用小组情境。我们给了敬拜主题的提议，不过那只是提议而已。敬拜要带出来的重点是，让耶稣在每一课居首位。

话语

这是每一课的主要部分。讲课总共大约为时40到50分钟（不包括"静思"时段）。讲课分为三至四个段次进行，期间以"静思"问题讨论作为区隔；但若有需要的话，也可以一次过讲完课以后，才讨论问题。

若你选择自行教课的话，你可以使用编写成册的教员手册，以及一些额外的资料。我们建议你的教学内容尽量贴近手册上的记述（当然别像鹦鹉般复述）。理想来说，你还可以分享一些你个人在相关经验的例子。另外，每一课的重点及"在基督里得自由的步骤"的相关PowerPoint档案，你可以透过电脑和投放机加以使用。

教员手册上说明了使用各活动片（Power point slide，简称ppt）的正确时机，并标示着何时该移动到该ppt的下一个重点；或是撤换下一张ppt片。

"静思"问题讨论

"话语"时段包括了两至三组"静思"提问。在小组的情境里，我们建议你在每组"静思"问题处暂停，给学员一些时间进行讨论。因为新的一课需要前一课作为基础，所以我们务必要藉着"静思"问题，让学员掌握到每课的重点。在每一课的开头，我们备有课堂时间流程的建议，其中包括了"静思"的时段。假如你采用另行教导"话语"的情境方式（例如在主日崇拜来教导"话语"），那么你可以在周间跟进的时候，为会友另外安排一堂课，纯粹用来进行"静思"的提问。

见证

此处所设的见证题，目的是为了引发小组成员们思考自己所学从何能影响非基督徒朋友，进而鼓励他们实际地应用出来。此见证题所发挥的功能就像是另一道"静思"题，你可以在现有的"静思"题加上这道见证题，或是取代现有的一道"静思"题也行。请注意，这见证题并不列入在时间流程的提案。

来临的一周

来上新的一课之前，学员可以做一至两项作业。若学员并未有每日读经祷告的习惯，我们特别要鼓励他们，每天都分别一段时间来祷告和读圣经。然而，请务必让你的学员明白，这些提议完全是个选项（非强制性），他们无须因此而承受任何压力。

带领小组上的一些意见

晚上的聚会结构可以类似这样：

预备开始

预备咖啡或茶，让人们先用一些时间交谈，并打成一片。这时候，你可以用"欢迎"题作为开场。

欢迎

"欢迎"题就像是一道破冰题，略带一些趣味，让人们在课堂一开头就可以彼此互动。若能把人们分成两人或三人一小组，就会发挥很好的功能。在这个阶段，你无须觉得自己非要做一些教导。反而，你可以请人对前一课作出回应，让各人都能从中受惠。比如说，前一星期，什么特别震撼你心？在该周内，他们从课程的练习作业中获得哪些帮助？

敬拜

适用于小组情境。我们建议由教员以外的人来带领这简短的敬拜。带一些敬拜的诗歌；若没有人带领敬拜，你可以播放敬拜CD。不妨考虑让大家一起大声读出相关主题的圣经经文。

焦点真理和经文

简介该课的重点经文及重点真理。只须按教员手册上所写的读出来即可，无须加上其他东西。然后，直接进入"话语"时段。

话语

你开始讲课，在标示"静思"提问处暂停授课，让学员进行讨论。你若自行讲课，请留意控制时间，尽量别岔开主题，如此，才不会错失课程的重点。运用每一课开头的时间流程提案，帮助你妥善管理每堂课的时间。若你已报名登记使用本课程，你可以从网页下载量身制作的时间流程编排，这样，你可以从中更换课堂开始的时间，以及自由调整该课堂的时间流程。

讨论"静思"问题

若你的组员超出八人，请把它再细分成每组不超出七人或八人，来进行讨论。每个星期分成不同学员的小组。在某些情况下，按性别分小组将更有助于讨论（特别在第六课讨论性诱惑的时候）。为了互动多样化，你可以考虑分成三至四人一小组进行讨论，让较为安静的学员有机会说话。作为一个讨论组的领袖，你的一大任务就是尝试让其他人发表谈话。不过，你也别怕静默的情况出现。

除了所提供的问题，你也可以用下述开放性问句，来开始任何"静思"提问：

- 你对刚才所听的课有什么想法？
- 关于刚才所听过的，你是否有任何地方不明白，或是需要进一步澄清的？
- 你认为，刚才听过的课如何应用在你身上？

尽量别让组员的对话离开重点太远，并请留意控制时间（各静思题的时间流程提案已于每一课开头就列明）。藉着简短的总结，在适当之处结束讨论。可以依据此教员手册里所提及"静思"题欲达到的目标，来作总结。

结束

讨论"见证"题，提出在来临一周内的作业建议（但请记得这作业完全是个选项），并给学员发任何相关通知（例如静修会的细节）。

如何操作呈现片？

如果你正在教授這個課程，你可以從https://www.ficminternational.org/SimpChinese-DCSlides下載隨附的PowerPoint。請將文檔保存在拇指驅動器裡，然後用電腦播放。當你打開文檔時，PowerPoint会要你提供密码（因为此CD经密码加锁），你只须选取"Read Only"即可。

接下来，跟着屏幕显示的项目单做。

此PowerPoint呈现的预先设置是，你在教课时会使用"静思"问题（此乃选项），所以"静思"提问会在某适当的PowerPoint片上出现。倘若你并不打算在教课中使用"静思"问题，那么，你可以勾选每组PowerPoint其荧幕标题在右下角的选项（即教课中不使用"静思"题），就可以了。

此PowerPoint档沿用标准的PowerPoint键，如下：

- 要继续下一张：点击滑鼠一下，或按"Enter"、"space bar"、"↓"、"Page Down"键。
- 要回头看上一张：按"↑"或"Page Up"
- 要回到开头的地方：按"Home"
- 要使屏幕呈现空白：按"B"

请注意，你不能删修或增添任何PowerPoint片。

倘若PowerPoint片的文字呈现得不正确，可能是因为你的电脑没有安装一般使用的"Arial"字体，故此呈现着某种替代性的字体。

请注意，电脑的Windows操作系统必须至少具备下述条件：

可操作的系统包括：

Windows 2000 Service Pack 4
Windows Server 2003
Windows XP
Windows Vista
(或是较新版本的Windows)

各种Windows 操作系统必备的RAM:

Windows 2000 Service Pack 4 必须具备至少 64 MB RAM
Windows XP Service Pack 1 或 Windows Server 2003必须具备128 MB RAM
Windows Vista必须具备512 MB RAM
硬盘(hard disk)空间至少有5MB

800 x 600 Super VGA或更高的屏幕析像度(resolution)

使用教员手册有何提示？

教员手册上的记述，已经非常详细。手册上有足够的空间，你可以写下自己的笔记。附有"+"符号的方格是一些额外资料，可能你会用得上。[教员手册的装订非常稳固，你可以压平每一页，而无须担心会损及手册。]

每一课该看PowerPoint的地方已经加以注明（但并未按该ppt片细项逐一详注）。在手册上，每当你看见"▶"这符号，就代表该ppt片已经进入下一个要点，即是时候呈现下一张ppt片。

黑色方格里包括了一些额外的记载和解说重点，你可能会用得上。

培训和其他资源

Freedom In Christ 提供哪些训练？

在英国，Freedom In Christ为开办此课程的人们，常年定期举办不同的培训活动。其中有三项核心活动，专为带领此课程的人而设。理想来说，他们应该依下列次序参与这些活动：

"在基督里得自由"课程入门

此活动旨在帮助教会的领导和青年领袖，让他们对课程设计背后的神学原则有整体性认识，并实际说明如何开办"在基督里得自由"及为青年人而设的"在基督里得自由"的两个课程。凡想要带领"在基督里得自由"课程的人，都从此课程入门获益良多。（另外请看以下《栽培结实累累的门徒》DVD课程培训）

帮助人在基督里找到自由

此活动集中在"在基督里得自由的步骤"，旨在帮助学员能有信心地使用这"步骤"，带领别人得以自由。适用于正在上"在基督里得自由"或为青年人而设的"在基督里得自由"两个课程的教会。此活动将装备你在个别约见或某静修日里，带领人走过这"步骤"。（可参阅下面相对应的DVD课程）

帮助人面对生命中较深入的课题

"在基督里得自由"的课程乃为每位基督徒而设，不过它的原则同样能高效率地应用在处理较深入的生命课题，例如往日曾被虐待、患上瘾性行为和解离性障碍的个案等等。神并不改变我们的过去，但是祂应许要释放我们，使我们完全得自由。此工作坊是为那些已经熟悉"在基督里得自由"运作方式的人而设，理想上适用于教会的同工团队。

有哪些培训资源？

并非每个人都能出席现场的培训活动，故此，我们有其中两项培训已经录制成DVD，供你选购。所以，如今你已知道，要训练你教会中的同工团实非难事。

《栽培结实累累的门徒》
别因为能叫人信主而自满——要继续栽培他们成为多结果子的门徒！这DVD纪录了圣经关键原则的概要，旨在帮助人能成为成熟的基督徒；它里面有实际的方式，使你能在教会里藉着使用"在基督里得自由"及为青年人而设的"在基督里得自由"这两个课程，落实这目的。

《帮助人在基督里找到自由》
如何帮助基督徒行在自由里。此DVD乃实际的指引，能帮助你在个别约见和静修日的情境，带领人走过"在基督里得自由的步骤"。

更多详情请上网www.ficm.org.uk查阅。

何谓The Freedom团契？

你若在教会里有份带领人走过"在基督里得自由的步骤",那么你就能从加入The Freedom团契中获益。它是Freedom In Christ与其课程使用者联系的主要方式。当你加入的时候,我们将会寄给你一份文件夹,里头有最新的资讯和消息,例如:

- 开办这"自由事工"的指引
- 开办运作的几种提案
- 一些文件范本,例如"保密的个人资料库"及"谅解声明书"
- 最佳实践的指引

你也将获准登入我们网页里"只限会员"的The Freedom团契区。在此,你可以下载一些文件范本,并量身改造以符合你所需;你也可以加入团契的共同讨论区,向其他会员询问、分享经验等等。

一年征收会员费25英镑。更多详情请到www.ficm.org.uk。

可推荐什么资源给学员？

司提夫高斯已经著了四本轻便而容易消化的系列书籍,可作为学员选取的辅助性读物。每一本相对应于此课程里的某一课。它们已被证实能高效率地帮助学员们掌握课文里的原则。我们鼓励教会能在启用此课程时就备妥这些书籍,好让有意购买的学员可以一一选购。教会若一次过购买同样书籍10本,将享有优惠特价。详情请联络Freedom In Christ或上网 www.ficm.org.uk查看。

《自在做自己》(Free to be Yourself) ——享受你在基督里的真性情
许多基督徒都遵循基督徒该有的面貌来待人处事,却发现自己无法一直如此伪装下去。他们要不就从教会中流失;要不就会精神崩溃。一个人的生命能真正地多结果子,在于觉悟自己乃从一信主之际就已成了全新的人。如今,我们真能按神向来的期待,成为祂要的样式!此书对应课程的第一章(第一至第三课)。

《在每日争战中得胜》(Win the Daily Battle)——靠神力量抵挡并站立得稳
不论你喜不喜欢,如果你是基督徒,你就已身处这场争战。你唯一的选择,是要迎战抑或成为受害者。那排起队来要攻击你的,有世界、恶者,和肉体。他们看起来势力浩大。然而,只要你明白了自己在基督里的位份,以及仇敌工作的方式,你将能在每次跟他们的周旋之间,稳操胜券。此书对应课程的第二章(第四至第七课)。

《得自由、真自由》(Break Free, Stay Free) ——别让往日纠缠你
每位基督徒都有自己的过去,这些过去会在你最得意的时候扯你后腿。对于那灵里背负许多包袱的人来说,他们就能深深地体会。不过,即使是对那些生命没啥烦恼的人来说,此书也有助于你辨识、处理旧日的罪及其负面影响,好让我们能往前迈进。此书对应课程的第三章(第八至第十课)。

《神计划中的你》(The You God Planned) ——别让任何人事物牵扯你
当我们宣称了自己在基督里的自由之后,该如何持守自己的自由、并按神呼召我们的样式去活?我们如何得知神呼召我们成为的样式是怎么样的呢?我们的人生目标是否与神的目标一致?我们该如何制止那些妨碍我们成长结实的人呢?还有,我们该如何避免自己误入歧途呢?此书对应课程的第四章(第十至第十三课)。

第零课

简介

第零课：简介

焦点经文：

希伯来书4：12「神的道是活泼的，是有功效的，比一切两刃的剑更快，甚至魂与灵，骨节与骨髓，都能刺入剖开，连心中的思念和主意，都能辨明。」

本课目标：

本选修课的设计，是为了要向学员简介课程，及营造对课程的期待感。不过，要达成的主要目标，莫过于帮助学员相信圣经是神向受造人类所传递的信息。

焦点真理：

从书籍来说，圣经是自成一家的书籍。我们有几个非常好的理由证明圣经是神向受造人类所传递的信息。

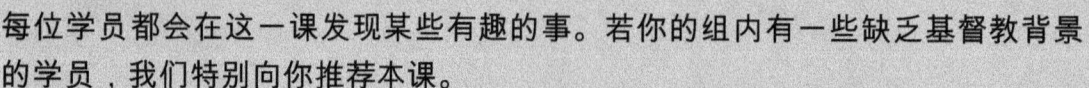

教员须知

每位学员都会在这一课发现某些有趣的事。若你的组内有一些缺乏基督教背景的学员，我们特别向你推荐本课。

本课教导并非为维护圣经真理的一种进深护教学。不过，它将能建立基督徒的信心，也能让非信徒明白为何我们一直以圣经为基础来教导这课程。

请你务必先行思考本课所提出的问题，因为有些人会想更进一步地讨论某些问题。倘若你手上能有一些现成的书籍和其他资源可供学员选购，这将有助于他们更深入地探索相关的课题。已登记的使用者可以从我们的网页下载参考书籍列单，以及相关网页列单。

本课也提供机会，让上过课程的学员能分享经验，见证自己生命的改变。在教学DVD里，我们也提供了一些见证；不过，课堂上的"活"见证将能对人产生更大的影响力。

小组时间流程：（请看第46页获取更多说明）

欢迎	15 分钟	0:15
敬拜	13 分钟	0:28
话语一	8 分钟	0:36
静思一	25 分钟	1:01
话语二	14 分钟	1:15
静思二	30 分钟	1:45
话语三	15 分钟	2:00

 ## 欢迎

除了圣经之外,你所读过最好的一部著作是?

 ## 敬拜

建议主题:让神在这课程居首位,向祂敞开我们的心。

读一至两处下述经文:
耶利米书29:11-13,诗篇33:4-7,希伯来书4:12

建议每个人翻开腓立比书1:6。一起大声读出该经文,然后请每个人把自己放入经文当中,凭信心宣称:"祂既然在我心里动了善工,就必会把这善工完成。"

鼓励组员花一些时间,为神的信实感谢祂,向祂敞开心门。

 ## 话语

课程简介

"在基督里得自由(Freedom In Christ)"这课程究竟讲些什么?

▶耶稣吩咐教会,「去,使万民作主门徒。」什么是门徒呢?门徒,并不是指"改信基督教的人",也不只是"信主的人",而是不断在信仰过程中学习的人。他所领受的,并不是头脑知识的累积,而是更多认识一位真实的人——耶稣,并更清楚地看见基督在我们生命各层面当中的影响——无论是在家里,或在工作场所。

"在基督里得自由"这课程绝对适用于每一位基督徒,包括初信者、老教友,特别是那些"普通人"!这课程所提供的,不是药到病除的某种特效药,而是奠基于圣经真理和原则的一种生活方式。

我们不断听到人如此回应:"'在基督里得自由'这课程改变了他们的生命"。这样的回应实在值得加以引用。然而,我清楚明白,若这么说的话,有时候听起来难免会像一些欲引人注目的书籍标题...比如"你能做任何事"、"如何在

午餐时间让你成为传奇人物"等等。又或是像一些荒谬、标榜什么都能的自助课程，诸如"一天只需注视报夹子十分钟就能增加自信、能让人寄给你大笔的钱、能治疗你那往内长的脚趾甲"等等浮夸不实之事。

在英国，我们已经有超过12万5千人上过这课程，也听过许多生命被改变的故事。其中，他们发现共同的一个事实——这部具备两千年历史的古旧书籍（圣经），如今确实震撼着21世纪人类的心。有人为此而放弃上瘾性行为，也有人婚姻彻底被改变。甚至是基督徒，他们也与神有了新的联结。

"在基督里得自由"这课程并没有"标新立异的概念"。事实上，它不算是什么新的东西。接下来，我们会探讨一些令人惊叹的真理，但这些真理存在已经超过两千年了，并不是什么天大的秘密。

我明白，对某些人来说，圣经可能是相当新颖的东西。也许你才刚成为基督徒，也许你还在考虑这信仰。在我们正式上课、探讨这些真理之前，我想用一点时间解释一下，为何"圣经确是神向受造人类所传递的信息"这信念完全合理兼合乎逻辑。

虽然我是这课程的讲员，但我所教导的并非凭自己的想象

静思一

目标：

让学员思考我们抉择信念的过程。

▶ 问题：

你曾经接受过最好的意见是什么？比如你真的需要人提供重要的意见，你向不同的人询问过后，他们也给了你不同的意见，这时你如何选择该相信谁的意见呢？

想想看，自己曾经被人提供过误导性的讯息吗？当时有发生什么事吗？

而来，并且我也不敢窃取其中的任何功劳。我感恩自己纯粹是一个管道，向你们传达圣经所记述的内容。既然这整个课程都奠基于圣经，所以，在我们正式踏入这课程之前，我要问你们一个根本性的问题：

▶ 为什么我们要相信圣经？

有些人以为，圣经是一本神话集和传奇篇，或是智慧箴言的宗教书籍。也有些人根本不曾思考这问题，因此对圣经也不抱存任何想法。

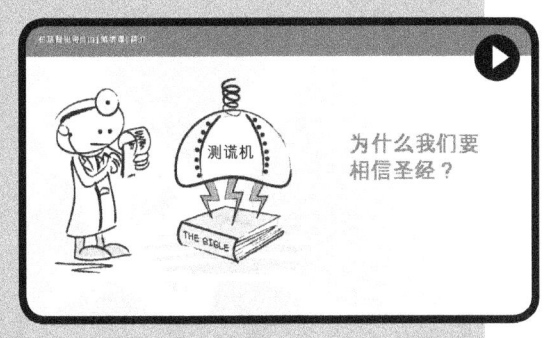

不管你们是如何看待圣经，但论及书籍，圣经始终一直彰显其独特之处，它向来都是最影响人心的一部记载。

圣经一直高居书籍销售排行榜的首位，以至于后来人们就不把它列入销售榜了。圣经大量地被印制，如今少说已有60亿册了。而且，不瞒您说，它还先拔头筹，成为第一本被印刷成册的书籍呢！

你说，有哪一本书曾经被翻译成最多种语文？哟，你猜到了！它被翻译成多少种语文呢？好吧，给你一个线索…排名第三被翻译最多的书籍是童话故事《木偶奇遇记》，它被翻成260种语文。那么，圣经呢？超过2,500种语文！而位居第二被翻译最多的书籍则是《天路历程》——一本根据圣经所著的书，它被翻译成2,000种语文。

（英文）圣经总共有超过75万字，倘若大声读完整本圣经，可能要花上70个小时吧。

纵然圣经是藉由40多位不同的人物（上至君王，下至渔夫）分别在三大洋洲，前后历经1,500多年所写成，但整体而言，圣经最大的宣称就是：这些内容都是神向祂造的人类所述说的信息。引述圣经提摩太后书3：16所言，「圣经(Scripture)都是神所默示的」；Scripture这英文字指圣经，意即虽然圣经由不同的作者所写，但他们在写的时候，是神在启示他们要写些什么。他们用各自的语言和风格在写，但是他们的记载确实来自神圣的启示。况且，它是为我们人类而写成的，我们从它得知神要对我们说什么。倘若事实确实如此，那么这就是圣经之所以独特超群、与其它书籍迥然有别的地方了。

不过，这依然像是一个古怪的宣称，我也不奢望你如此轻易就相信了。

> 英国的圣经协会是很好的资源，供你查阅关于圣经的事实、数据和其他的相关资料。网页是www.biblesociety.org.uk，你也可以把它推介给有意探究圣经的学员。

在基督里得自由　31

让我告诉你几个为何要相信圣经真是神给我们的话语的原因。这并不是一种"盲从的信心",反而是基于确凿实据的一种完全合理、可信的立场。

老实说,若圣经的内容不是真的,我也不会有兴趣去了解它。

1. 历史的印证

▶ 圣经记述大量的历史背景和资讯。若圣经的记载属实的话,那么你会期望这些资讯都会是准确的。

过去许多年来,有些专家始终认为圣经的作者们杜撰了很多细节,所以认定圣经的记载并不准确。例如,圣经其中一则最古老的故事,提到神毁灭了所多玛城和蛾摩拉城,多年来都被称为是个神话,这是因为人们没有证据证明这两个城市曾存在于世。不过,70年代中期,一批为罗马大学进行研究的意大利考古学家却在1万5千块陶土牌片集里,发现于西元前2,500年的文献里,曾经提及这两个城市。

圣经的前半部分——旧约,提及赫人超过50次。但多年来,人们并不相信世上真有赫人,因为除了圣经之外,没有其他证据记载过他们的存在。这是一个重点,因为若这世上不曾出现过赫人,那么圣经整体的准确性就备受质疑。然而,在19至20世纪期间,考古学家在一铲铲的挖掘中,考证了圣经所记述的这部分!他们甚至发现赫人的首都赫图萨(Hittusa)就位于土耳其的北部;而且也发现法老兰塞二世和赫人所签订的条约。时至今日,没有人再质疑圣经所提到的赫人了。

来到圣经的后半部分——新约。在约翰福音中,约翰详细地描述了一个特别的池子,及设有五个加盖了遮棚的廊柱。他说,那儿有许多行动不便的人聚集,为要经历神迹医治。传说那池子的水会超自然地搅动,而第一个下水的人就会得到医治。约翰记载耶稣经过那儿,和一个瘫痪了38年的人对话,然后治好了他。那人有生以来第一次起身行走。

伊博拉陶土牌(The Ebla Tablets)在叙利亚北部被马博士和沛博士(Paolo Matthiae & Giovanni Petinato)所发掘。这些牌片上不只提及所多玛城和蛾摩拉城,还提到创世记14:8所记述的其他三个"平原城市"——此三城的真实性也一度被人质疑。它们还记载了这些地区的繁华及其父系社会的文化,正如创世记所记述的情景一般。

> 约翰这记载写在约翰福音5:1-15。他描述的准确性已经获得证实。只要在网上搜寻"伯赛大池考古学（Pool of Bethesda archaeology）"，你就可以清楚看见这些廊柱的考古照片。

约翰所描述那池子的真实性很重要。它可能并不是故事的核心，不过，若那池子不是真的话，我们为何要信其中所记载的神迹呢？你无法用科学验证神迹，但是，你可以从历史去查证这地方和周遭所发生的事件。若约翰所描述的细节，其历史性都不可考，那么，我也不会想要信他所说的那些无法直接验证的神迹了。

几个世纪以来，都没有证据显明在耶路撒冷有这池子的存在。那儿有其他的池子，不过都是没有廊柱的。然而，在19世纪时，却在那儿地下13米左右的地方发现了五个廊柱的池子，正如约翰所描述的样式。而且，在该处还发现了关于其水能医治人的记载牌碑。

反过来看，若圣经作者的历史细节记述是精确的话，我们怎能随意假定，认为像神迹医治这类超凡的事"不可能发生"，就说他们的记载不实呢？这样的想法是否有点狭隘呢？

事实就是，直到如今，考古学家的发现都一一证实了圣经的历史准确度，从来没有一次反证。这真的很不寻常。

2. 如圣经所预测的都发生了

▶另外让圣经这本书独树一格的原因是，其旧约充满着预言，在当时没有发生的预言，后来竟然奇妙地应验了。

先知以西结在西元前586年曾预言推罗城（或称泰尔城）的倾覆：「我（主耶和华）必使许多国民上来攻击你，如同海使波浪涌上来一样。他们必破坏推罗的墙垣，拆毁她的城楼，我也要刮净尘土，使她成为净光的磐石」（结26：3-4）。不久，尼布甲尼撒王开始攻城，持续了13年，后来，这城正如所预言的，居民逃离到沿岸对面的小岛，盖建了新的城市。

如圣经所预测的都发生了。

例如，它早在几百年前就预言耶稣受死之事。

以西结还说（第12节），侵略者要「将你的石头、木头、尘土都抛在海中」。

250年后，亚历山大大帝攻打离岛上的城堡。为此，他必须建一条通道，于是他将古城搜刮一空（这是精确的预测），并把所有搜刮物投入大海，筑成一道长堤。

另一处旧约中被应验的预言出自于耶利米。耶利米生于西元前645年左右，他和其他先知都预言，警告犹太人若不回转归向神，就会被掳。他是这么说的：「这全地必然荒凉，令人惊骇。这些国民要服事巴比伦王70年」。（耶25：11）

> 2007年进行了一项纯科学的研究，探讨亚历山大当年如何攻破离岸城市的防卫，建立了功绩。此研究已经在美国的国家科学学院报上 (www.pnas.org) 发表。此研究的结论是，他聪明地运用了当地的自然地形特征——沙岬地，并从原先的城市获取瓦砾土石加以堆积，筑成了一道长堤，才势如破竹而上。

正如耶利米所预言的，犹太人在西元前605年被掳到巴比伦。当时，他们在巴比伦的情况还不算太坏。他们是奴隶，不过他们没有被恶待，生活也还不坏。他们可以安居、娶亲（他们被异族侵占的事在历史上发生了很多次）。这次可以这么说，那独特的犹太群体已经没落了，他们和当地人通婚，融入了当地的风俗文化。

但耶利米说，他们只被掳70年而已。这种情况下，他们怎么可能像耶利米所预言般回归本地呢？那是不可思议的，机率近乎渺茫！

结果呢？到大约第66年后，巴比伦这几乎所向无敌超级强国，没想到竟然被一个新兴强国波斯王大流士的率军所攻克。

就在第二年，大流士王颁布了一份诏书，允许犹太人返国。他甚至允许犹太人运用国库的经费，重新建造他们的圣殿！哇！

我想，最精彩的旧约预言，莫过于几百年后应验在耶稣基督身上的预言。旧约在多处地方都记述这预言。他们预测了耶稣的出生地，他的工作，他会如何被杀，以及他要如何从死里复活。

静思二

目标：

帮助第一次接触圣经的学员能看见圣经所记述一些撼动人心的预言，并协助他们开始使用圣经。

教员须知：
把学员分成三至四人一组。确保每一个小组中都有一些颇熟悉圣经故事的成员。

在你的学员中，若有人未曾接触过圣经，请花时间解释一下该如何查阅圣经，包括旧约和新约、章节的编排、以及如何搜寻参考经文等等。

如果他们还没有圣经的话，不妨向他们推荐合适的翻译版本，并告诉他们在哪里可以买得到。建议他们或许可以从新约的某卷福音书开始，每天读一点圣经。

▶ 问题：

查考以下的旧约预言：
弥迦书5：2；以赛亚书7：14；耶利米书31：15；诗篇41：9；撒迦利亚书11：12-13；诗篇22：18和撒迦利亚书12：10；出埃及记12：46和诗篇34：20；诗篇22：18。

以你对耶稣基督故事的认识，这些旧约预言如何藉着他应验呢？

在基督里得自由 | 35

3. 圣经宣称耶稣从死里复活是可信的

▶新约清楚地宣称耶稣基督从死里复活了。这惊人的宣称，使许多人连真相也不去查看，就轻易把这事断定为不可能。但真正态度开放的人，必定想要察看其中的证据。

医学证据显示，耶稣被放入坟墓之前，有专业的罗马兵丁用行动确认，他确实已经死了。另一个清楚的证据是，三天后，坟墓被证实是空的，甚至当时的掌权者也如此承认了（他们把它说成是门徒偷了耶稣的身体，等同承认坟墓是空的）。

耶稣受了当时最残酷的刑罚。才不过几天，他就向他的门徒显现。他看起来完好如初，一点也不像那临死回光返照的样子。事实上，后来他还同时向500多人显现呢！

耶稣的一位门徒彼得写道：「我们从前将我们主耶稣基督的大能和他降临的事告诉你们，并不是随从乖巧捏造的虚言，乃是亲眼见过他的威荣」（彼后1：16）。

那群见证人当中，有很多位因持守耶稣从死里复活的信念而殉道，彼得就是其中一位。欧里根(Origen)———一位早期的基督教学者，告诉我们彼得是被倒钉十字架而死，行刑的地点就是后来梵蒂冈建设圣彼得教堂之处。

你断不会为了你所不完全确定的事实而死吧！

4. 教会从未停止增长

最后，你可以观察那些遵循圣经而活的人。若圣经真是神的话语，你就会看见那话语的果效，人们会在生活中实践神的话语，并吸引越来越多人加入他们。这样的事是否正在发生？教会是否正在增长？

迈向另一个千年之际，有一群洛桑统计任务小组的成员，着手研究既存的历史证据，尽其所能精确地统计教会有史以来真正的基督徒人数。他们所看重的，并非"那是一个基督教国家"，然后点算其中的人口，而是尽最大努力数算多少人曾经下定决心要跟随耶稣。

▶1800年代初期,全球人口首次达10亿,其中约有两千万名基督徒。全球人口正迅速增长,如今已突破70亿。每个星期大约有一百万人成为基督徒。事实上,现在仍在生的基督徒人数,可能比有史以来基督徒的总数还要多。

教会是世上最有活力的机构,它不断在增长,而且如今比往日更为迅速地成长。

若你住在西方国家,你可能会难以置信地摇头叹息,因为近几个世纪来,西方的教会正逐渐地递减。这是一个历史的反常现象,但它的数目已经足以被其他地区的增长递补过来。几乎每一个发展中的国家里,教会都是增长的。

以非洲跟随基督的人数比率来看,一个世纪前100人中有3人,如今已经跃升为100人中有45人了。

过去几十年内,南韩涌进教会相信耶稣的人数以百万计。联合国已经正式重新划分,把南韩从一个佛教国家更改为基督教国家。

耶稣在圣经中曾经预测说:「我要建立我的教会,阴间的权柄不能胜过他」(太16:18)。

> 要找到由洛桑统计任务小组所进行的这份研究报告并非易事。它在《Be A Hero: The Battle For Mercy And Social Justice》(第156页,W. Campbell 和 S. Court 著作,2004年由Destiny Image出版)一书中被引述。

> 关于基督教在不同国家的分布状况,我们可以从Operation World所出版的书籍和资源中获取资料。请上此网页查阅:www.operationworld.org。

圣经真理改变生命

正如我先前曾经说过,若圣经的内容不是真的,我完全不会对它产生兴趣。

▶但是,若圣经的内容是真的,你就会在人们的日常生活中看见它的影响力。结束之前,我想让一些参加过"在基督里得自由"的学员们,分享更多发生在他们生命当中的事,以及他们决定相信圣经、信靠耶稣的个人体验。

[你可以让一些上过课程的学员预备分享自己的见证。不然,你也可以使用教学DVD里的见证短片,或引述第45页的一些见证信函。]

相信圣经是从神而来的人并不是盲从,他们是根据完全合乎逻辑、合理的立场才相信。在本课有限的时间内,我只能触及皮毛。你若有兴趣了解更多,我们还有更丰富的资料,欢迎你自由查阅。

接下来的课程介绍

这有那么重要吗?是的。因为若圣经的内容是正确的话,我们就会从中找到那些真能改变我们的生活原则。在往后的课程中,你会发现这些原则确实存在。

▶请你一起来,继续探讨圣经中一些直截了当的原则。这些原则并不是长篇大论的规定——"必须这么做,不准那么做"。我们所看重的,不是我们的行为,而是我们的信念。因为耶稣说,我们若认识真理,就能真正自由(约8:32)。

我们将探讨的内容包括:成为基督徒何以是我们生命中的关键时刻?▶我们如何从里到外成为新造的人?▶我们能坦然无惧来到神面前又是怎么一回事?▶为何我们无法靠行为来叫神爱我们多一些或少一些?

▶我们也会探究及面对自己的过去,甚至处理生命中最深层的问题所带来的影响。▶对于那些重复地出现并困扰我们的(生活/思想)模式,我们可以作何处理。

▶最后,我们会探讨神为我们预备的人生目标。而这可能跟你所想的不一样。

这些原则的确改变了我的生命。很多人告诉我，他们的生命也因此被改变。我真是迫不及待想要跟你分享这些原则。▶

 ## 见证

若有人告诉你，他们认为圣经只不过是"神话和传奇故事集"，你会跟他们说什么？

 ## 来临的一周

若你未曾有规律地阅读圣经，何不从现在就开始每天读一些？你可以先从新约的其中一卷福音书——马太福音、马可福音、路加福音或约翰福音——开始读起。在读的过程，提醒自己读了哪些真理。请记住，这位宇宙的创造者要透过圣经——祂的话——来向你说话。噢！

第一章

基要真理

耶稣说,我们必晓得真理,真理必叫我们得以自由!前面三课,我们会看一些基要真理,了解作为一名基督徒的意义何在。

第一课

我从哪里来？

第一课：我从哪里来？

焦点经文：
约翰一书5：12「人有了神的儿子，就有生命；没有神的儿子，就没有生命。」

本课目标：
从亚当和夏娃的悖逆，了解我们的灵命何以从一生下来时就已死亡，并且我们里面一直发出呼求，驱使我们去寻求人生的意义、保障和被接纳。

焦点真理：
成为基督徒之前，我们不断寻求被接纳、安全感和人生的意义。如今在基督里，我们已是神的儿女，我们的灵命活着，我们被接纳、稳妥，并且人生活得有意义。

教员须知

在第一课，你会帮助学员回答这问题："我是谁？"这看起来像是很简单的一道题。从基督徒回答这问题的方式，你将看出他们对福音的看法，以及他们的属灵资产。

基督徒必须了解，人的外貌、表现和社会地位何以不能满足自己内心被认同、被接纳、安全感和对生命意义的需求。如此做是为了要预备学员的心，让他们在上第二课的时候，能明白这些内在的诉求，能因着成为神的儿女而全然得满足。

如果你打算上完第八课之后在静修会里进行"在基督里得自由的步骤"的话，请记得把相关日期通知学员，好让他们记下来。如果你未开始策划的话，现在也是一个好时机，向Freedom In Christ订购每课真理列单的彩色明信片，日后在课程进行时便能逐一用上。订购详情请看"课程入门"。

我们建议你在课堂的某合适时段，分享你个人的见证，或是其他人上过"在基督里得自由"课程的见证。倘若你使用教学DVD，里面会有一些见证影片。可行的话，不妨加插课堂上"活"的见证。如此，DVD将更能发挥其果效。倘若你不打算使用教学DVD，而你也没有个人见证的话，不妨考虑筛选一些人们写给Freedom In Christ Ministries的见证信件（在下一页），读给学员听。

随着课程继续进行，学员若能阅读门徒训练的系列书籍（见第25页）作为辅助资料，将有助于他们的学习。我们建议你手上能有这些书籍存货，让学员可以选购。不然，你也可以转介他们到Freedom In Christ的网站购买。详情请看学员手册上的第6页。在每一课的（"话语"）开头，我们已经列明此辅助书籍的相关页数。

见证

以下我们摘录了一些寄给Freedom In Christ Ministries的信件内容。倘若你没有任何个人的"活"见证,也没有教学DVD组合的话,你可以读出这些信件内的经历,作为课堂上的见证。

1. "找到耶稣作为我个人的救主之后,我真的可以说'能在基督里完全得自由'成了我生命中最有意义的时刻。我向你推荐这课程。"

2. "...能在基督里找到自由诚然改变了我的生命..."

3. "我成为基督徒多年,曾经参加过好多好的聚会,做了好的事,参加过好的活动,穿过无数种活动衬衫!曾经好长一段时间,我一直闷闷不乐地认为,教会生活应该并不仅只于此吧?!倘若我能被对的人按首祷告,或经历过'神奇妙的经验或彰显'的话,那我就会更属灵、成为更好的基督徒了。

不过,自上星期听完教导之后,我开始发觉,原来我对课堂上所教的真理无不知晓。这发现非常激励着我。

接下来在星期六,进行'在基督里得自由的步骤'之后,我其实不觉得任何异样。但后来我才发觉,原来我并没有任何潜藏内心的问题需要去处理(反而只有一些不严重的问题),因为神先前早已解决了我那些严重的问题。礼拜天早上,在敬拜的时候,为着神这恩典,我不住流泪。"

4. "我想向你诉说内心的感恩和赞美!昨晚是我生平第一次带着不住赞美神和对祂爱的宣言就寝。今天早晨醒来的时候,我的心中充满着对祂澎湃不已的爱意。

课堂上我所听过的真理确实能释放人心。虽然大多数真理都是我已经"知道"的,但我心里却未曾真正相信这些真理。于是,痛苦、伤害和谎言(无数关于神的谎言)形同一大围墙,把我从神的爱及基督的释放中隔开了。不过,在这个礼拜,这面围墙倒塌了。"

第一课小组时间流程

以下时间编排是为了帮助带领小组的人而设。假设聚会时数为两个小时,这里就提议了本课各阶段所需的时间,以及时数累计。在每一课,你都会看到该课时间流程的提案。

欢迎	5 分钟	0:05
敬拜	8 分钟	0:13
话语一	20 分钟	0:33
静思一	25 分钟	0:58
话语二	17 分钟	1:15
静思二	15 分钟	1:30
话语三	8 分钟	1:38
静思三	15 分钟	1:53
话语四	7 分钟	2:00

注意:

话语时段的分配是根据教学DVD上相对应的教课使用时数。

见证时段并未列入在时间流程中,因为它可以在某个静思时段中进行。不过,若你想另外加入见证这时段,你可能需要在总时数上加5到10分钟。

若你已登记成为课程的使用者,你可以上网下载这些时间流程的电子表格。你只要按个人所需,输入开始的时间,并调整不同时段的时数,就可以拥有个人化的时间流程表。

> 如果你的学员是全新的组合，你可能想要多花一些时间，请每一对成员，向全班学员互相介绍对方。

 ## 欢迎

分两人一组，先花一点时间尽量认识对方。接着，用不超过30秒的时间，回答对方这道问题："他/她是谁？"

 ## 敬拜

建议主题：神的计划和应许。

读出以下一至两处经文：
诗篇33：10-11，约伯记42：2，箴言19：21

建议学员们在敬拜的时候以赞美述说我们神的属性——例如智慧、全权、圣洁、信实等等，或神的各种名称。

 ## 话语

司提夫高斯著了四本短篇书籍，统称为《在基督里得自由》门徒训练系列，相对应于此课程的四大章（请看学员手册的第6页）。系列一《自在做自己(Free To Be Yourself)》，2008年由Monarch所出版，相对应于此课程的第一章（头四课）。请读相关本课堂的辅助书籍内容，从头至第35页。

简介

你究竟是谁？

"在基督里得自由"这课程的目的，是要帮助我们行在耶稣为我们赢得的自由里。我们要如何办到呢？耶稣说，「你们必晓得真理，真理必释放你们得自由」(约8：32)。我们必须确定自己真的**晓得**真理，并不只是头脑的知识，而是发自内心地相信。

首先，我们要认识自己从哪里来，以及我们究竟是谁？

所以，你是谁？这听起来是个简单的问题。

[在此处加插你的个人资料]

"哦,我是司提夫"但你可能会指出,"不,那只是你的名字。你是谁呢?"

"我在Freedom In Christ Ministries服事。""不,那是你的工作"。

"我是英国人。""不,那是你住的地方。"

这在你眼前的人,是真的我吗?

[描述你的外表。例如,高1米8,黑头发等等]

▶你也可以把我放到解剖台上,尝试找出我到底是谁。

▶如果你把我的手臂砍了,我还是我吗?

▶如果你把我的腿也砍掉了,那我还是我吗?

▶如果你把我的心脏、肾脏、肝脏都移植了,那我还是我吗?

我究竟在那里呢?如果你继续进行解剖的话,你还会找到我吗?我肯定在这里的某个地方呀!

问题是:▶是什么组成了真的"我",或真的"你"呢?是我的身体吗?是我所拥有的东西吗?是我所作所为吗?是我所思所想吗?

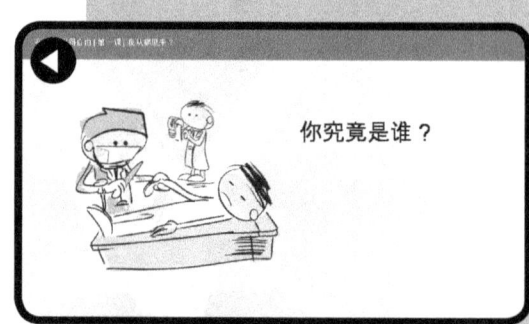

共两张ppt片

你按神的形象被造

保罗在哥林多后书5:16说「从今以后,我们不凭外貌认人了」。不过,我们还是这么做!我们习惯按外貌、表现和社会地位来为自己和别人定位。

圣经很清楚地表明,那些并不代表我们。▶我们乃是"按神的形象"所造的(创1:26),况且神并非血肉之躯,▶神乃是灵。

我们拥有灵性,有内在的我(或作灵、魂)。我们也有个身体,不过有一天,这身体会死,我们会把这身躯遗留地上。按神的形象被造的并非是我们的外在,而是有能力思考、感觉和作抉择的内在。在我们内在的深处,我们是有灵性的人。

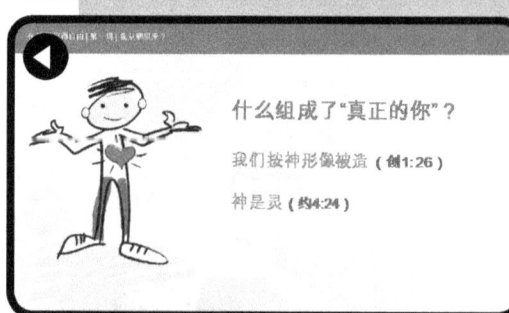

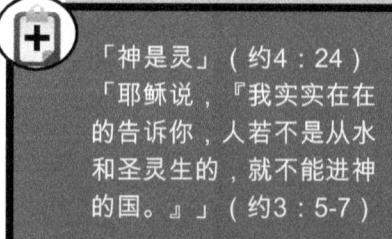

「神是灵」(约4:24)
「耶稣说,『我实实在在的告诉你,人若不是从水和圣灵生的,就不能进神的国。』」(约3:5-7)

圣经向我们保证，宇宙中最终的世界是属灵的。那看不见的世界，与这看得见的世界一样真实（来11:3）。我们看得见的物质界是暂时的，都会过去，但属灵的事长存到永远（林后4:18）。

神以何等样式创造我们

▶从肉身来说，人类的始祖是亚当和夏娃这对夫妇。科学家的这项发现吸引了我：他们从研究粒腺体ＤＮＡ（mitochondrial DNA）的分析指出，人类是从一个女人而出（即使他们不接受当时只有她一个女人存在）；而从Y-染色体的分析则得出这结论——人类是从一个男人而出。我们很高兴能知道，这些生物证据与圣经的记载确实是一致的。

作为探讨的起点来说，至少我们知道，亚当和夏娃的生命和我们的相当不同。关键是，亚当当时是以什么方式而活呢？这答案有两方面：

他肉体活着

▶首先，亚当的肉体是活着的。这纯粹表示，他的灵——即他内在的人、他整个人的核心，是和他的身体连结的。如果他的肉体死了，他的灵就会离开他的身体。他就会"离开身体，与主同住"（林后5:8）。

同样，我们的肉身是活着的。我们有一个躯体，这意味着我们能尝、能摸、能闻、能感觉，也能看。

他灵命活着

▶然而，亚当的灵命也是活着的。这和前者不同，这表示说他的灵——即他整个人的核心，是与神连结的。

我们也是按这样式被造：一方面我们的灵与我们的身体连结；另一方面，我们的灵则与神连结。

▶与神连结使亚当的生活素质截然不同，远胜过只是身体的存活。亚当的灵命活着，表示他的生命有几项非常重要的品质：

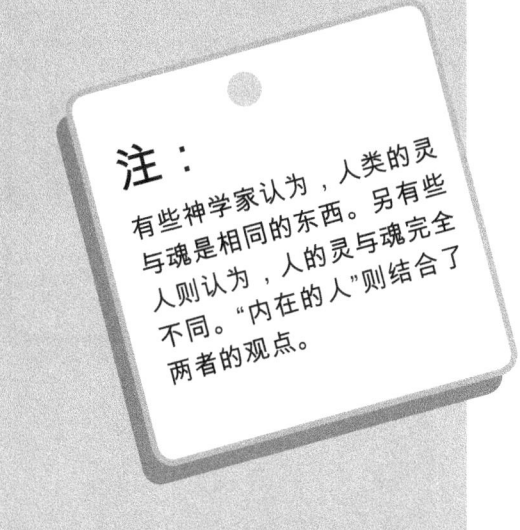

注：
有些神学家认为，人类的灵与魂是相同的东西。另有些人则认为，人的灵与魂完全不同。"内在的人"则结合了两者的观点。

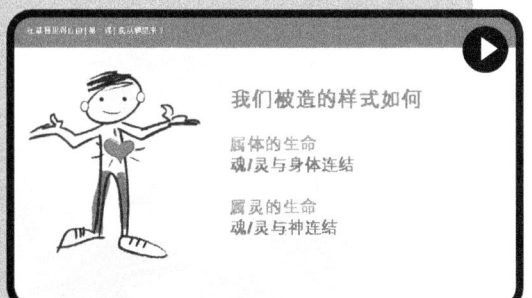

我们被造的样式如何

属体的生命
魂/灵与身体连结

属灵的生命
魂/灵与神连结

1. 有意义

▶神赋予亚当存在的目的——即管理空中的飞鸟、地上的走兽，和海里的鱼（创1：26）。亚当无须去寻找生命的意义或价值，因为他已经被赋予了人生的目的。

2. 有保障

▶在神的同在里，亚当是完全稳妥和安全的。他一切所需——包括食物、庇护所、伴侣等等每一样，他都有了！他根本不知道什么叫做"需要"。

3. 接纳

▶亚当和神的关系极为亲密。他可以随时和神交谈，并得到神全然的关注。还不止呢！神还为亚当造了夏娃，她是个完美的配偶（创1：27-28）。亚当有了归属感，不只归属神，也归属另一个人类。

他们被神接纳，同时也彼此接纳。他们赤身露体，却不觉羞耻——他们无需隐藏、无需遮掩。他们在神的同在中，彼此亲密地相交。

神所造的你就是那样的。你被造是为了过那样的生活：全然稳妥、有实在的目的、无需为任何事担忧，并且对神对人都有归属感。

神原本创造的生命

有意义：神赋予目的
（创1:28）

有保障：所有的需求都被供应了
（创1:29）

被接纳：对神对人的认定感和归属感
（创2:18）

静思一

目标：

让学员发表谈话。同时，你要加强这重点：亚当和夏娃起初被造时，对自己人生所具备的意义、保障和被接纳是深信不疑的。

▶ 问题：

能够的话，请你告诉我们，为何你来参加这课程？你希望能从中得到什么？

试想像亚当和夏娃起初被造的日常生活。它跟你的日常生活有何不同？

你猜，每晚当他们入眠的时候，他们会想到什么？

堕落的后果

灵命死亡

▶亚当和夏娃被撒旦欺骗，他们不听从神——圣经称之为"罪"。神曾经告诉他们，「分别善恶树上的果子，你不可吃，因为你吃的日子必定死」（创2：17）。但他们吃了。他们就此一命呜呼吗？不，他们的身体日渐衰微，900年之后才死。▶然而，他们的灵命却因为罪而死了。

他们与神连结的那生命被切断了，他们与神分开了。结果，自此之后，每个来到世上的人类都是肉体活着但灵命却是死了的人。以弗所书2：1说，我们"死在过犯罪恶之中"、"生来就是死的"——这是指死产儿吗？不。我们生来肉身虽是活着的，但灵命却是死的——即我们与神隔绝了（罗5：12，林前15：21-22，弗2：1）。

人类始祖的罪牵连甚多甚广，但总结就是一个字——"死"。灵命的死对他们（乃至对日后的我们）的一些影响如下：

▶ 1. 失去对神的认识

神的智慧不复存在亚当和夏娃里面。他们不再能依靠他们的创造主，他们得自己去寻找他们的身份、人生目的和生命的意义。亚当开始匮乏智慧，从他尝试躲避一位无所不知、无所不在的神之际，他的无知就已显露无疑。（创3：7-8）

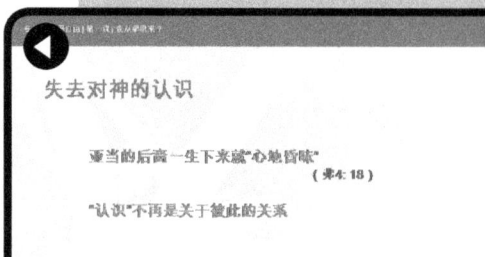

▶听一听保罗如何形容亚当的后裔：「他们心地昏昧，与神所赐的生命隔绝了，都因自己无知、心里刚硬」（弗4：18）。他们心地昏暗，是因为他们失去了属灵的生命。保罗也告诉我们，属血气的世人（灵命已死）不能领会神圣灵的事，因为这些事惟有属灵的人才能看透（林前2：14）。

▶你若与神建立了关系，就会认识神。当亚当和夏娃犯罪，从神面前被逐出的时候，他们失去了对神的了解。那也是后来我们来到这世界的样式——不认识神。我们或许知道神，但却不真的认识祂，直到我们藉着耶稣基督，才能与神建立真正的关系，真认识祂。

保罗明白认识神的真义。当神将他击倒在大马士革的路上，那时候，保罗是"当代神学领袖"的人选。但是后来，他重新发现了亚当起先对神的那一份认识——一份真实而亲密的关系，而不是一种神学概念。那时，他回应道：「我将万事当作有损的，因我以认识我主耶稣为至宝…我看一切如粪土」（腓3：8）。

> 真正认识神，讲的是一份亲密的关系，而不只是知道关于祂的一些事而已。或许你已听说过，人们透过互联网认识对方，交换电子邮件，然后就结婚了。但是，如果彼此的关系仍停留在社交网络、传传照片来沟通的话，你想这会是个怎么样的婚姻啊？

负面的情绪	
惧怕和焦虑	对安全感的需求
罪疚和羞愧	对意义感的需求
被拒绝	对被接纳的需求
软弱和无能	对力量和控制的需求
沮丧和生气	寻求快乐

我们常听说,"不要害怕"这吩咐在圣经里共出现了365次,正适用在一年里的每一天。

这是一个很好的想法(若它属实的话)。事实上,它在圣经总共出现了大约170次。

2. 负面的情绪

▶ 亚当和夏娃突然经历到许多未曾经历过的负面情绪。

▶ 他们感到惧怕和焦虑

亚当首先表达出来的情绪是:我害怕(创3:10)。圣经中最常重复的吩咐,就是"不要害怕"。世界上的头号精神问题,就是焦虑症。我们很难想像,亚当和夏娃在犯罪之前,并不会毫无缘由地惧怕,直至他们犯了罪,才会感到害怕。而我们与生俱来一种驱策力,想要回到他们起初所失去的安稳。

▶ 他们感到罪疚和羞耻

原本,他们具有生存的意义。但是,与神的关系破裂过后,罪疚感和羞耻感随即取而代之。所以,我们一生下来,就希望找回生存的意义。那些原本就属于亚当和夏娃的,现在却成了我们不可或缺的需求。

假如在这课程中,我有荣幸认识你。真正认识你之后,你想,我会喜欢你吗?

[停久一点才继续讲]

我知道我会喜欢你,并不是因为我个人有什么美德的缘故,而是因为神在我里面,而祂也在你里面。但是,当我刚才问你的时候,你有什么感觉?从亚当传承下来的罪疚感和羞耻感,使我们大部分人都害怕不已,深怕别人会发现我们内心里不为人知的一面。

自人类堕落以来,身份危机和负面的自我形象,已成了人们的重大问题。

▶ 他们觉得被拒

起初,他们有归属感,完全被接纳。当他们与神的关系破裂之后,被拒感汹涌而至。被拒感与生而有,所以我们天生也就渴望能被人接纳。我们再次看见,原本属于亚当和夏娃的特性,如今成了人们内在的渴求。不妨看看同侪的压力吧!一个人若要独排众议,确实需要鼓起很大的

在基督里得自由 53

勇气才能做到,那是因为我们内在对归属感、融入感和被接纳的需求,总是那么强烈的缘故。

▶ 他们觉得软弱无力

起初,亚当和夏娃拥有神的能力在他们里面,他们可以按神造他们的样式而活,做成神要他们去做的工。如今,他们必须依赖自己的能力和资源。我们与生俱来就有一种无助的孤独感,要在一个我们控制不来的世界中生活。所以,我们自小就表现强悍,想要掌握自己的生命多一些。按神的设计来说,我们存活得全然仰赖神。但因为我们不认识神,我们成为想要掌控自己命运的人,并进一步想操纵他人,来获取保障。这样的做法向来都行不通。并且讽刺的是,一个自以为能操纵别人的人到头来反而最缺乏安全感。

▶ 他们感到沮丧和愤怒

他们会沮丧和愤怒并不出奇。我们看见圣经在该隐和亚伯献祭给神的时候曾提及,神不收纳该隐所献上的祭,该隐就大大发怒和沮丧(创4:1~)。忧郁症是世上第二号精神问题。这问题是那么地普遍,甚至人称它为精神科的感冒。即使当今科技日新月异,我们却活在一个"焦虑的时代"。

> 几年前作的一次临床研究发现,英国有25%的女性和10%的男性被诊断为忧郁症,他们在65岁以前至少病发一次。我们的女性怎么会比男性更多忧虑呢?我想,这跟她们和谁生活在一起大为相关!
>
> 到2020年以前,继心脏病之后,人类所面对的第二号致命杀手预计会是严重的忧郁症。目前,人们最普遍的问题就是临床忧郁症。人的一生当中,估计有8至12%的男性以及20至26%的女性,至少会面临一次忧郁症病发。
>
> Richard Hornsby,伦敦 The Sir Robert Mond 墓园托管经理

尝试回到起初

世界所能提供的一切尽都无效

▶自人类堕落以来,人与生俱来一种强烈的驱动力,要重获起初亚当夏娃所失落的被接纳、安全感和人生的意义。但我们并不知道该怎么做才对。也难怪我们至今还是有些混淆——究竟我们是谁;我们要怎么样才能快乐。我们就像没有油的车,尝试寻找我们的目的地。然而,无论你这车看起来多棒,没有了油,你还是无法抵达目的地。

▶世界提供了好些错误的方程式,使人们误以为藉此可以重获亚当和夏娃所失去的一切:

表现 + 成就 = 意义

地位 + 认同 = 保障

外表 + 称赞 = 接纳

▶我们无法藉着外貌、表现和社会地位等人为努力,重获亚当和夏娃所失去的一切。

让我们来看看所罗门——以色列最强盛时期的国王。他拥有权势地位,可以为所欲为;他有荣华富贵,可以资助他想要做的一切。甚至,我们今天还听过"所罗门王的宝藏"这传说。凡是男性梦寐以求的女人,尽在他怀里,而且为数甚多。他在神以外的一切事上,寻求人生的意义。神给了他史无仅有的智慧,可以诠释一切事物。他在一卷称为传道书的旧约经卷里对人生作出了结论。他的结论是什么呢?▶"虚空的虚空!万事都是虚空"(传1:2)。

郎本贺(Bernhard Langer)——顶尖的高尔夫球手,也是一位基督徒。他作出同样的结论:

> 我将近28岁的时候,基本上已经完成了我想要达成的每个目标。我发现,物质的东西无法使我满足,人生一定有某些比起累积财富、车子,或房子等更为重要的东西。而我们却一味地贪婪更多更多的物质,永远不知足。

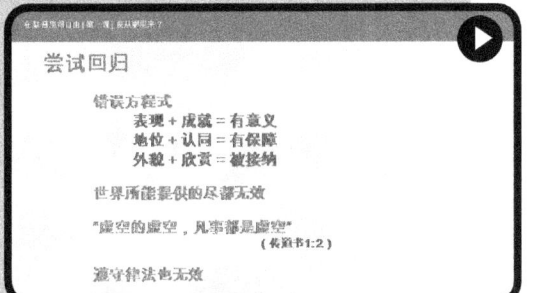

或许,我们想藉着世界所提供的途径,尝试"找到自己",至终却功亏一篑;而且一直如此。例证:Rolling Stones说"我得不着满足",U2说"我尚未找到自己一直在寻找的答案"。

无论我们如何努力，如何粉饰自己，我们还是无法回归起初的生活，因为问题在于我们一生下来，就与神隔绝了。

遵守律法也无效

▶神有祂拯救堕落人类的计划，但是祂必须使我们相信，靠自己或人为的努力并无法满足我们的需求。祂藉着与人立约这律法的途径来说服人类，那就是旧约。旧约的规则是这样的：如果我们能靠人为努力按律法而行，我们就会蒙福。否则，我们就招咒诅。当我们做不到谨守律法，律法就会成了我们的咒诅。律法也无力使我们重获亚当和夏娃所失去的一切（加3：10，21）。这原是神计划中的一部分，要藉着律法引领我们归向基督（加3：24）。神要叫我们明白，因着灵命的死亡——即与神隔绝，我们早已彻底绝望。然而按着祂的怜悯，祂设立了赎罪祭的体系。人类的解救方案只在于神所预备的终极一祭——耶稣基督。

> 事实表明，人人内心深处都渴望能被无条件地疼爱。但按理而言，我们无法做些什么来获取这无条件的爱。

所以，我们已经不是按原来被造的样式来到这世上，我们与真灵命的源头完全隔断了。

静思二

目标：

让学员明白，我们都因亚当和夏娃犯罪的后果而身受其害，并且人们根本不可能不靠着基督来面对这恶果。

▶ 问题：

亚当和夏娃犯罪，对我们带来什么影响？

你特别认同哪一项？为什么？

看看你手册上"世界所提供最好的解决途径"那些错误的方程式。一般上，人们尝试如何处理他们对人生意义、保障和被接纳的强烈需求？请用你个人的经验或对别人的观察，举实例说明。

耶稣来做了什么呢？

重新赐下属灵的生命

耶稣来做了什么

"我来了，是要叫人得生命，并且得的更丰盛。"
（约10:10）

"太初有道，……生命在他里头，这生命就是人的光。"
（约1:1-4）

"复活在我，生命也在我，信我的人，虽然死了，也必复活。"
（约11:25）

唯一能解决那困境的答案，就是恢复我们与神的关系，使我们的灵再次与神的灵连结，成为有灵的活人。那并非靠我们自己能做成的事。▶所以，神差遣耶稣来，将撒旦所作所为——就是牠欺哄夏娃犯罪，使人类与神隔绝的那作为，——拆毁。

耶稣和亚当一样，灵和体都是活着的。不过，与亚当不同的是，耶稣从来没有犯罪。耶稣成了我们的典范，好让我们也能依靠天父，在这堕落的世界，活出属灵的生命。

然而，耶稣并非只是来成为一个榜样，祂来是…嗯，祂为什么来呢？你觉得呢？

在基督里得自由

大部分的人说，祂来是为了要赦免我们的罪，的确，那是对的。不过，那是一个途径，为要达到一个目的。耶稣自己说，

▶「我来了，是要叫人得生命，并且得的更丰盛」（约10：10）。

亚当失去了什么？生命。耶稣来要给我们什么？生命。

在新约，你们到处都看到"生命"这词汇。

▶「太初有道⋯生命在祂里头，这生命就是人的光」（约1：1-4）。

▶「复活在我，生命也在我，信我的人虽然死了，也必复活」（约11：25）。

换言之，即使他的肉体死了，他的灵仍然活着。

当我们成为基督徒的时候，我们的灵就与神的灵连结了——我们灵里重生了，我们可以像亚当和夏娃起初那样亲密地认识神，并与其他人亲密交往。▶亚当失去的是生命，而耶稣来了，为要给我们生命。

恢复有意义、有保障、被接纳的人生

你以为，永生是你死了之后才有的生命吗？不，不仅于此，▶而是现在就完全不同的生命品质。其实，也就是重获亚当堕落前的生命。使徒约翰在约翰一书5：12写道，"有了神的儿子就有生命，没有神的儿子就没有生命"。当我们接受基督的那一刻，我们就得称为神的儿子了（约1：12）。有了基督内住的生命，我们才有可能重获亚当和夏娃因堕落所失去的一切。

▶如今，我们所求取的身份认定、被接纳、人生的保障和意义，在基督里面都被满足了。且让我们来看圣经怎么说。

▶[一起读学员手册上第17和18页的"在基督里恢复有意义、有保障、被接纳的人生"列单。也可见于教员手册上第61页。]

约翰在书卷其他地方也提及了耶稣所带来的生命，例如约6：48，约14：6。

与生命有关

亚当失去的是生命
耶稣来了为要给我们生命
从此截然不同的生命品质
生命＝意义、保障、接纳

我活着是有意义的

我不再一无是处、缺乏、无助或绝望。
在基督里，我极贵重而特殊。神说：
我是世上的盐、世界的光。
我是真葡萄树（耶稣）的枝子，是祂生命的管道。

共9张ppt片

当你读出上面这些句子的时候,可能你难以想像它们所述说的都是真的。其中有很多项,感觉起来不像是真的。但是,若你是基督徒,神说,它们都是真的!你选择相信宇宙造物主对你说的话?还是相信自己里面的感觉?

接下来的课程,我们将更多学习这些真理如何运用到我们真实的日常生活中。包括:为何我们无须再渴求人们的接纳;为何在任何境况下,我们都可以在基督里安稳;以及为何我们无须再为自己的需求而担忧等等。

现在,我们要明白的重点是:若神说了何为真,那么它就是真的。神是真理,即使我们的感觉或环境对我们说了另一番话,我们仍必须去找出什么是真的,并要相信它。

> 你选择相信宇宙造物主对你说的话?还是相信自己里面的感觉?这是整个课程的基本问题。你可能要不断地向学员发出这质疑:他们是要相信神的话抑或相信自己的感觉。

静思三

目标:

让学员知道,取自圣经的这些陈述未必会让你觉得它真实,但神若说它们对我们而言是真的话,那么它们就是真的。

▶ 问题:

我们一起读出的这些陈述中,哪些是让你为之惊讶的?为什么?

我们一起读出的这些陈述中,哪些特别鼓励了你?为什么?

神若说了一些关于我们的事,但我们却不觉得它是真实的,这时候,我们可以作何回应呢?

在基督里得自由

结论

我们看到,亚当和夏娃曾经拥有属灵的生命,那意味着一份与神之间的亲密关系——全然被接纳、人生有完满的意义和保障。不过,他们失去了这份属灵的生命。正因为此,我们与生俱来就没有了灵命,尽管那是我们原本被造时就被赋予的生命。

耶稣来了,为要把那生命重新赏给我们。基督徒如今拥有那同样的生命。当他们认同神的话之时,他们就经历了那生命。

「有了神的儿子就有生命,没有神的儿子,就没有生命」(约一5:12)。

下一堂课,我们要回到同样的问题"我是谁?",并探讨成为基督徒的真相和涵义。▶

上完本课后,我们明显看到基督徒和尚未成为基督徒之间的差别。视组员的情况,或许此时值得再强调一番,你只能藉着成为一名基督徒,来获取先前失去的"生命"。你可以这么说:"若你还不确定自己是基督徒,那我要告诉你,接受神所赐的礼物是轻而易举的一件事。你只需感谢神就行了,为着祂差派了耶稣来,在你还彻底绝望的时候为了你而死,并接受祂作为你的主和救主。"不然,你也可以在下一课才这么做。或者,你做两次也行。

 见证

一般上,人们会如何试着去处理他们内在的强烈需求,好让自己能觉得被接纳、人生有意义和有保障?你会如何对一位非基督徒邻居说明,这些需求至终只能在基督里才能找着呢?

 来临的一周

每天大声读出"在基督里恢复有意义、有保障、被接纳的人生"列单。然后,挑选其中一项特别与你有关的真理,花一些时间读它的上下文,并求神帮助你更完整地明白其中的真理。

在基督里恢复有意义、有保障、被接纳的人生

我是贵重的
我不再一无是处、缺乏、无助或绝望。在基督里，我极贵重而特殊。神说：

太5：13-14	我是世上的盐、世上的光。
约15：1,5	我是真葡萄树——耶稣——的枝子，是祂生命的一个管道。
约15：16	我被神拣选并指派为要结果子的。
徒1：8	我是按圣灵赐力量、为基督作见证的人。
林前3：16	我是神的殿。
林后5：17-21	我是叫人与神和好的使者。
林后6：1	我是神的同工。
弗2：6	我与基督一同坐在天上。
弗2：10	我是神的工作，为着各样的美善所造成的。
弗3：12	我可以凭信心自由地来到神的面前。
腓4：13	我靠着基督加给我力量，凡事都能做。

我是稳妥的
我不再感觉罪疚、不被保护、孤单，或被弃绝。在基督里，我是完全稳妥的。神说：

罗8：1-2	我永不再被定罪。
罗8：28	我确信，万事都互相效力。
罗8：31-34	没有任何定罪的判语可以攻击我。
罗8：35-39	我不会与神的爱隔绝。
林后1：21-22	神已建立我、膏抹我、为我立下印记。
腓1：6	我深信，神在我里面动了的那善工，祂必定会完成。
腓3：20	我是天国的子民。
西3：3	我与基督一同藏在神里面。
提后1：7	我所领受的，不是胆却的心，乃是刚强、仁爱、谨守的心。
来4：16	在我需要的时候，神的恩典和慈爱总是随着我。
约一5：18	我是从神而生的，恶者无法伤害我。

我是被接纳的
我不再被拒、被冷落，也不再污秽。在基督里，我已完全被收纳。神说：

约1：12	我是神的儿女。
约15：15	我是基督的朋友。
罗5：1	我已经被称为义。
林前6：17	我与主接联，我与祂同有一灵。
林前6：19-20	我是重价被买赎的。我属于神。
林前12：27	我是基督肢体的一员。
弗1：1	我是圣徒，是圣洁的。
弗1：5	我是神所收纳的孩子。
弗2：18	藉着圣灵，我可以直接来到神面前。
西1：14	我已经被救赎，所有的过犯都被赦免了。
西2：10	我在基督里是完全的。

第二课

我如今是谁？

第二课：我如今是谁？

焦点经文：
哥林多后书5：17「若有人在基督里，他就是新造的人，旧事已过，都变成新的了！」

本课目标：
能明白自己在基督里已完全是新造的人。

焦点真理：
你跟随基督的决定乃是你人生至为关键的时刻，能彻底改变"你如今是谁"的身份。

教员须知

这一课将会让你雀跃，因为你会看见那些多年来一直深信自己罪孽深重（不义）的人们，他们开始从真理中察觉耶稣为他们所做成的工——把他们从一个原本惹神愤怒的人改变为神所悦纳的人。有些人可能会在这观点上挣扎，因为他们不觉得自己像是一名圣徒。而要紧的是，你要不断地带他们回到神的话，看神怎么说，而不是他们感觉如何，或他们的意见如何。

若你想要更详细探讨这题材的神学观，我们推荐你阅读由尼尔安德森和罗拔少斯(Robert Saucy)所著的《在你里面运作的大能(Power At Work In You)》（2001年Monarch出版）。

小组时间流程：

欢迎	10 分钟	0:10
敬拜	15 分钟	0:25
话语一	11 分钟	0:36
静思一	25 分钟	1:01
话语二	20 分钟	1:21
静思二	15 分钟	1:36
话语三	16 分钟	1:52

 # 欢迎

想像自己向一位尚未是基督徒的朋友谈话。你如何把福音总结为一至两个句子的信息？

或者，当你成为基督徒的时候，别人如何对你解释福音？

> 我们设计这道问题是为了要看看，是否有人会超越"耶稣为了我们的罪而死"的福音呈现方式，而以拥有"生命"并胜过仇敌的真理角度来传递福音。

 # 敬拜

建议主题：察觉神多么爱我们，并悦纳我们。

读以下一至两处经文：

以弗所书3：16-19，西番雅书3：17，哥林多后书3：18，希伯来书12：1-2

建议每个人翻开诗篇103：8-17，安静地阅读。然后，鼓励他们说出其中所述说的真理——神对我们那奇妙、永不止息、永不改变的爱，并为此感谢祂。

 # 话语

司提夫高斯著了四本短篇书籍，统称为《在基督里得自由》门徒训练系列，相对应于此课程的四大章（请看学员手册的第6页）。系列一《自在做自己(Free To Be Yourself)》，2008年由Monarch所出版，相对应于此课程的第一章（头四课）。请读相关本课堂的辅助书籍内容，第36至59页。

我如今是谁？

让我们重温上一课所探讨过的问题：内心深处的你究竟是谁？

过去，「我们曾是可怒之子」（弗2：3）。换句话说，在我们内心深处，我们得罪了神，并且我们不能为此而做些什么。

我们信主的那一刻，是我们人生至为关键的时刻。所有的事因此而改变。圣经用了非常戏剧性的字眼：

▶「若有人在基督里，他就是新造的人，旧事已过，都变成新的了。」（林后5：17）

你会是半新半旧的吗？

▶「从前你们是暗昧的，但如今在主里面是光明的。」（弗5：8）

你能同时又光明又黑暗吗？

▶「祂救了我们脱离黑暗的权势，把我们迁到祂爱子的国里。」（西1：13）

你会同时在两个国度里吗？

是圣徒，不是罪人

你们当中有多少人认为自己是"蒙恩的罪人"？[给学员一些时间思考，然后请他们举手回应]

▶看看这处有趣的经文：「基督在我们还是（过去式）罪人的时候，为我们死了。」（罗5：8）这里似乎在说，我们已经不再是罪人了。

▶你原本确实是个罪人，只是靠恩典得救了。你若不再是个罪人，那你是什么呢？

在新约里面，非信徒被称为"罪人"（超过300次）；相反，信徒则被称为"圣洁的"、"义人"或是▶"圣徒"（共超过200次），从未被称为"罪人"。你若接受了耶稣作你的救主，你就不再是被赦免的罪人，而是得赎的圣徒了！

是的，你是一名圣徒！▶这字面的意思是，你是"圣洁的人"或"义人"。并不只是一个称呼，而是反映那一刻的事实——你成了基督徒。即使你不完全确定那一刻是何时，但你在基督里已经是新造的人了。你的属灵实质——即你内在的深处——已经改变，从一味惹神愤怒的人，变为在基督里被接纳、稳妥及生命有意义的人了。

◀ **多么大的差别！**

「若有人在基督里，他就是新造的人，旧事已过，都变成新的了。」
（林后5:17）

「从前你们是暗昧的，但如今在主里面是光明的。」
（弗5:8）

「祂救了我们脱离黑暗的权势，把我们迁到祂爱子的国里。」
（西1:13）

我是圣徒!

意即：

"圣洁的人"
"义人"

有位牧师用了一种新颖的方式，鼓励信徒们持守这真道，坚信自己在基督里是圣徒的位份。他要求每位信众加上这字眼"我是圣XX"，大声宣称自己的名字。于是会众们逐一地说，"我是圣宝罗"，"我是圣秀芬"…。但是，有一个人拒绝参与。牧师问他"你是不是害羞呀？""不是，"那人回答，"只不过我的名字刚好叫伯纳"（注：圣伯纳是犬类）。

有位女士这么说："我曾经以为自己是一只披着白色外套的脏狗。我虽知道基督的公义遮盖我，但在内心深处，我仍然相信我是神所憎恶的。如今我才明白，原来我已经是干净的狗！"

加拉太书3：27说，我们是披戴基督的。很多人就此以为自己里头还是同样的污秽和败坏，只不过是因为披上了基督的公义，所以看不出来。或许我们打个比方来说明：当浪子回头的时候，他父亲给他穿上了华服（路15：22），你想是这件华服使他成为儿子吗？不！是因为他是儿子的身份，才有华服穿戴。

如今，我们从里到外都成为义了，我们可以披戴基督，因为从我们内心最深之处，祂已经使我们成为圣洁了。

当父神看着你的时候，祂微笑，祂爱你。祂并不是看见基督遮盖你，祂看见的你是一个新造的人，从里到外都是圣洁的。

在基督里

我们之所以是圣徒，是因为我们"在基督里"的新身份和新地位。单单在以弗所书短短六章的书信里面，就提到"在基督里"不下40次。意思是说，我们现在拥有全新的身份，不再是"可怒之子"，反倒享有神的属性（彼后1：4）。

即使是最年轻的基督徒，他也是一名圣徒。这词是形容我们在基督里的新位份，未必与我们的成熟度有关。

在基督里得自由 | 第二课 | 我如今是谁？

静思一

目标：

强调"基督徒已经是全新的人"这真理。上一课的列单已表明这⋯⋯学员明白，重点不在于我们的表现有多好，而在于如今我们是谁。

注：
最后两道问题旨在为课堂的下一部分铺路。别花太多时间在那儿，而是把学员引到本课主题上思考。你也可以选择迟些才用这两道问题。

▶ 问题：

重新看上一课"在基督里恢复有意义、有保障、被接纳的人生"列单。哪些带给你最大的冲击？为什么？

当你成为一名基督徒之后，实际上发生了什么事？（或许读出这些经文能对你有帮助：哥林多后书5：17，以弗所书5：8，歌罗西书1：13）当你成为基督徒之后，你察觉自己有何改变？（请学员分享，改变信仰或行为之后的见证）

既然基督徒还是会犯罪，你想我们仍能说"我们不再是罪人，而是有时会犯罪的圣徒"吗？或者你认为这只不过是在玩弄字句而已？为什么？

为何把自己视为"不仅被赦免"是这么重要？

不仅被赦免，而是成了全新的人

你若觉悟自己已是一个全新的人，你的行为就会改变。

如果你认为自己是被赦免的罪人（仍旧是个罪人），你想你会如何行事？还是会犯罪！你若想改变自己的行为，你必须认定，你▶并不仅是被赦免而已。

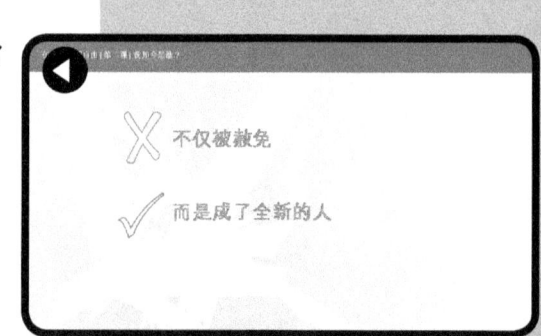

假设说你是一名妓女,有一天你发现国王颁布了一条命令,所有的妓女都被赦罪。这无疑是个好消息——你的罪被赦了。你想,光是这特赦令,会改变你如何看待自己吗?不,你仍旧还是妓女。那么,这颁布会改变你的行为吗?应该不会。不过,如果国王不但赦免你的罪,还要你作他的新娘,立你为王后,会改变你如何看待自己吗?当然会!"我是王后呀!"这样一来,你会改变自己的行为吗?当然!"我已经贵为王后,怎么还可能回去过以前的生活呢?"

你不单是被赦免,你还是基督新妇的一份子!▶你已是一个全新的人。我们对福音的认知,往往偏重在前半部——耶稣为我们的罪而死。这随即诱发一个问题——信主前和信主后相比,我们似乎没什么两样嘛!差别只不过在于我们已被赦免,并且我们死后将会与耶稣在一起罢了。其实未必如此而已,更好的事还在后头!

请记住,由于罪的缘故,我们的灵命生来就是死的。▶假设你遇见一个已死的人,而你想救他,▶你会怎么做?你会做两件事:

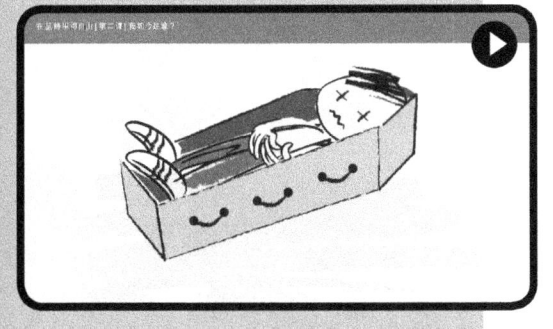

▶1. 找出那人致死的病因。保罗说:▶「罪的代价就是死」(罗6:23)。对我们来说,致死的病因就是罪。为了医治我们的病,耶稣上了十字架。祂为了我们的罪而死。

2.不仅如此。即便我们找到可治愈爱滋病的药物,我们也无法帮助那些死于爱滋病的人。▶倘若我们要把他们救回来,我们必须重新给他们生命。你若把刚刚的经文读完,你就会发现,耶稣不但治好了我们死亡的病因——罪,并且▶「惟有神的恩赐,在我们的主基督耶稣里,乃是永生」。如果我们单单晓得耶稣为我们的罪而死,我们就只会相信自己是被赦免的罪人。

因此关键是,我们也要晓得,我们已重获亚当失落的灵命而成为圣徒。如此,我们才能活出尊荣神的生活。若我们不晓得这真理,我们就不太可能会改变自己的行为。

当然,你是圣徒的这事实并非要你自夸,因为那不是你赚来的,而是白白得来的。即使你是非信徒,只要信靠耶稣基督,你也随时可以成为圣徒。

 这里是一个好时机,你可以用静思一的最后两道问题,把教过的内容向学员重述一遍。

挫败乃因你不晓得自己是全新的人

▶挫败的基督徒不晓得这奇妙的真理——你在基督里全新的位分。即使是撒但，牠也无从更改这历史事实。但是，如果牠能欺哄你相信牠的谎言，你与神同行时就难免会跌跌撞撞了，因为没有人能行那些连自己也不真心相信的事。

神的儿女并不是次等或无用的。但若撒但欺哄了你相信牠的谎言，你就会变成那样。

神的儿女并非污秽，也不再被丢弃。但是，若撒但欺哄了你相信牠的谎言，你就会有那样的表现。

你给我一个挫败基督徒的例子，我将会指出他们如何在这些真理上松懈了下来，没有离开旧有的生活方式。

大部分信徒并不真正能持守这真理——我们已经一次过被神赦免了，并且神永远不再定我们的罪。祂欢迎我们进入祂的同在，因为祂爱我们。

有些人或许会说：

"你不了解我的过去。"

但这并不改变"你在基督里是谁"的事实。

"你不了解我有多坏。"

但这并不能改变你在基督里的位份。

"你不会了解作为一个基督徒，我有多失败。"

但这并不改变你在基督里的位份。在你还是个罪人的时候，基督就爱你了。如今，你是个圣徒，祂的爱仍未止息。

"但日后我若再犯罪又如何？"

当基督一次舍身、永远有效地为人赎罪的时候，其中有多少日后的罪呢？全部日后的罪都包括在内！

"我若相信那些关于我的事实，会否显得太过骄傲？"

一点也不！因为我们在基督里的位份，并不是靠自己努力赚来的，而是白白得来的。这礼物完全是因神的恩典

> 挫败的基督徒不晓得这真理
>
> 没有人能身体力行那些与自己信念相违背的事
>
> 你并非靠着怎么做而得救，而是因着你怎么信而得救。

而有。神只要我们以信心回应祂，相信祂说过并为我们成就了的一切。老实说，如果你不信，你等于是在说神是个骗子！

▶你并非靠着怎么做而得救，而是因着你怎么信而得救。这课程不是要教你如何改变做法，而是要更新你的信念。

讨神喜悦

我若再犯错又如何？

▶我们很容易把自己视为罪人，而非圣徒，是因为我们必须痛心地承认自己有时的确会犯罪。所以，我们作出这结论——自己必定是罪人。我有时候会打嗝，但那并不把我的身份界定为"打嗝的人"！关键问题是，在内心深处的我们究竟是谁。如果你是一位基督徒，这问题已经有了解决方案。在你最核心的深处，你已经与神的性情有份。你已经是全新的人。

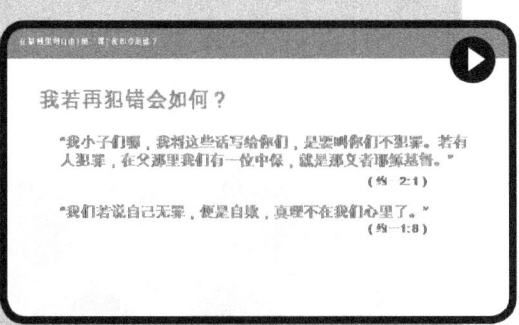

"但我们有时还是会犯错"——这事是可以避免的

作为一位圣徒，意味着我们有能力选择不去犯罪。▶「我小子们哪，我将这些话写给你们，是要叫你们不犯罪。」（约一2：1）我们无须犯罪。实际上，我们已经与罪结束关系了，因为我们已经向罪死了（罗6：2），罪在我们身上不再有权势。

无论如何，作为一位圣徒并不表示我们活得完全而无罪。▶「我们若说自己无罪，就是自欺，真理也不在我们里面了。」（约一1：8）如果我们宣称自己不会再犯罪，那就是自欺。真相是：我们是偶尔会犯罪的圣徒。

但我们却不再活在神的审判底下，不必再战战兢兢地以为"我若犯错，神的愤怒就会临到我"。神的愤怒早已倾下，不过却是倾倒在基督身上。如今，你不再是神手中的罪人，惹祂发怒。你乃是神手心的圣徒，蒙祂怜爱。祂呼叫你带着被洁净的心，以信心勇敢地来到祂的面前。

与天父所奠定的这份关系并不会因我们犯罪而改变

犯错并不改变我们与神所奠定的这份关系。「我小子们哪，我将这些话写给你们，是要叫你们不犯罪。

▶若有人犯罪，在父那里我们有一位中保，就是那义者耶稣基督。」（约一2：1）你的永恒是有保障的，因为耶稣已经为你的罪付了代价。

▶有什么事能改变"你是你父母的孩子"这个事实吗？没有。你无法改变你的遗传基因。或许你可以与父母断绝关系，或者做任何事让父母亲不悦。或许你从未见过他们，因为他们活在世界的另一端。又或许他们已经过世了。无论如何，都不能改变你是他们孩子的这事实。

▶当你重生的时候，你就成为了神的儿女。用某个方式来说，你继承了祂的基因，因为是神自己的灵住在你里面（罗8：9），并且你有了祂的性情（彼后1：4）。没有任何事物能让你跟神的爱隔绝（罗8：39），也没有任何人能从祂手中把你夺去（约10：28）。你若真是重生了，那你和神的关系就成了定案，无论你或他人作了什么事，都不会因此而有所改变。

藉着归向神并远离罪，我们与神和好

然而，藉着做一些不讨神喜悦的事是否会破坏这份和谐的关系呢？那当然会。一份和谐的关系奠基于信任和顺服，少了其中一样，就会影响这关系的品质。

所以，我们若犯了一些引以为耻的错误，会如何呢？我们应当做些什么来挽回呢？

▶只要我们来到亲爱的天父面前，向祂承认我们错了（认罪），并远离恶行（悔改），相信因着基督的死，我们的罪已被赦免。

◀ 当我们犯罪的时候

我们与天父所奠定的这份关系没有改变
  祂的灵住在我们里面（罗8:9）
  我们有了祂的性情（彼后1:4）

藉着归向神并远离罪，我们与神和好
  承认我们错了（认罪）
  远离我们的罪（悔改）

神不定我们的罪

▶「如今那些在耶稣基督里的,就不定罪了。」(罗8:1)
我们总是可以在神面前坦诚相对,因为我们的罪已经被赦免,而且那些在耶稣基督里的,并不被定罪。

神不是一位斤斤计较、究察你罪孽的神。我们无须靠自己不断地努力灵修,而在祂的"义册"上有份。我们已经因着耶稣所成就的工而名列其上。当你犯错时,要晓得你可以带着悔改的心直接来到神面前,并且晓得你已经被神赦免,这乃是信徒迈向成熟的关键信念。

静思二

目标:

我们要帮助学员明白,当他们犯罪的时候,神并不定他们的罪。只要认罪祷告,就能立时恢复与神的亲密关系。罗马书8:1-2

▶ 问题:

想像一下,你因仇敌的谎言而跌倒了,并且犯了一些你自知非常严重的错。这时候,你应该怎么做呢?

犯错之后,你觉得深受定罪,你能做些什么吗?(读罗马书8:1,希伯来书10:16-22,约翰一书1:8~2:2)

在基督里得自由

我们无须努力去做成，我们已经是了

那么现在，让我们来看一个关键的问题：▶"我要怎么做，才能被神接纳？"

答案很简单：▶"什么都不必做！"真相就是，因着耶稣所做成的工，你▶已经完全被神接纳了。

我们若不认识神的恩典以及我们属灵的产业，我们就会不断地靠自己，尝试达成主已经赐给我们的位份。

基督徒若不相信他们已是神的儿女，不相信他们无须靠任何努力来赢取救恩或过得胜的生活，那么他们的生命就只会不断地绕圈子，白费气力。

▶ 并非我们的行为决定我们是谁，

▶ 而是我们的身份决定我们该做何事。

想想看保罗的书信。他的书信都有条有序地分成两部分。前半部述说我们是谁的真理，以及神的作为。之后，保罗才给我们实际的做法，让我们应用在日常生活中。

我们向来比较关注保罗书信的后半部，因为我们都想知道如何实践基督徒的生活。结果，我们只着重"如何去"或"如何不"的基督徒生活，而不晓得"成为"灵命活着和自由的基督徒究竟意味着什么。我们若能进入保罗书信的前半部——在基督里建造我们，那么，自然而然（其实是超自然地！），我们就能够做到后半部的实践。我们并非要做基督徒，我们纯粹只是成为自己——神的儿女。
▶我们无须努力使自己成为"已经是"的人！

福音并非指逐渐成为一个不同的人，而是从你接受基督的那一刻起，你就已经改变，成为完全不一样的人。

你已经被神接纳！祂以你为乐。祂是好牧人。祂密切关心你的生活细节。没有任何事能改变这事实。

祂是爱，这意味着无论你做了什么，祂都不能不爱你。你无法做或不做些什么，来让神爱你多一些，或少一些。就算贯穿整部历史，只有你一个人需要基督为你死，祂也会单单为了你而死。看吧！你就是那么特别。

> 可能在你的组员里有些人并非基督徒，另一些可能还不确定自己是否基督徒。这一课已强调了他们生命中的空缺。或许，你可以邀请他们跟你一起作个简单的委身祷告，来确定自己成为圣徒。如果他们作了这祷告，不妨请他们私下再告诉你。

关于"我的父神"列单，你可能要解释"弃绝"的意思，是向你曾经抱持的信念"说不"。弃绝某东西意味着你选择与它决裂。

共6张ppt片

在基督里成长的关键就是，你要晓得自己如今是谁。你想要成长得更快吗？可以的，只要单纯地相信神对你所说的话就是了！

很多人在这方面备受困扰，是因为他们不认识神是谁，也不晓得神的属性。本课结束之前，让我们一起来拒绝一些谎言，是它们使我们误解了神。此外，让我们也趁机把真理宣告出来。

▶ [一起读"我的父神"列单，见学员手册第25及26页；或见本手册第76页。]

▶

 见证

若有邻居问你，基督徒和非基督徒这两者有何不同，你会怎么解释？你认为，做一位基督徒会比非基督徒更好吗？若有人问你，"为何我应该成为一位基督徒"，你会怎么说？

 来临的一周

每天大声读出"我的父神"列单。然后，挑出其中一项特别与你有关的真理，花些时间阅读其上下文，并求神帮助你更完整地明白这真理。

在基督里得自由　75

我的父神

我弃绝这谎言，它说我的父神是：	我欢喜接受这真理，它说我的父神：
远在天边，毫不关心我的。	乐意亲近我，并参与我的生活。（见诗篇139：1-18）
不顾人感受又不关顾人的。	是仁慈和满有怜悯的。（见诗篇103：8-14）
严厉和苛刻的。	接纳我，祂满有喜乐和爱心。（见罗马书15：7，西番雅书3：17）
被动又冷漠的。	是充满温暖和亲切的。（见以赛亚书40：11，何西亚书11：3-4）
常常缺席的，祂没空理我。	常与我同在，祂渴望与我在一起。（见希伯来书13：5，耶利米书31：20，以西结书34：11-16）
没有耐心、易怒的，祂对我所作所为永不满意。	满有耐心，也不轻易发怒，并且祂悦纳那些盼望祂慈爱的人（见出埃及记34：6，彼得后书3：9，诗篇147：11）
凶恶、残忍或虐待人的。	是可爱、温柔，又乐意保护人的。（见耶利米书31：3，以赛亚书42：3，诗篇18：2）
要夺走我所有人生乐趣的。	是值得我信靠的，祂要给我完满的人生。祂的旨意是美好的、完全的，又是我可以接受的。（见耶利米哀歌3：22-23，约翰福音10：10，罗马书12：1-2）
爱威迫人或操控人的。	是满有恩典和怜悯的，祂容许我可能会犯错。（见希伯来书4：15-16，路加福音15：11-16）
定人罪的，不饶恕人的。	祂的心肠柔软，祂乐意饶恕人。祂的怀抱和膀臂永远向我敞开。（见诗篇130：1-4，路加福音15：17-24）
斤斤计较，或诸多要求的完美主义者。	全心投入我的成长，并且作为祂成长中的孩子，我相信祂以我为荣。（见罗马书8：28-29，希伯来书12：5-11，哥林多后书7：14）

我是祂眼中的瞳人！

第三课

选择相信真理

第三课：选择相信真理

焦点经文：
希伯来书11：6「人非有信，就不能得神的喜悦，因为到神面前来的人，必须信有神，且信祂赏赐那寻求祂的人。」

本课目标：
让学员明白，每个人都凭藉相信某事或某人而活。而信神也只不过是找出既定的真相，然后选择相信它，并行出来。

焦点真理：
神就是真理。找出祂所说为真的话，并选择相信它（不论你觉得它真实或不真实）。如此，你的基督徒生命就会经历转化。

> ### 教员须知
>
> 在这一课，希望你能鼓励学员委身信神所说的话为真，而不问自己的感觉如何。
>
> 对某些人来说，他们会惊讶地察觉，其实人人皆凭信心而活，而且那信心竟然纯粹只是选择相信神的话，而非信自己、他人、及自己的感觉。

小组时间流程：

欢迎	15 分钟	0:15
敬拜	15 分钟	0:30
话语一	11 分钟	0:41
静思一	25 分钟	1:06
话语二	10 分钟	1:16
静思二	15 分钟	1:31
话语三	13 分钟	1:44

欢迎

最近,你的祷告是否蒙神回应?请分享。

> 这道问题是为打开话题而设。切勿在此就开始教导,或是带出某个结论。只要让学员有机会说出自己的想法即可。

你认为一位无神论者的信心会比一位基督徒的要来得多,还是少?一位兴都教徒或穆斯林的信心与基督徒的相比又如何呢?那些"不知道自己信仰"的人其信心又如何呢?

敬拜

建议主题:我们父神的奇妙属性
一起大声读出前个星期的"我的父神"宣称,这时,你也可以播放乐曲CD作为背景音乐。每宣读一项之后,暂停一会儿,让真理能沉淀在人心中。

结束时,邀请学员分享,他们对父神的感受如何。

话语

若你正阅读《在基督里得自由》门徒训练系列书籍,你可以读《自在做自己》一书相对应本课的第60至93页。

没有信心就不能得神的喜悦

信心是关键课题

在永恒里,你是有保障的,没有任何事能使你跟神的爱隔绝。虽然神的爱并不会因着你的表现而有所改变,然而,每日灵命能否增长和成熟则取决于一件事:你是否凭信心在基督里靠赖祂的权能行事为人。

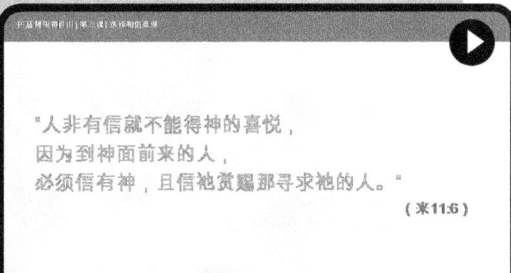

▶「人非有信就不能得神的喜悦,因为到神面前来的人,必须信有神,且信祂赏赐那寻求祂的人。」(来11:6)

如果我们听闻某间教会办得不错,或某人真能与主亲密同行,我们会怎么做呢?去看看他们究竟是怎么做到的?买他们用的书,看他们看过的录像带?或许如此做能有些用处,不过那并非关键所在。希伯来书13:7是一处饶富趣味的经文：「从前引导你们，传神之道给你们的人，你们要想念他们，效法他们的信心，留心看他们为人的结局。」重点在于效法他们的信心，而不是他们的行为。我们的信念是什么，就会表现出什么样的行为。

信心是关键的课题。我们因信得救，圣经也常常提到，我们要凭信心而活。真实而活泼的信心，是你能成功地与神同行的关键。

信心纯粹是相信既定的真相

但什么是信心？有位小男孩这么说："信心是努力地信那明知不真实的事"！其实，事实完全相反。信心乃是相信既定的真相。▶神的角色，就是真理。▶而我们的责任，就是去相信真理，而不是质疑它的真实性。

不过实际做来，那并非轻而易举的事。

引述《皮安德的神圣日记(The Sacred Diary Of Adrian Plass)》：

1月6日 星期一

买了一本关于信心的好书，名为《美好恩惠——奉主之名，我们为天上做了什么？(Goodness Gracious-in God's Name, what on Earth are we doing for Heaven's sake?)》，我觉得这书名还满幽默的。

内文是关于基督徒若真正依靠神，应该可以凭信心移山。非常激励人心。

等到四下无人的时候，拿个书夹来练一练。我把它放在桌面，盯着它，希望它能够移动。但什么动静也没有！后来，我尝试大声地命令它…

1月7日 星期二

今晚我再尝试命令书夹。我真的用权柄命令它，但它动也不动。

我告诉神，只要祂使它移动半寸，我愿意放弃任何祂要我放下的东西。但它依然不动！

真烦哪！你若有芥菜种般的信心，就可以移山。可是，若连个书夹都不听命于我，我还有什么希望呢！

摘自《皮安德的神圣日记》。ISBN 书号0-551-01418-0。1987年由Marshall Morgan & Scott Publications Limited（附属Zondervan旗下公司）首次发行。1月6日星期一摘自第19页；1月7日星期二摘自第20页；1月11日星期六摘自第22至23页。

1月11日 星期六

今天一早起来，我打算对那书夹作最后一回尝试。为了不吵醒家人，我降低声量狠狠地向它嘘叫。最终，我还是放弃了。打开房门后，我发现，安妮和杰瑞身穿睡衣就在门外，忧心忡忡地看着我。

安妮说："亲爱的，你怎么对着个书夹瞎喊'快动一下！不然，看我怎么对付你'？"

这里要表达的重点纯粹是：无论你的感觉如何，找出既定的真理后，就选择去相信它。这样，你的基督徒生命就会被转化。

信心的果效取决于你信什么或你信谁

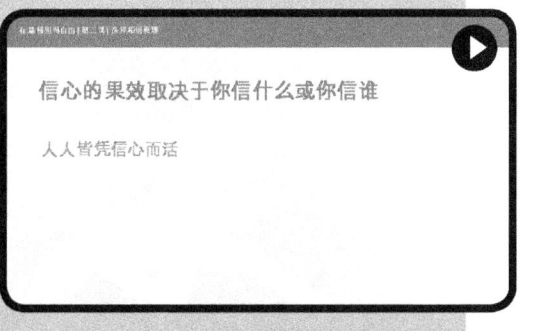

人人皆凭信心而活

信心的问题不在于我们有没有相信。▶每个人或多或少都相信一些事或一些人；我们都有自己的一套信念和方式来看待现实，并且我们依据这信念来作出抉择。你每次的抉择和行动，在在表明你对某事的信念。

▶想想看，你最近一次开车到一个交叉路口，看到前面是绿灯，你会做什么呢？或许你直接就开过去了。这全凭信心！你甚至看不见对面的方向显示着红灯。「信是所望之事的实底，未见之事的确据。」（来11：1）你若不信那是个红灯，或不信驾驶人会看见红灯后停车，那你会做什么呢？或许你会把车停一停，谨慎地看看四周后，才慢慢行驶过那路口。但是，你通常都相信，对面的方向会是个红灯，他们也会看见红灯，并把车停下来。

有些西方人认为，人类也是动物，只不过稍微比其他动物进化得更多而已，他们并不相信有神。这样的信念也是一种信心，就像任何宗教信仰的信心那样。

基督徒和非基督徒信仰的唯一差别在于我们信的是什么

▶我们信什么或信谁（信心的对象）决定了我们的信心是否有果效。重点不在于我们是否相信，而在于我们信什么。

在基督里得自由 81

让我们以以利亚和巴力先知为例（列王记上第18章）。他们都盖了祭坛，在坛上摆了公牛作祭物，相信他们的神将从天降下火来燃烧祭物。不过，惟有以利亚拥有真实的信心对象。巴力神并不存在，但永活神是真神，所以唯独以利亚的祭物才被燃烧尽净。

那就是为什么耶稣说"我们只需有芥菜种般的信心就可以移山"（太17：20）。重点不在于有多少信心，而在于我们把信心放在谁身上。并非我们有能力移山，而是神能。

耶稣基督是信心的终极对象

交通灯讯号会出错，其它的信心对象也会让我们失望，包括父母、教会，朋友。只有一位信心的对象永远不会让我们失望，▶就是耶稣基督。为什么？因为祂永不改变。「耶稣基督昨日、今日，直到永远，永不改变。」（来13：8）祂不能改变，因为祂是真理。在祂所说的话以及所答应做的事上，祂从未失信。祂永远信实可靠。

静思一

目标：

主要的目标是要帮助学员明白，信心是否有功效取决于我们把信心放在哪里，而不在于我们有多少信心。向学员清楚表明，我们要迈开信靠的步伐来表明这信心，亦即信心要有行动，并非只是理性上同意而已。当我们找出神在某处境中工作的方式，并且用行动表明自己的信（而不问自己的感觉如何），这时候，信心就会产生功效。

▶ 问题：

你认为一位无神论者的信心会比一位基督徒的要来得多，还是少？一位兴都教徒或穆斯林的信心与基督徒的相比又如何呢？那些"不知道自己信仰"的人其信心又如何呢？

向组员们分享你信靠神话语的一次经验，当时发生了什么事？

有位小男孩说："信心是努力地信那明知不真实的事"！你又怎么看"信心纯粹是选择相信既定的真相"？

> **每个人都能在信心中成长**
> 我们对自己信靠的对象认识多少，我们的信心就有多少。
> 信心乃是选择信神的话为真，并且遵照它而活。
> 当我们决定相信真理并行出来的时候，信心就会增长。

人人都可以在信心中成长

我们对自己信靠的对象认识多少，我们的信心就有多少。

▶我们每一个人都可以在信心中成长。▶你想要增强你的信心吗？要知道，你信心的深度只取决于一件事：你有多认识自己所信靠的那一位。▶信心乃是选择信神的话为真，并且遵照它而活。神并没有让我们去制造真理，祂本身就是真理，而我们的责任就是去相信真理。

你的信心是有个限度的。但操控它的是你自己,并不是神!你的信心能增长,或许是在你背诵一节圣经经文的时候,或是在你参加一次查经课程的时候等等。▶而当你能信神所说的话为真又去遵行的时候,你的信心就特别容易增长。例如,不少人经历到神真实的同在,是在他们第一次面对自己力所不及的事时,将一切交托给神,让神引导他们。当然,神没有让他们失望。

以利亚说:"你们心持两意要到几时呢?若耶和华是神,就当顺从耶和华;若巴力是神,就当顺从巴力。"(王上18:21)信心就是选择信神的话为真,并遵照祂的话而活。

无论如何,不相信某事,不代表那事是虚假的。"噢,我不信有地狱这回事。"要知道,地狱的温度并不因你的不信而下降一度。

当你试着信神所说的话为真,又遵祂的话去行,并发现那是有果效的时候,你就能更深地认识神。

▶比方说,你有个两岁大的孩子,你把她放在桌上,退后一点对她说:"来,跳到我的臂弯里。"她可能会稍微迟疑,不过接着就跳了下来,你伸手把她接住了。下一步,你怎么做呢?你再退后一些,并说:"来,跳过来。"假设说她也跳了,你也接住她了。你若往后再退后一些,并继续地接住她,我想她会继续再跳。

只要你认识你信心的对象绝对是可信可靠,你就会以更大的信心去信靠祂。你的信心在什么地步,就从那里开始相信祂吧!

你可曾想过,为何亚伯拉罕竟能试着牺牲自己的儿子以撒?因为从他过去的经历中,他已经认识神是慈爱的、是靠得住的。

"哦,我若能相信,我若能像某某人般有信心的话…"你可以的。信,纯粹是你的一个选择。

你先选择信神所说的为真,接着你的行为跟上,最后你的感觉自会跟上。千万别以你的感觉作为出发,否则你将会茫无头绪!

▶ 别让感觉牵着你走，而要让你的行为带给你正确的感觉。▶ 先从相信真理作为起点，你的感觉自然就会跟上。

值得注意的是，你根本无从鞭策自己的信心，去超越过你对神话语的认识。信心来自于认识真相，然后根据那认知，做出正确的决定。

静思二

目标：

主要的目标是要表明，我们有多认识神决定了我们信靠祂的程度，而且神容许我们的信心被试验，因为祂极看重我们对祂的信心。记取"真理 → 信心 → 行为 → 感受"这个模式，或许能对我们有所帮助。

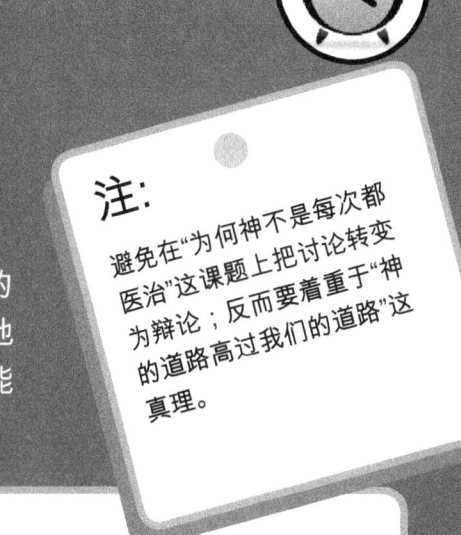

注：
避免在"为何神不是每次都医治"这课题上把讨论转变为辩论；反而要着重于"神的道路高过我们的道路"这真理。

▶ 问题：

我们信心增长的方式有哪些？

你可否回想一下，你曾经求神做一些事，但你却失望了，因为祂没有为你做，或者祂没有按你要的方式去做？从这些艰难的经历中，你下了什么结论？

▶ **患难使信心增长**

我们应该都曾经历过，神未照我们所求于祂的去行。有时候我们必须承认，我们对神的认识有限，对祂要施展的作为也了解得不多，我们不知道自己所求的是否合乎祂的属性或旨意。我们所求的若是超出了祂完美的旨意，那不叫信心，那是擅作主张。

就因为信心这课题是那么关键，神在你生命中注重的其中一项是要帮助你建立真实又活泼的信心，并能因此扎根到更深之处。故此，祂常常会把你放在一个处境，让你选择是要信靠祂或是依靠其他的东西。

这些处境可能是：健康出现状况、经济困境、不明朗的前景。

神的角色，就是显明真理，祂宣告什么是真相；而我们的责任就是相信真理，并且依据真理而活。

信心带出行动

圣经中所提的"信心"、"信靠"和"相信"，在希腊原文都是同一个字。这点很重要，因为在英文的词汇里，当你说我信(believe)某某的时候，并不包含信靠(trust)的意义，不是吗？▶信心并不只是口头上同意而已，而是指透过行动呈现出来的信靠。并不是我们说些什么，而是我们做些什么，才真正能表明我们信心的内容。你若想要知道你真正信的是什么，看你的行为就知道了。

「信心没有行为就是死的。必有人说：『你有信心，我有行为，你将你没有行为的信心指给我看，我便藉着我的行为将我的信心指给你看。』」（雅2：17-18）

这就像是你在车站想要搭车到伦敦，找了所有班次的火车，甚至查询每样相关的细节，不过却没有真正乘搭任何班车那般。

雅各所说的，与保罗的教导并无矛盾之处。保罗说：我们得救（称义）是因为恩典，藉着信，不是靠行为赚来的（弗2：8-9）。雅各是说，你若真是相信，你的信必会影响你的言语和行为。

▶人们未必按照他们嘴巴所宣称的去过活，但却会遵循他们里面真正的信念而行事为人。

好消息是，这里每个人都能成为成熟且结实累累的基督徒。你们当中每一个人，都能够抗拒诱惑，都可以走出失望，抛开消极的行为和过去的影响，并向前迈进。你并不需要特别被神恩膏或其他的辅助。你只需要认识什么是既存的真相，选择相信它，并且遵照它而行，就可以了。

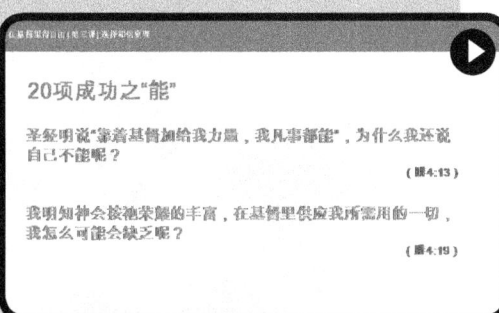

共7张ppt片

▶ [一起读出20项成功之"能"，在学员手册的第33和34页，及本手册的第88页。]

▶

 见证

想想看你所认识的非信徒朋友。圣经怎么说他们未信的原因（见哥林多后书4：4，罗马书10：14-15）？写下一篇祷文，特别求神做一些事，对付那拦阻他们不信的障碍。然后信靠神的话，并为这事祷告。

 来临的一周

每天大声读出20项成功之"能"。然后，从中挑出你特别适用的一项，无论自己的感觉或环境如何，下定决心要相信它。如果你能根据那真理找出实际操练信心的方法，那将会更好！

在基督里得自由　87

20项成功之"能"

1. 圣经明说"靠着基督加给我力量，我凡事都能"，为什么我还说自己不能呢？（腓立比书4：13）

2. 我明知神会按祂荣耀的丰富，在基督里供应我所需用的一切，我怎么可能会缺乏呢？（腓立比书4：19）

3. 圣经明说"神给我的不是胆怯的灵，而是刚强、仁爱、谨守的灵"，我为何还惧怕呢？（提摩太后书1：7）

4. 我明知神已经量给我够用的信心，我怎么可能会不够信心去完成我的呼召呢？（罗马书12：3）

5. 既然圣经说"主是我生命的力量，我将因认识神而刚强行事"，那我为何还软弱呢？（诗篇27：1；但以理书11：32）

6. 既然那在我里面的比那在世界上的更大，我为何还容许撒旦辖制我的生命呢？（约翰一书4：4）

7. 圣经明说"神常常率领我夸胜"，我为何还接受自己是个败兵呢？（哥林多后书2：14）

8. 基督成为我的智慧，是从神而来的；当我向神求智慧的时候，祂也慷慨地赐予。既然如此，我怎么可能还缺乏智慧呢？（哥林多前书1：30；雅各书1：5）

9. 回想神的慈爱、怜悯和信实，我内心就有盼望，既然如此，我又何须沮丧？（耶利米哀歌3：21-23）

10. 既然我可以将所有的忧虑卸给那爱我的基督，我何须担忧和烦躁呢？（彼得前书5：7）

11. 我明知神的灵在哪里，那里就有自由，我又何须继续被捆绑呢？（哥林多后书3：17；加拉太书5：1）

12. 圣经明说"在基督里，我就不被定罪了"，我又何必还觉得被定罪？（罗马书8：1）

13. 既然耶稣说"祂会永远与我同在，祂永不离开我，也不丢弃我"，我又何须觉得孤单？（马太福音28：20；希伯来书13：5）

14. 既然圣经说"基督救了我脱离律法的咒诅，使我能领受祂的灵"，我又何必还觉得自己受咒诅或注定是个不幸的受害者？（加拉太书3：13-14）

15. 既然我能像保罗般，无论遭遇何种景况都能知足自处的话，我何不就满足现况呢？（腓立比书4：11）

16. 基督为了我而成为有罪，好叫我在祂里面能成为神的义，我又何须觉得自己毫无价值？（哥林多后书5：21）

17. 我明知神若帮助我，就没有人能攻击我，那我为何还心存被迫害的情意结？（罗马书8：31）

18. 神既是平安的源头，祂藉着内住的灵能使我有知识，我又何须再困惑？（哥林多前书14：33；哥林多前书2：12）

19. 既然我靠着基督战胜一切，我又何须觉得自己是个失败者？（罗马书8：37）

20. 既然耶稣已经胜过这世界及其上的苦难，我明知能因此而得着胆量，我为何还容让生活的压力搅扰我呢？（约翰福音16：33）

第二章

世界、肉体和恶者

每一天,我们都挣扎着要抵挡三样东西:世界、肉体和恶者。它们合谋要让我们偏离真理。明白这三者如何影响我们将能帮助我们更新自己的心思,并且站稳立场。

第四课

世界的真理观

第四课：世界的真理观

焦点经文：
罗马书12：2「不要效法这个世界，只要心意更新而变化，叫你们察验何为神的善良、纯全，可喜悦的旨意。」

本课目标：
让学员明白，基督徒必须下定决心，拒绝相信这世界的诱导，转而选择信神的话为真。

焦点真理：
我们的成长环境影响着我们用一套特定的方式来看待生命，并且使我们对那套方式信以为真。不过，如果它并不符合神的话语，我们就必须拒绝它，并要让自己跟随真理。

教员须知

人们轻易就接受世界抛给他们的那套真理观，并对它毫不质疑。在这一课，你要帮助学员认定这个事实：世界各种版本的"真理"观敌对神所说的真理。你也要帮助他们明白，或许他们从小就在这些信念中长大，但如今他们必须下定决心把它们丢弃，并选择圣经的世界观——"神怎么说"。

小组时间流程：

欢迎	6 分钟	0:06
敬拜	8 分钟	0:14
话语一	10 分钟	0:24
静思一	15 分钟	0:39
话语二	17 分钟	0:56
静思二	25 分钟	1:21
话语三	13 分钟	1:34
静思三	25 分钟	1:59
话语四	1 分钟	2:00

 ## 欢迎

如果你能到世界任何一个地方,你会选择去哪里?

你想,若你在另一个文化环境中成长的话,你看待世界的方式、你的信念是否会不一样?

 ## 敬拜

建议主题:耶稣的独特性

读约翰福音14:6「耶稣说,『我就是道路、真理、生命。若不藉着我,没有人能到父那里去。』」

接着,读以下一或两处经文:
以弗所书1:17-23,哥林多前书1:30,腓立比书2:5-11。

在每读一处经文后暂停,邀请学员对耶稣说:祂是何等奇妙。

 ## 话语

本堂课的背景资料取自《在每日争战中得胜(Winning The Daily Battle)》,2008年由Monarch所出版。请读其相关本课的辅助内容第11至42页。

简介

何谓"世界"?

经过几堂课后,我们认识了几项基要真理:我们在基督里的身份、神是谁以及祂跟我们的关系如何。接下来,我们要切换到另一个焦点,留意看那些会使我们偏离真理的仇敌。敌对我们的势力来自三方面:世界、肉体和恶者。

我们先来探讨第一方面的敌对势力——世界。世界究竟用了哪些方式，尝试引诱我们以敌对神的眼光来看待现实。

保罗说：「那时，你们在其中行事为人，随从今世的风俗，」（弗2:2）接着又说：「顺服空中掌权者的首领。」

世界是指我们成长和生活于其中的体系或文化。这体系或文化会因你所处的地方、出生的年代而有所不同。

我将会用"拟人法"的方式来进行探讨，仿若它有自己的思想和做法。事实上，它并非如此。在它背后另有一操纵者撒旦——空中的掌权者，在其他地方被称为"世界的王"（约12:31）。某个程度来说，牠在世界的背后牵动绳索，透过世界作工。

世界的伎俩

让我们来看看世界用了那三种主要伎俩，使我们偏离真理。

▶ 伎俩一：它承诺满足我们内心的需求

它的第一个伎俩，就是承诺会满足我们内心深处的需求。我们被造，原是与亚当起初的生命一样：有完全的保障、最具意义的人生、百分百被接纳。但是，我们一生下来却并非如此。我们一出世，我们的灵就失去了原本跟神该有的连结。但是，我们里面仍具备这原始的渴求——渴望有安全感、生命的意义和被接纳。只有透过属灵的生命，我们的渴求才能得到满足。

我们在成长的过程中，本能地想满足内心对人生意义、安全感和被接纳的需求，这时候，世界就跳出来说："没问题！让我告诉你怎样能得到这一切。"

它把那些错误的方程式灌输给我们，这在第一堂课时我们就曾探讨过：

▶ 表现 + 成就 = 意义

▶ 地位 + 认同 = 安全感

▶ 外表 + 称赞 = 接纳

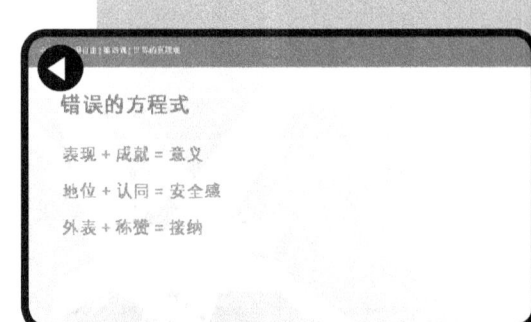

错误的方程式

表现 + 成就 = 意义
地位 + 认同 = 安全感
外表 + 称赞 = 接纳

这些都是谎言。但是因为缺乏与神的连结，我们很自然地"随从世界的风俗"，落入谎言之中。

世界就像使出连环拳那般。一方面，它使你觉得没有意义、不安，没有人爱；但另一边厢，它所提供的解决方案，却与它所承诺的背道而驰。

你可能会凭自己的外貌渴求人接纳你。但即使你用尽一切最好的化妆品和整容技术，你的花容月貌也会随着岁月流逝，它不能持久。

约翰一书2：15-17是一段重要的经文，帮助我们了解世界引诱人的方式：

> 「不要爱世界和世界上的事，因为人若爱世界，爱父的心就不在他里面了。因为凡世界上的事，就像肉体的情欲、眼目的情欲，并今生的骄傲，都不是从父来的，乃是从世界来的。这世界和其上的情欲都要过去，惟独遵行神旨意的，是永远常存。」。

这里提到世界作工的三种管道，按字面直译就是："肉体的情欲、眼目的情欲，并今生的骄傲"。这就是撒旦在诱惑夏娃时所采取的相同管道。后来，牠在旷野试探耶稣时，也是用这三个招数。

肉体的情欲

▶接下来的两课，我们会特别提到"肉体"这仇敌。不过在这儿，让我们先来看"肉体的情欲"与世界两者之间的关联。我们若越多接受世界的谎言并照着去行，我们的心思就越会被这些毫无助益的行为模式所盘踞。举例来说，"美食能让我大大舒畅"是我所经历过的一个谎言；越多次陷入这谎言之后，我的肉体就越渴求这些美食。那时，我发现世界用各式各样的吃喝、超市和餐厅那垂涎欲滴的美食图像来淹没我，引诱我继续去享受美食。

眼目的情欲

▶世界也藉着眼目的情欲做工。它向我展示一些东西，并告诉我这些东西能满足我的需求，包括安全感、人生意义和被接纳的合理需求，而这些都是神在造我的时候就内置的原始需求。

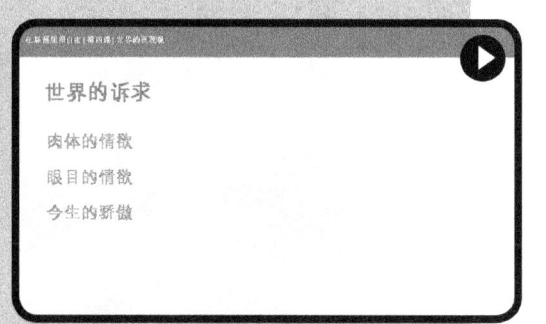

某基督教网站作了一项民意调查，显示有一半的男性基督徒（以及20%的女性基督徒）沉溺于色情网络。这沉溺行为的起点，是因世界向人们承诺：只要看看裸体，就能满足你对亲密的需求。"这有什么大不了？又不是真的性行为"是它诱惑人的卖点。当我们头脑还未能厘清事实之前，我们已经一再地回到相同的网页，陷入更深的诱惑，几乎无法自拔。同样地，它承诺给人自由，却变相地让人成为罪的奴隶。

世界大量的诱惑都是透过影像来呈现，像是亮面的杂志、电视广告等等。耶稣这么说：

「眼睛就是身上的灯，你的眼睛若瞭亮，全身就光明。你的眼睛若昏花，全身就黑暗。你里头的光若黑暗了，那黑暗是何等大呢！」（太6：22-23）

世界总想用明亮、吸引人目光的东西来夺取我们的注意。至终，这些东西不会带我们到它们所承诺的明亮前景，反而把我们带到黑暗和混淆的地步。

今生的骄傲

▶再来是今生的骄傲。说穿了，这其实是世界抛过来，要我们炫耀自己生活质素的试探。其中的谎言就是：我们的人生意义建立在我们的成就以及所拥有的一切。

耶稣清楚地表明，一个人不能事奉两个主（太6：24）。而世界的任务，就是要我们服事它。

当我们渴望炫耀自己拥有些什么、有哪些成就，或认识哪些人的时候，这表明我们缺乏安全感。我们用那些东西作为"撑场物"，来提升自己的形象。不过，你无需再那么做了。在神眼中，你现在是圣洁的、讨祂心喜悦的。在基督里面，你是被接纳的，而且你有完全的保障。

> 这些数据取自ChristiaNet.com在2006年8月份的统计。自那时起，我们甚至听闻另有些调查显示更高百分比的数据，即深受其害的人们为数更多。这是很难获得确实数据的一项调查。但是，从我们辅导男性基督徒走过"在基督里得自由的步骤"的经验，可以得知这是一个重大的课题。我们的教学DVD里，有两位男性见证，他们上过课程后如何走出色情的漩涡。如果你是自己教课，而没有使用教学DVD的话，可能你可以考虑播放这两个见证，藉此让学员心生真实的盼望，得知原来这课题是可以解决的（而且它确实能！）。

静思一

目标:
帮助学员明白,为了满足自己那与生俱来对生命意义、保障和接纳的需求,人们很容易被世界的假承诺所误导。

▶ 问题:

举例说明自己曾经如何掉入世界的陷阱,接受了它灌输我们的"错误方程式":

表现 + 成就 = 意义
地位 + 认同 = 安全感
外表 + 称赞 = 接纳

在肉体的情欲、眼目的情欲,并今生的骄傲这三个管道当中,你认为自己在哪一方面最为软弱(请看约翰一书2:15-17)?

伎俩二:以假乱真

用一些时间思考,你通常可以认出,你是何时被世界用这些方法蒙骗了你。

但是,世界布了一个更大的骗局,是我们更难以察觉的。

▶它的第二招,就是给你画了一幅完整的现实画像,但那却是假的。

▶你曾上过网络的虚拟世界吗?你可以自制一个替身来代表你,你想让他怎么样来代表你都可以。你可以选择你想要的外表。你可以选择性别、身材,以及选用这虚拟世界里的任何一个名字。你想成为谁都可以。你也可以拥有产业,而且你的替身还可以参加派对、上课,甚至去教堂。

这虚拟世界与真实世界有点像,但它并不是真的。如果你已开始搞不清楚这两者,那就麻烦了。比如说,出到真实的世界,你可能看见一位长相俊美的异性,你会试着点击右边(right click)，读取他/她的个人档案…或者是站在全身镜前很久很久，沮丧地想抓住滑动器(slider)，缩减自己的腰围！（译注：这是电脑网络虚拟世界中常做的动作）

世界所做的也类似那样。它画了一幅它要你看的图像，然后不断地告诉你，那图像就是实景。▶虽然那图像看起来像是真的，但它还是一幅经过加工（失真）的图像。

我们都有一个世界观

随着我们成长的过程，我们发展出一套看待现实的方式，那就是我们的世界观。

在学生时期，我必须阅读很多在18和19世纪期间，经由不同文化和国家的作者所写的书。记得那时候我才察觉，人们对"生命、宇宙和万物"的理解（即他们的"世界观"）有很大的差异。而这世界观绝大部分是和他们成长的地点，以及生存的年代息息相关。

当我首次发现自己也是一名当代孩童的时候，我察觉自己把很多事都理所当然地当作是对的，因为在我周遭的每个人都相信，他们肯定会被下一代所取代。我记得我也被那个观念局限，认为自己无从选择要想些什么和相信些什么，因为我的出生年代和地点就决定了一切。

如果你想知道观念的改变有多快、多彻底，找一本50年前旧的科学教科书看看就知道了。试想想，50年后，我们现今的教科书也会过时，其中又会有多少错误呢！观念改变了。我们对现实的观点改变了。但是，现实本身却不会变。

你的世界观好比过滤器

你的世界观就像是个过滤器。所有发生在你周遭的事都要经过这过滤器，才能被整理出一个头绪。这世界观的运作是那么地自然，以致于你根本不察觉它的存在。但是，若你的世界观是错误的，你对发生在你生命中的事，也会作出错误的判断。

> 你能举出实例，说明你察觉自己也是"你那年代的孩童"？

世界给我们的图像,会因我们成长的年代和地点而异。凡有着同文化成长背景的人,都有着同样的世界观。

让我们用几个不同的世界观为例,来了解它们是如何运作的。

1. 非西方的世界观

▶ 世界给人们最普遍的图像就是泛灵论,但这在西方并不常见。

泛灵论相信,万物皆受控于某种宇宙的能量,举凡动物、植物和矿物,都受制于不同类别的灵。你可以在世界各地都找到这泛灵观,但在西方国家以外尤为显著。

如果你正持有这世界观,当一些不好的事发生在你身上时,你会用你的泛灵观去解释这些事。或许,你会马上开始怀疑,某人可能正运用这股宇宙能量或某些灵来攻击你。

▶ 或许你觉得需要解决这问题。就像你会找电器技工来解决家里电源的问题那般,你会去找一位宇宙的电器技工——法师或巫师,用宇宙的能量来解决你的问题。

如果你轻易就接受了这幅图像,你很可能就此活在恐惧中,担心某个人或许比你更能掌控这些宇宙能量;又或者你可能无意中得罪了某些灵,而牠转过来对付你。

2. 西方或现代的世界观

▶ 大部分西方人面对问题要处理的时候,不会去找巫师,反而会寻求逻辑的因由去解决问题。

那是因为我们受了另一种世界观的影响,就是人称之为"现代"或"西方"的世界观。

▶ 此世界观将事实分为"自然界"和"超自然界"。虽然如此,人们却只注重自然界的现象;对于"超自然界"的神以及怪异惊悚事件,他们通常都有意无意地把它忽略掉。人们或许口里承认有超自然界,但是在紧急关头的时候,则选择信那些他们看得见、摸得到,并衡量得到的事物。

非西方的世界观:泛灵论

认为万物皆受制于:
　一种遍行宇宙间的属灵能量
　好的灵和坏的灵

必须藉由专业人士来操控这股属灵能量,来为你做事

西方或"现代"的世界观

把现实分为"自然界"和"超自然界",但只注重"自然界"的现象

属灵的事被视为与日常生活无关

惟有我们看得见、摸得到、测量得到的现象,才被界定为现实。

▶实际上,西方的世界观并不容许灵界的存在。在他们生命的范畴里,他们认为认识属灵的事是多余的,孩子们不去学习属灵的事并不会有任何损失。

所以,即使很多人口里说自己相信神,但实际上,神并不存在于他们日常的事务当中。神已经被西方世界观过滤掉了。我曾听过有人这么说:"我信神,不过我实践无神论"。

对于那些你随处可见但却不曾认真看待生命的平常人,事实上他们相信这世界是偶发而有的(未经刻意安排就存在)。而神若是存在的话,也和他们的生活毫无关联。

我们在这世界观中成长的人都会同意,理性上要我们口里承认有神以及鬼魔的存在一点都不难,不过当实际过基督徒生活的时候,我们却不把神和鬼魔视为真实的存在。有关这点,我们稍后再回来讨论。简而言之,▶西方的世界观使我们倾向于只选择相信那些我们看得见、摸得到,并衡量得到的事物。

3. 后现代世界观

▶其实,现代世界观已经式微,并逐渐被"后现代"世界观所取代。后现代,顾名思义,是指对现代所作出的一些反思和回应。

后现代主义想推翻现代世界观对"(思想)稳定性"的论点。他们认为一个想法是否合理,必须依据个人的经验来验证。越年轻的人,被后现代想法影响的可能性就越大。

后现代世界观

并没有所谓的客观真理

每个人都有自己的"真理"版本

每个人的"真理"版本同样有效

你若不认同我的"真理"或不赞同我的行为,你就是拒绝我。

▶现代世界观未必视神为真理,但不否认真理的存在,并且认为真理可以透过科学的方法被发掘和验证。而后现代主义则认为并没有所谓的真理,绝对的真理并不存在;▶各人都可自由地根据自己的经验,建构出各人对真理的看法。在不同社区成长的社群,也可能建构出不同版本的真理观。这世上人类的社群难以计数,因此就有许多版本各异的真理观。

例如,大学教授们发觉自己的学生越来越不谴责大屠杀是错的。这些大学生可能很快就会回应说,"对我来说,这么做是错的,但我不能把我认为的'真理',加在不同时空的人身上。"

真理被视为个人的观点和经验,而不是神所启示的。▸倘若所有的真理都出自于人,而人人皆为平等的话,那就表示,所有的"真理"都是平等的。

这样看来,只要不伤及别人,各人的信念、价值观、生活方式,及对真理的看法,都一律被视为合理的。至于其他世界观声称拥有"一切问题的答案"的,就被视为极不可信。事实上,任何持守强烈信念的人都会被质疑和轻视,因为既然没有绝对真理,所有信守真理的人都会被视为危险的狂热分子。

▸后现代世界观不再把一个人和他的所思所行区分开来。如果你说我的行为不对,你就是在论断我;如果你不同意我的信念,你就是轻视我。所以,如今我们正面对巨大的压力:无论某人的生活方式如何,我们都必须接受那是正确和合理的。

为此,教会也承受越来越大的压力,要按立同性恋的神职人员;基督徒也被迫要认同其他宗教的信仰理念。如今我们正面对这情势,即使我们尊重他人选择不同信仰的权利,也乐意与他们来往、一齐对话,但只要我们在认同他们的信念上划清界限,他们就不能接受。这压力正如洪水汹涌,逼使我们认同他们的信念和我们的信仰是同等真实的。

同情后现代的人会说,即使彼此的理念互相冲突,但所宣称的真理都是平等的。但对我来说,那是后现代主义的底线——一个没有真正真理的信仰。

圣经的世界观:"它真正的模样"

世界所灌输给我们的观点,刚刚所提及的虽非全部,但却是我们最需要去抗衡的一部分。还有许多各式各样看待现实的观点,比如说,各个宗教,各种哲学观都是世界观的一种。

那么,哪个观点才是真的呢?是那漂浮宇宙间,我们可以抓住的灵界能量?是一些科学可以解谜的真相?还是任何你要的信仰?究竟哪个世界观才是对的?其实都不对!

> "真正的世俗法则其基本假设就是:世上并没有神,神这概念对公共生活来说根本毫无意义。由此可见,世俗的世界观并非中立,也并非能容纳万有。这与任何一种宗教观一样,在凡是有份参与公共生活的人身上,强加了一套预设立场。"
> 引述自Oliver Letwin MP,《基督教与更新(Christianity & Renewal)》第6页,2003年6月版。

在基督里得自由 | 101

▶圣经被宣称为"神向受造人类所启示的真相"。若此宣称为真，那么我们可以说，圣经的世界观就是"世界真正的模样"。

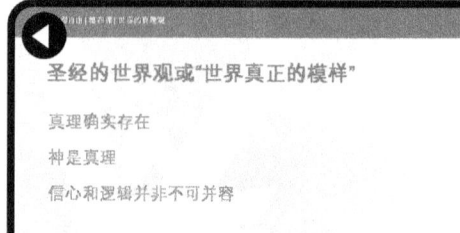

圣经的世界观或"世界真正的模样"

真理确实存在

神是真理

信心和逻辑并非不可并容

什么！你是说只有一种观点是对的？这听起来有点狭隘，尤其是对我们这些后现代的人来说。但你想想，开动你的车也只有一种方法，是制造商把它造成那样的，你可以试着踩刹车器，看看它是否会随你心愿往前直驱？当然不会。用电脑也是一样，你不能不按厂家设定，而非要用自己的方式来按键操作，那根本行不通。神是创造主，祂有祂一定的设定。

▶无论人相不相信真理，圣经清楚表明，真理以其自身本质而存在（真理就是真理）。▶圣经确实说，神乃是真理。在我们这后现代的世界里，这说法让我们感觉不舒服，听起来很狂妄、狭隘。

▶不过，真理和逻辑并非水火不容。事实上，按逻辑来看，绝对真理确实存在。

试想想，每个人在这世上都面对最重要的问题——你死后如何？

死亡——最终的现实

- 印度教教导说，人死后，魂就落入轮回。
- 基督教教导说，人的灵魂将永远活在天堂或在地狱里。
- 无神论者相信，人没有灵魂，所以死了就没了。
- 后现代主义说，只要你不伤及任何人，随你怎么信都可以。

这些不同的讲述有可能同时为真吗？后现代主义者会这么回答："可以啊，只要你不攻击我的真理，随你信哪一套都可以。我们都有自己的真理。"

但事实真是如此吗？且让我们换个方式来说，你认为你所相信死后将发生的事和实际将发生的事是否有差别？或者无论各地人们生前相信什么，他们死后都会经历同样的事？

逻辑告诉我们，我们死后都会经历同样的事，不在乎先前我们选择了什么信念。若印度教是对的，我们就都会进入轮回；若基督徒是对的，我们都将会站在神的审判座前；

若无神论者是对的，那我们死了，一切就都结束。但是，这些结果不可能同时都是对的。

因此，我们可以清楚知道，真正的真理确实存在，并不在乎你个人选择了什么信念。人类持定这观点已经数千年，直到最近更是被确认的。

神确实宣称祂是真理。因为神是真理，所有真理皆属祂，而且无论你生在何时何地，祂的标准放诸四海皆准。

耶稣说：「我是道路、真理、生命，若不藉着我，没有人能到父那里去。」（约14：6）当你说耶稣是通往神的唯一道路时，你会觉得自己狭隘或狂傲吗？

回到刚才的关键问题：我们死后会如何？真正的答案只可能有一个。凭着许多可靠的因由，基督徒相信，神将这一切都启示在圣经里面。这真理并非我们自行制造出来的版本。圣经的世界观历经几千年的考验，也被数百万人证实其可信度。事实上，很多平常人都发现，因着相信圣经的真理，他们也能达成或促成许多非凡的事，如：解放黑奴，帮助吸毒者得自由等等。

我们可能觉得要推动一个反潮流的论点很困难。但是，耶稣若清楚表明祂就是真理，而我们却鼓励或支持人们否认真理的立场，你认为这是在帮助他们吗？

静思二

目标：
加强学员这方面的认知：我们都被不合乎圣经的方式严重地影响着自己的现实观。

▶ 问题：

你是否察觉，自己已经被这三种非圣经的世界观所影响？哪一个影响你最深？

假设你自小在地球的另一端长大，你的世界观又会有什么不一样？

当你对人们说，耶稣是通往神的唯一道路时，该怎么做才不致于让自己显得狂傲？

▶ 伎俩三：参杂

认识不同的世界观能为我们带来传福音的大好机会。举例来说，那些持后现代世界观的人对于属灵的事，颇为开放地讨论。他们或许很难视真理为绝对，不过他们较能接受这观点：与耶稣基督建立关系才能认识真理。

伎俩三：参杂

至于那些相信有好坏精灵、灵界（非人性化）能量的人，会很高兴地知道自己在基督里，可以与神同起同坐，远超过所有的权势和能力。我们必须找到一个能和他们沟通真理的管道，用他们能理解的方式，帮助他们最终能看见这世界到底是怎么一回事。

但重要的是，我们要晓得成长过程所带给我们的世界观是错误的，即使在我们成为基督徒之后，世界还是希望我们不加质疑地继续接受那幅假的图像。那样做一点也不难，但却会因此带给我们很多麻烦。比如说，我们并没有立志离开旧的信念，却只是在旧有的观点上添加一些基督徒的新理念。这种掺杂是一个很普遍，却也非常危险的处理方式。

就好像我们里面有了一个核心的信念体系——我们原本的世界观，在成为基督徒之后，我们只不过是在外面添加一层基督徒的信念，旧的核心却仍旧在那儿。在逼不得已的时候，我们会马上转用既存的核心信念，因为我们从未察觉原本的世界观是错的。

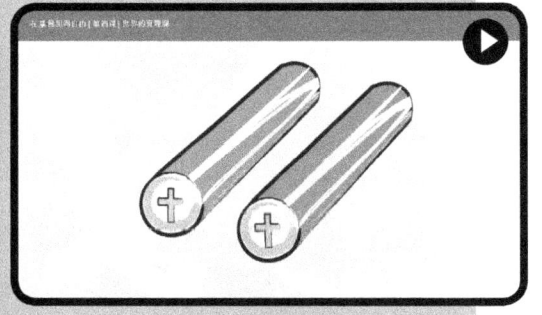

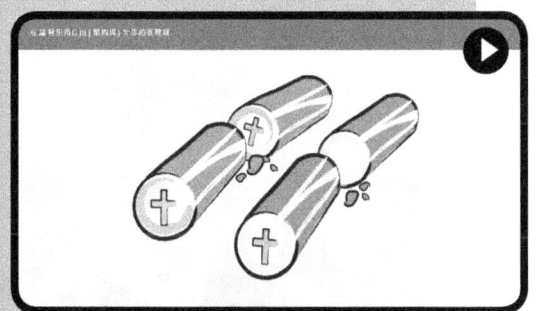

▶就好像彩色的糖果条，它们被包装起来放在店里，看起来都一样。可是当你咬下去的时候，你会发现商家为了省钱，▶那彩色条只是涂画在表面的一层设计而已，里面的并不是彩色条。如果我们不小心，我们也只是披了基督徒的外衣，没有让圣经观碰触我们的核心价值体。

如果你将不同世界观的人和自己比较一下，就很容易看出真相。东非有个国家，宣教机构想把领导教会的棒子，移交给当地的非洲领袖。当时有两个候选人。其中一个去见了巫师，希望藉神明保佑而能当选。从他的行为看，这个人真正相信的是什么？他是在说："我不大相信神的能力，但我确信巫师的能力。"或许你觉得很可笑，但他只不过是回到他的核心信念，他相信世界就是这样运作的。即使基督徒的信念是正确的，但他核心的信念超越了外层基督徒的信念。他原本的世界观蒙蔽了他，并使他陷入罪中。

置身这拒绝灵界真相的西方世界观里，基督徒又如何被它影响呢？有些教会试着把一些超自然的"无谓包袱"扔掉，使自己可以融入世俗，看起来"正常"一点。很多牧师更是拒绝神迹，包括童女生子、复活，也拒绝相信超自然界里天使或魔鬼的存在。

我说过，基督徒多数承认或至少理智上接受灵界的实在。西方的世界观先影响了我们的生活和事奉，使我们以为灵界并不存在。我们不需要到处见鬼，才足以说明灵界的实际。但如果灵界根本不存在你的观念里，你就麻烦了，因为你看不见真正完整的图像。

每当生活上出了问题，很多基督徒就会责怪神，为什么？因为深受西方世界观的影响，他们遗漏了两件事——其他人的自由意志，和撒旦的真实性。圣经说，撒旦是「贼，...要来偷窃、杀害和毁坏。」（约10：10）

若有人面对精神或心理问题时又如何呢？受西方世界观影响的专业医生多半不信灵界的存在。比如说，如果有人一直听到某些声音，医生的结论就是他的脑子出了问题，可能是因为脑里某些化学不平衡的缘故。至于那声音是否来自魔鬼的可能性，根本不会被列入医生考量的范围。其实，健康的现实观会考量灵界影响的可能性。

从事基督徒辅导也是一样，在处理人的问题时，灵界的影响经常被忽略。个案的问题是心理的，还是属灵的？其实，问题不至于完全与心理无关，也不至于完全脱离灵性。但教会常常将问题两极化，要不就划分为纯心理问题，一昧寻求心理或情绪的治疗方案，完全忽略灵界的真实性；要不就认为每件事背后都有邪灵（深受泛灵世界观的影响）。我们是完整的人，需要顾及现实的全貌，缺一不可。

我们说我们相信圣经，但我们所作的决定岂不都是依据自己的能力，而没有根据神的话？我们说我们相信祷告的能力，但我们实际所花的时间是否印证那信念，抑或从我们的行动中表明了真正的信念——我们先靠自己解决问题，实在不行了才祷告？

有位基督徒在进行"在基督里得自由的步骤"时，不愿弃绝轮回的信念。对存有后现代思想的人来说，所谓的"真理"包罗万有（亦即完全没有真理），所以他们能同时相信我们死后会与耶稣同在，又接受我们会变成昆虫的可能性。

▶紧抓着我们原本的核心世界观，会导致我们的信仰根基薄弱不稳。▶举例来说吧，下列哪一项最能描述为何你成为基督徒呢？

- 因为基督教看起来行得通，所以我信。
- 我过去的经验使我觉得基督教是真的。
- 我相信无论何时何地，耶稣基督是全人类通往神的唯一道路。
- 我只是简单地作了个决定，认为基督教对我而言是真的。

唯一有效的答案是：无论何时何地，耶稣基督是全人类通往神的唯一道路。

很多深受后现代主义影响的基督徒会说，他们信基督教，是"因为他们看见了成果"；或因为"从经验中，他们感觉这是真的"；或因为他们真诚地相信"这对他们来说是真的"。但是，当他们看不到他们想要看的，他们就不再觉得它是真的，或是有别的信念可以取代的时候，这薄弱的信仰就会垮掉。

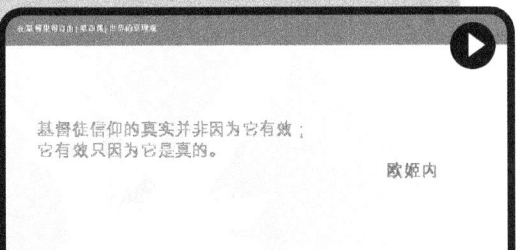

▶欧姬内(Os Guinness)总结说："基督徒信仰的真实并非因为它有效，它有效只因为它是真的…它不只是对我们来说为真，它对凡寻求它的人来说皆为真。因为真理就是真的，不管它有没有人相信；相反，假像就是假的，即便所有人都相信它。所以，真理不会因舆论、潮流、人数、宗教仪式或人的诚意而有所让步。真理纯粹就是真相，不会有所更动。"

▶我们每个人都要面对一个事实，就是世界所灌输给我们的，和真正的真相实在难以并存；我们必须下定决心将之弃绝，好让圣经能成为我们的核心信念体，而并非只在错误的信念体系外，加件外套而已。

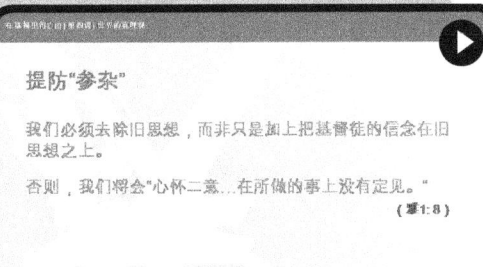

我们若不这么做，就会导致妥协和心怀二意，我们将「在自己所做的事上，没有定见。」（雅1:8）

在基督里得自由　107

如果你愿意下决心，从现在开始以神的话作为你生命的依归，请和我一起如此祷告：

主耶稣，无论世界怎么向我招手，今天，我决定单单相信你的话，以圣经所说的为真。我弃绝不再三心两意，要拆掉一切的藩篱，选择只信靠你。我弃绝先前的世界观，重新委身于按你的真道而活。我信你的话语会显明真相，且信你必以诚实待我。阿门。

静思三

目标：
强调"只在既存的世界观上添加基督信仰"的危险性。

▶ 问题：

你可有实例说明，一位基督徒如何在信仰上参杂了其他的世界观？在你个人的生命中，你看见这倾向吗？

欧姬内(OS GUINNESS)说："基督徒信仰的真实并非因为它有效，它有效只因为它是真的"。你如何判断一个世界观的真实性？

是否你已决心除掉世界所灌输给你的核心信念，并委身于圣经所说的现实观？若是的话，你该如何持守自己的委身，使自己不被周遭生活文化的不同世界观所左右？

 见证

明白了"我们都在某种特定的世界观中成长"，会如何帮助你与非基督徒朋友谈话？对一位抱持后现代世界观的人来说，他把强烈的信念视为一件不好的事，你又会怎么跟他说？

 来临的一周

求圣灵带领你进入所有的真理，并向你显明，自己有哪些地方还被蒙蔽，仍旧对自小被灌输的非圣经世界观深信不疑？

第五课

我们的日常选择

第五课：我们的日常选择

焦点经文：
罗马书8：9「如果神的灵住在你们心里，你们就不属肉体，乃属圣灵了。」

本课目标：
让学员明白，虽然我们还是会面对肉体的催逼，要我们不完全信靠神、不顺从圣灵的感动，但我们无须再屈服于肉体，我们能够自由地作正确的选择。

焦点真理：
虽然你在基督里已经是新造的人、有全新的性情，也能自由地跟从圣灵的指示而活，不过顺服神并非自动自发的一件事。

教员须知

本课帮助我们了解"肉体"——认识基督之前的旧有思想和行为模式。基督徒可以选择是要随从肉体，抑或顺从圣灵而行。

为了避免产生混淆，我们在这课程沿用了"肉体"这个圣经词汇，来同时形容"罪的本性"。有些现代的圣经翻译本（例如，NIV英文版本）用了"罪的本性"，另附注"或作'肉体'"来诠释它的希腊原文"sarx"。倘若我们在此处用"罪的本性"这词，将容易使学员产生混淆，因为在头两课，我们已经告诉学员，我们在基督里是新造的人。当信徒读他们的NIV圣经译本时，他们将误以为自己的核心本质仍然是有罪的。在新约有两处地方，圣经用了相同的希腊字"phusis"来表达不同的"本性"：以弗所书2：3提到「本为可怒之子」，形容我们在认识基督之前罪的"本性(phusis)"；另一方面，彼得后书1：4说，我们「与神的性情有份」，亦即我们里面有神的本性(phusis)，这里所说基督里新的生命意味着我们与祂联结。

基督徒不再是"在亚当里面的旧人"，而是活"在基督里的新人"（参阅罗马书8：5-10）。"老我（旧人）"已经与基督一同被钉在十字架上（加2：20）。请注意，"老我"、"本性"和"肉体"并非可互相替代的名词。"老我"指人的本性，即在亚当里或随从肉体的我们。基督徒不再是"在肉体里"，因为他们乃是"在基督里"。凡是在基督里新造的人都有新的心和新的灵，也就是有了新的核心位份并且向往神的性情。然而，人蒙恩得救之后，肉体仍然存活，并且它习惯不依靠神而活。但基督徒可以选择，究竟是要随从肉体而活，抑或顺从圣灵而活。若你有意要探讨这方面的课题，我们推荐你阅读《神在你身上的大能(God's Power At Work In You)》，尼尔安德森和邵罗拔(Neil Anderson & Robert Saucy)的著作，2001年由Monarch出版。

小组时间流程：

欢迎	10 分钟	0:10
敬拜	10 分钟	0:20
话语一	25 分钟	0:45
静思一	25 分钟	1:10
话语二	25 分钟	1:35
静思二	25 分钟	2:00

 欢迎

如果你知道自己会稳操胜券的话，你最有可能会做哪些事？

 敬拜

建议主题：为着神的属性（祂是谁）而敬拜祂

大声读出下述经文：

「我们应当靠着耶稣，常常以颂赞为祭献给神，这就是那承认主名之人嘴唇的果子。」（来13：15）

「有声音从宝座出来，说：『神的众仆人哪，凡敬畏祂的，无论大小，都要赞美我们的神。』」（启19：5）

「你们要尊崇耶和华我们的神，因为祂本为圣。」（诗99：9）

「耶和华啊，尊大、能力、荣耀、强胜、威严都是你的；凡天上地下的，都是你的；国度也是你的，并且你为至高，为万有之首。丰富尊荣都从你而来，你也治理万物。在你手里有大能大力，使人尊大强盛都出于你。我们的神啊，现在我们称谢你，赞美你荣耀之名。」（代上29：11-13）

建议每个人安静地因着神的属性切慕祂、敬拜祂。

 话语

《在基督里得自由》门徒训练系列第二本书《在每日争战中得胜(Winning The Daily Battle)》，乃对应本课程的第二章。请阅读其中第84至111页所提关于"肉体"的相关资料。

简介

或许我们会认为,成为基督徒意味着我们将自动做对每一件事,像是按开关钮那样。不过没多久,我们就会发现并非那么一回事。我们要讨神喜悦,也觉得有圣灵同在,然而,我们却无法活出自己想要的基督徒生活,甚至我们不觉得自己信主后有什么改变。我们的恶习并未立即消失。事实上,我们反而更强烈地在罪中挣扎。为什么会这样呢?

我们需要了解,在我们成为基督徒之后发生了哪些事,也需要知道哪些事没有发生,并且明白如何凭信心靠着圣灵的大能而活。

▶ 发生了哪些事?

在我们成为基督徒的那时候起,一些戏剧性的改变已经发生:

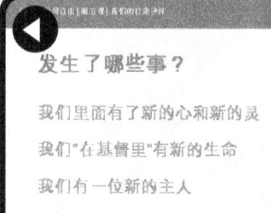

▶ 我们里面有了新的心和新的灵。

这新心所向往的是神,而不是自己或罪。一位基督徒若是犯罪,他自己会知道,因为圣灵让他知罪。事实上,知罪是你得救的一个美好指标。

▶ 我们"在基督里"有了新生命

我们是新造的人,是基督的光(林后5:17;弗5:8)。我们不再是在"亚当里"或"肉体里"了,我们如今乃是活在基督里。

▶ 我们有位新主人

我们新的属灵掌权者是神。在信主之前,我们曾受撒旦管理。但「祂救了我们脱离黑暗的权势,把我们迁到祂爱子的国里。」(西1:13)

> 有些人自小受熏陶相信自己的心"坏到极处,无可救药",正如耶利米书17:9所说的一样。不过,我们为何将旧约的法则套用在新约的信徒身上?特别是在旧约里另有一则重大的预言:「我要赐你一个新心和新灵(结36:26)」!在我们成为基督徒之前,我们的心的确是"无可救药"的,但如今在基督里,我们已经有新的心了!

> 哪些事没有发生？
> 我们的身体没有改变
> 我们的"肉体"没有被取走
> 罪没死

▶ 哪些事没有发生？

我们来看看当我们成为基督徒时，哪些事没有发生：

▶ 我们的身体没有改变

虽然我们的身份已经在核心深处有了根本性的改变，但我们看起来仍跟以前一样。有一天我们将会有新的身体，不过现在，我们仍然穿戴着原本的血肉之躯。

▶ 我们的"肉体"没有被取走

"肉体"原指我们的肉身，但它也延伸指肉体的直觉和渴求。或许，我们可以对圣经所提关于肉体的概念总结为：堕落人类为所欲为的渴求。

在我们成长的过程中，我们学到了某些反应、适应或思考的模式。这些旧的思考行为模式，就是"肉体"的主要特征。但当我们成为基督徒之后，没有人在我们脑中按"清除"钮（况且根本没有此钮），能够让我们马上切换到属神的思考和行为方式，来取代一贯的思想和作风。

保罗这么说：

> 那些靠肉体活的，心思就在肉体的事上；那些靠圣灵活的，心思就在属灵的事上；因为心思在肉体上的就是死，心思在圣灵里的就是生命平安，因为心思在肉体上的是与神为敌。（罗8：5-7上半节，作者译）

我们心思的争战经常环绕在肉体的层面。它包括了我们里面敌对神、抵挡祂话语的念头，这些念头成为我们"内在设定"的思考方式，随而做出敌对神的行为。除非我们刻意选择顺从圣灵而行，否则我们很自然就会采用这些思考模式和习惯。

我们需要训练自己在思想上遵循真理，而不是依照旧有的经验和习惯行事。这就是圣经所说"更新我们的心意"（罗12：2），就是选择丢弃那陈旧而虚谎的思想方式，并用新颖而合乎真理的思考方式来取而代之。

对现代人来说，"肉体"不是一个熟悉的字眼，但这就是圣经原文的用词。新约里面所用的希腊文"sarx"字，是用来形容在菜市场买的肉或你腿上的肉。

> ℹ 请看本课开头的教员须知，了解"肉体"的注释和相关的重要资讯，以免不同圣经版本在"肉体"和"罪的本性"译字上使学员有所混淆。

很多现代的圣经翻译本都不用"肉体"这字，而用"罪的本性"或"旧的本性"等词汇，并且他们通常另加注脚说明此词汇。他们这样做是可以理解的，因为若直接翻译而不另加说明，现代人会看不懂。但我觉得用"本性(nature)"这词或许并无助益，因为基督徒已经没有罪性，而是有神的属性了。从我们内心深处的性情和身份已经完全改变来说，如今我们是圣洁和公义的了。

或许用"有罪的倾向"这词会更好。它精准地描述我们内心有股力量拉扯我们犯罪，但不意味着从根本的位置来看，我们是有罪的。不过，为了避免产生混淆，我还是会继续用"肉体"这个直译词。

> 此例说明旧有的思考模式如何塑造我们的反应：我曾有位助理，他很活泼外向。但是我发现，每当我叫他来开会时，他就变了。虽然我尽量作个好老板，让自己平易近人，但是他一到我的办公室来就变得很紧张。后来他告诉我，他的前老板每次叫他到办公室，就对他大呼小叫地批评。纵使现在环境已经改变，他的老板也换了，但是当新老板叫唤他的时候，他那旧的思想模式又会出现。他花了好些时间调适，自从他知道自己不会再被尖酸对待之后，他也逐渐不再有防卫性的反应。

▶ 罪没死

很多人的问题是：我如何能制伏罪？坏消息是，我们不能；但好消息是，基督已经为我们制伏了！既然如此，我们应该做出什么改变，才不至于继续陷在罪的恶性循环中呢？

你再努力也没有用。因为得自由的关键是认识真理，所以我们必须认识有关罪的真理。

首先，罪并没有死，离死还差得远哩！事实上，罪还是深具吸引力，每天都引诱我们在神以外，寻找生命的意义、安全感和被接纳。

▶我们如今既然在基督里，那我们与罪的关系又如何呢？
▶虽然罪曾经是我们的主人，但保罗告诉我们，它在我们身上再也没有权势了。▶虽然罪很活跃，但保罗说，我们应当向神看自己是活的，向罪则当作自己是死的（罗6：11）。难道"当作"此想，就能使我们向罪死？不！它不是因为我们怎么想就怎么样。保罗是要帮助我们抓紧自己与基督同死的真理，相信祂的死结束了我们与罪的关系。正因为真相是如此，所以我们当如此作！

就像保罗所说的：我想行善的时候，恶却显出它极恶的头来，要推我出局（罗7：21），这就是"罪的律"（罗7：23）。

> **我们与罪的关系**
>
> 它曾是我们的主人，不过如今在我们身上毫无权势
> 罪并没有死，但我们要向罪死
> "罪的律"仍然运作，但我们能胜过它

> 虽然圣经清楚告诉我，身为基督徒，我"向罪死了，向神在基督耶稣里却是活的"（罗6：11），但是有时候我早上起来，我却觉得我向神是死的，向罪倒是活的。纵然什么都没有改变，但我需要相信真理所说的，而不随从自己的感觉。

▶所以，罪的律仍然是活跃的。你如何胜过这活跃依旧的律呢？藉着一个更大的律：「赐生命圣灵的律在耶稣基督里，释放了我，使我脱离罪和死的律了。」（罗8：2）

举例来说，我无法飞上天，因为每次我尝试要飞，地心引力就会把我拉下去。至今为止，我尚未找到可以解除地心引力的方式。那我能怎么做呢？▶我乘坐飞机就可以飞翔了！藉着空气动力律和机械的力量，我克服了地心引力。并非地心引力被解除，只是我们藉着更大的律去把它克服了。

作为神的儿女，如今在我里面作工的律是赐生命圣灵的律，远比那罪和死的律更大。以前我别无选择，只能待在地上犯罪，但如今我可以选择飞起来（赐生命圣灵的律），去超越那罪和死的律！

我们的选择

毋庸置疑，现在我们面临一些很实在的选择：

▶虽然我们不必再随从肉体去思考和回应，但我们也可以选择这么做。

▶虽然罪在我们身上已经毫无权势，但我们还是可以**选择**向它屈服。

这样看来，虽然没有任何事能改变我们的身份以及神爱我们的事实，但我们在每日生活中所做的选择将决定我们的后果。我们是否选择信神的话并照着去做？

哥林多前书2：14至3：3描述三种不同类型的人。当我念的时候，请你们也试着把他们找出来：
[读出经文]

▶**属世的人——没有圣灵的人（林前2：14及弗2：1-3）**

这里形容一些还不是基督徒的人：

▶身体活着，灵却死了。

▶与神隔绝。

▶生活中没有神。

▶随从肉体活着，完全由肉体来左右他的行为和选择（参阅加5：19-21）。

这未必意味着属世的人就会不快乐。他们或许不须依靠神就已经发展出一套成功的模式。▶但是久而久之，他们会发现，这些所谓"成功"的事情已不能满足他们的需要，他们也没有属灵的根基来面对生活的压力。最终，除非他们邀请基督进入他们的生命，否则他们也不能进入天国。

留意接下来的ppt片：从每张ppt看，那人看起来都一样。或许你可以藉此提醒学员：当我们成为基督徒之后，我们的身体并没有改变，你无法从人的外貌来判断他有何不同。

▶**属灵人（林前2：15）**

这是一个基督徒的正常状态：

▶在基督里因信被改变。

▶灵与神的灵连结。

▶已经得到赦免，被接纳到神的家中，找到在基督里的价值。

▶推动力来自圣灵，而非肉体。

▶有更新的心思（旧的思想已被丢弃，有真理取而代之）。

▶常常喜乐、有平安，而非烦扰不安。

▶选择顺从圣灵而行，能结出圣灵的果子（加5：22-23）。

▶仍然有肉体，却愿天天将它钉死，接受他已向罪死的真理（罗6：11-14）。

此乃理想境界，是我们迈向成熟的目标。但请别以为它是无法完成的梦想，或这目标对别人可行、对你却不可行。神说，祂已给了你过这种生活所需的一切：「神的神能已将一切关于生命和虔敬的事都赐给我们，皆因我们认识那用自己荣耀和美德召我们的主。」（彼后1：3）

▶ 属肉体的人（林前3：3）

这是形容一个灵已经活过来的基督徒，不过他没有顺从圣灵的感动，却随从了肉体的驱策。他本可以自由地靠圣灵而行，但他却没有选择这么做。或许他是有意悖逆，又或许他被蒙蔽了，不认识自己如今是谁的这个真相。

他的日常生活较像属世的人（非基督徒），而不像属灵的人：

▶心思被错误的想法所占据。

▶充满消极的情绪。

▶全身紧张有压力。

▶没有活出在基督里的位份，常常感觉自卑、不安、不足、罪疚、担忧和疑惑。

他也常受某些罪的"辖制"。保罗在罗马书7：15-24形容人被困的光景。正因为我们的灵已与神的灵连结，我们内心会喜欢神的律，乐意走神的路；但是我们却发现自己一再地失败。我们一再陷入享乐、谗言或性的罪中。结果，我们觉得失望透顶，误以为自己逃离不了这捆绑。

属肉体的基督徒，他们的得救是毋庸置疑的。但可惜，他在永恒里毫无资产。到那日，当他站在神面前回顾过往人生时，那将会是个悲剧。

在基督里得自由　119

静思一

目标:
讨论这三种不同类型的人。留意有许多基督徒徘徊在"属肉体的人"和"属灵人"之间,以为自己无法脱离捆绑。其实,我们仍有望可以改变。

▶ 问题:

在你的经验里,基督徒行事非常不像基督的可能性有多大?你能否举出特定的例子,说明自己的行为曾经如何地不像基督?

你想,为何许多基督徒仍被不安、自卑、不足、担忧、罪疚和疑惑所困?

作为基督徒,我们当如何胜过罪的律,并克服犯罪及自私行为的倾向?

▶ 如今全看我们了!

▶我们已经看见,神已把所需的一切都给了我们,好让我们能活出讨祂喜悦的生命(彼后1:3)。▶我们已经有了一切"属灵的福气"(弗1:3),▶神还须做些什么,才能让你在基督里有自由、结果子?其他人还须为你多做些什么吗?答案是不必!

问题不在于要找某些特别的人来"督促"我们,或是为我们作个"正确"的祷告。问题也不再是去求神作些什么。我们只是需要学习如何利用我们既有的装备,来处理自己成长生命中的障碍。

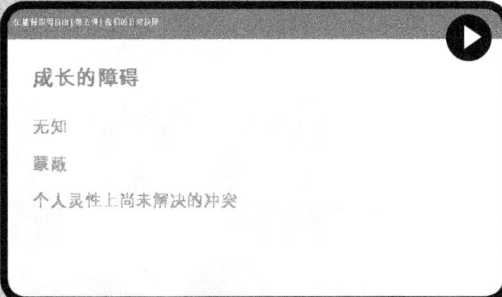

成长的障碍

▶这里列出一些成长的障碍：

▶ 无知

有些人纯粹是因为无知而走错路。没有人告诉他们关于"他们在基督里是谁"的真理。当教会重视人得救过于造就门徒时，结果确实就会如此。而且，许多教导都着重于告诉基督徒该做些什么，而非让他们明白自己的身份。如果你正是这样的人，这个课程就是要帮助你取得这方面的平衡，以致你能往前迈进。

▶ 蒙蔽

「你们既然接受了基督耶稣，就当遵祂而行，在祂里面生根建造，信心坚固，正如你们所领的教训，感谢的心也更增长了。」（西2：6-7）

保罗清楚地说，你必须牢牢地在基督里扎根，才能够成长。下一节明显是个对比，而且说得很直率：

「你们要谨慎，恐怕有人用他的道理和虚空的妄言，不照着基督，乃照人间的遗传和世上的小学就把你们掳去。」（西2：8）

你若没有在主里成长，就表示你已被一些蒙蔽你的想法给掳去了。

蒙蔽并不容易察觉，因为你被骗了。按理而言，你乃是被蒙在鼓里。谎言对你来说，就像是真的一样。

基督徒在思想上常见的蒙蔽包括：

- "也许这对别人有用，但是对我却行不通。"
- "我没有像某某人般的信心。"
- "神绝不可能会用我。"

▶ 个人灵性上未解决的冲突

对很多人来说，我们不成长的主要原因，是因为我们有太多个人灵性的问题没有解决。在以弗所书4：26-27，保罗说，如果我们不立即处理愤怒的问题，它就会变成苦毒和不饶恕，并给魔鬼留地步。罪会给仇敌一个机会，拦阻我们前进。

叙述例子：我要乘搭的飞机误时了。当它抵达时，我是第一个登机找位子的人。但我发现自己越来越难前进，后来终于停住，在我后面还站着一群抱怨而不耐烦的人。原来，是我外套上的某颗弹性钮扣钩住了第一排的椅子，而我已经走到第十一排了！除非有人帮我解开那钮扣，否则我无法继续前进。

举实例说：如果你未真正饶恕某位伤害你的人，你就给仇敌敞开了大门，使你在思想上陷入迷惑，不能与真理连结。如果你不顺服神去饶恕那人，把这大门关上，那么不管你听到多么棒的讲道，你终究还是不能领受当中的信息，并实践出来。

很多信主的人并未真正悔改，所以他们的成长就受到拦阻。

稍后你会有机会进行"在基督里得自由的步骤"，那是一个你可以全面检视自己生命的工具，求圣灵指示你在哪些事上还没有悔改，好让你能关上大门，免受仇敌影响。接着，你可以平静地按部就班，运用你在基督里的权柄，在那些事上悔改，并切断仇敌干扰你思想的途径。根据我们的经验，每个基督徒都从这过程中受惠，而且，很多人因此而能进入真理，更能掌握我们所教导的真理。

"在基督里得自由的步骤"可以帮助你解决犯罪-认罪-犯罪-认罪的循环。为了脱离这循环，认罪不是唯一当作的事。认罪（认同神）是一个起点。同时，你也不能忽略灵界的真实。在认同神、承认自己做错的同时，你必须取回你让给了魔鬼的地盘。怎么做呢？雅各书4：7说，「要顺服神，务要抵挡魔鬼，魔鬼就必离开你们逃跑了。」你必须去抵挡魔鬼，把你曾经让给牠的地盘夺回来。这很容易做，一点也不戏剧化，但是我们大部分人从未被教导要如此做。

很多上过"在基督里得自由的步骤"的人都会说,"为什么20年前没有人告诉我这事?"他们那可怜的牧师可能会说:"我已经告诉你20年了。"除非他们处理了他们个人灵里的问题,否则这些教导对他们而言,并不具任何意义。

课程中,许多人在进行"在基督里得自由的步骤"之后,才骤然开始掌握到其中关键的真理:

- "神真的爱我。"
- "现在我真的不再被定罪了。"
- "神真的要将最好的给我。"
- "我不必再惧怕了。"
- "我不再是个受害者了。"

真理就是真理,不管怎样,我们必须让真理活在我们里面。

顺从圣灵行如今是真正的选择

▶不管我们感觉如何,我们一旦决定了相信真理,也解决了我们先前未处理的灵性冲突之后,我们每天就能真正地自由做选择了。我们就回到了亚当夏娃未堕落之前的光景,我们可以自由地选择。对神来说,这自由意志极度重要。

▶我们每天可以做的关键性选择就是,要随从肉体的驱使,抑或要顺从圣灵的感动。这两者是彼此对立的。

我有一位朋友,他的童年遭遇非常悲惨,他的父母经常忽略他,有时也虐待他。他告诉我,他父母亲不断跟他说"你是个废物"。后来,他成了基督徒,也担任牧师一职,但是过去的伤害并没有离开他,他甚至藉用酒精来逃避内心的痛苦。他酗酒多年,酒毁了他的服事和婚姻。多年过后,他抓住真理,相信作为神的儿女,罪的权势在他身上已被断开,就这样他脱离了酗酒。他解决了自己灵性上的冲突,在基督里获得了自由。现在,他也帮助很多人得到同样的自由。不过他告诉我,每天他的肉体还在跟他说"你是个废物",他属肉体的思想模式并未离开他,但他已学会每天作出选择——不听从它(无论它们有多强势)。因为他知道那是谎言。相反,他每天都选择顺从圣灵的感动,按照真理而行。保罗说:「顺着圣灵而行,就不放纵肉体的情欲了。」(加5:16)

顺从圣灵而行究竟是什么意思?

▶ 顺从圣灵而行并非:

▶ 只是感觉良好

有时圣灵的临在,会让我们觉得充满喜乐。那是神所赐爱的礼物。但是每天被圣灵充满的意义不仅于此。如果我们的人生是为了要追求好的感受,我们就会一直寻找能进入美好感受的门路,我们也会不断向神求一个新的经历。但神却是要我们持守祂作成的工,并遵行祂的法则。

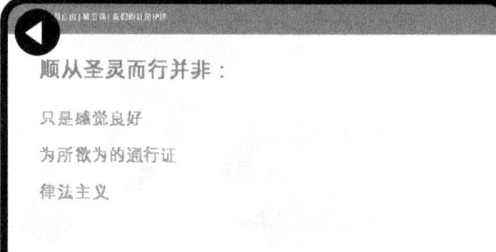

▶ 为所欲为的通行证

有些人认为,自由意味着我们可以为所欲为,仿佛我们可以不理会神,妄顾祂要我们负责任地生活的法则。如果你要这样的自由,或许你会暂时乐在其中,觉得可以自在地犯罪,但是不久你就会发现,其实那是一种捆绑。这时候问题来了:你可以制止自己不犯罪吗?

顺从圣灵行事使我们无法为所欲为。保罗告诉我们:「情欲和圣灵相争,圣灵和情欲相争,这两个彼此相敌。」(加5:17)

▶ 律法主义(像奴隶般守很多规条)

旧约的律法显明了神的道德性情,但是没有人能活出合乎那准则的生活。律法之所以存在,是为了要藉此教导我们,引我们归向基督。(加3:24)

即使是基督徒，我们许多人仍想要凭着遵行律法，或做个"好基督徒"，来使自己被神接纳。但保罗却说：「你们若被圣灵引导，就不在律法以下了。」（加5：18）

我们若将"为神而活"视为是要信守一堆教条或要有某些行为，那么，与神同行就变得毫无喜乐可言。而且我们根本无法如此持守。我们若被迫顺服神，神不会因此而欢喜。祂要我们心甘情愿地顺服。

我们若真知道祂，晓得祂为我们所做的一切，认识祂无条件的爱，并因此选择顺服祂，这才能尊荣祂。顺从圣灵而行，将帮助我们能因信过公义的生活。

▶ 顺从圣灵而行乃是：

▶ 真正的自由

「主的灵在哪里，那里就得以自由。」（林后3：17）

魔鬼只能试着引诱你，不过牠无法逼你随从肉体行。我们有自由按神起初造我们的样式，并靠着圣灵的大能凭信心而活。

▶ 让神来带领

在西方我们会用牧羊犬赶羊。在以色列则是牧羊人在前面领羊。

羊认得他的声音，会跟随他。耶稣说：「我的羊听我的声音，我也认识他们，他们也跟着我。」（约10：27）

▶ 跟随神的步伐行走正路

「凡劳苦担重担的人可以到我这里来，我就使你们得安息。我心里柔和谦卑，你们当负我的轭，学我的样式；这样你们心里就必得享安息。因为我的轭是容易的，我的担子是轻省的。」（太11：28-30）

如果我们期待由神独力完成所有的工，就会一事无成；如果我们靠自己，也无法完成任何永恒里的事。我们若是

在基督里得自由　125

与耶稣一同负轭,就必须晓得,单方面的行动并不能成就任何事。唯有耶稣知道正确的步伐和方向。我们若与祂同行,就发现祂的道路不是难走的,我们也会在灵里找到安息之地。

▶ 如何知道自己是否顺从圣灵而行?

正如你可以从果子知道树,你也可以藉着你生命中的果子,知道自己是否顺从圣灵而行。▶若你常常被圣灵引导,你的生命就会显出仁爱、喜乐、和平、忍耐、恩慈、良善、信实、温柔和节制。

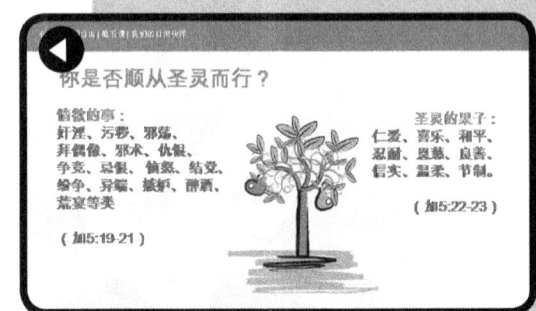

▶若你随从肉体而活,它也会在你的生活中表明出来(参阅加拉太书5:19-21靠肉体而活的表现)。

若本课使你察觉自己活在肉体里,最好的回应方式是什么呢?就是认罪,及清除仇敌的营垒,然后邀请圣灵来充满你,并开始遵照你在基督里的新身份而活。

顺从圣灵而行是每分每秒的事,是每天要经历的。你每天、每时、每刻都要选择究竟要顺从圣灵,抑或随从肉体而活。

不过,一旦你知悉神是谁以及你是谁的真理之后,你怎么还会想随从肉体而活呢?

静思二

目标：
向学员陈明，律法主义强调我们应该守哪些行为，它只会拦阻圣灵的带领。另一方面让学员认识如何能藉着聆听神的声音，让神的灵来带领我们（加3：3）。

▶ 问题：

读加拉太书3：3
回想过去，你可以举出虽然身为基督徒，但却尝试靠自己的努力来过活的例子吗？

你认为，为何更努力尝试做对的事情并不足够？

如果我们要让圣灵来带领的话，我们该如何聆听和辨认祂的声音？

 见证

你会如何用非基督徒能明白的方式，向他们说明被圣灵充满的好处？

 来临的一周

每天特别将自己委身于顺从圣灵行事，并求圣灵来充满你。

在基督里得自由

第六课

拆毁营垒

第六课：拆毁营垒

焦点经文：

哥林多后书10：5「将各样的计谋，各样拦阻人认识神的那些自高之事，一概攻破了；又将人所有的心意夺回，使他都顺服基督。」

本课目标：

认识何谓"营垒"以及它们的由来，如此我们就能够藉着心意更新来拆毁它们。

焦点真理：

我们都有心思上的营垒——即不符合神真理的想法。

教员须知

类似防卫机制，"营垒"是肉体的反应模式。特别是一些根深蒂固的想法，它们是我们从小就建立起来的信念。在这一课，我们要帮助学员理解何谓"营垒"，而且这些营垒在基督徒的生命中是可以被拆毁的。

日后在第十课，我们将会探讨"打击营垒"的策略，并在六周期间学习用真理来取代思想上的谎言。届时，我们将会重温关于"营垒"这课题。

小组时间流程：

欢迎	10 分钟	0:10
敬拜	10 分钟	0:20
话语一	14 分钟	0:34
静思一	25 分钟	0:59
话语二	13 分钟	1:12
静思二	20 分钟	1:32
话语三	13 分钟	1:45
静思三	15 分钟	2:00

> 稍后在"话语"阶段，你可能想要重温此处所分享过的事。别人所说的话有可能已经在一些人的心中变成了营垒。例如，若某些人曾被父亲或母亲责骂说："你真没用"，或许他们长大后也感觉并相信自己真的没用。然而真相却相反，他们乃是被接纳、稳妥，及有人生意义的。他们须把自己委身于相信真理，来拆毁这些营垒。

 ## 欢迎

别人对你所说过最不堪入耳的话是什么？你是否能够不把它当一回事？抑或它始终如影随形地跟着你？

 ## 敬拜

建议主题：神的恩典

读出以下一至两处经文：约翰一书3：1，以弗所书1：6-8，约翰福音1：16

提议让每个人回想，神单单因着爱他们而曾在他们身上所施行的一些特殊作为。请他们用一点时间默想神浩大的恩典，以及在他们生命中所赐的福，然后做个简短的祷告，感谢神。

 ## 话语

《在基督里得自由》门徒系列书籍第二本《在每日争战中得胜(Winning The Daily Battle)》，2008年由Monarch出版，乃相对应本课程的第二章。请读书籍的第84至111页，以获取关于"肉体"的资料。

简介

[预备一个气球，边说边吹]

有时候，藉着发生在我们身上的一些事，某些想法就潜移默化地存在我们心里。比如说我们被欺负了，或许更糟糕，有人对我们说了消极的话，像是"你真没用"、"你是个失败者"、"你很丑"等等。

[拿个尖的东西，如别针]

如果我们信以为真的话，久而久之，这些想法就成了我们生活中的一部分，我们无法想像倘若它消失了会如何。

[戳气球]

「神的道是活泼的，是有功效的，比一切两刃的剑更快，甚至魂与灵，骨节与骨髓都能刺入剖开，连心中的思念和主意都能辨明。」（来4：12）

我们需要神的话来判断自己内心的想法和心态，并照明其中的真伪。

神给基督徒的真理的确很棒：

- 神是慈爱的。
- 祂密切地关心你。
- 祂为你的生命安排了一个目的和计划。
- 祂使你成为祂的儿女。
- 在基督里，祂使我得以恢复起初被造的样式。

[此时是一个好时机，可以让先前上过课程的学员分享他们得自由的见证，或者播放DVD教学里的一些见证。]

事实上，很多基督徒都没有经历过这自由。在某个程度上，他们相信有真理，但是真理却还不能与他们的生活接连。

「基督释放了我们，为了叫我们得以自由。」（加5：1）

如果你尚未能与真理产生连结，可能是因为你思想上存在着"营垒"。

▶ 何谓营垒？

营垒是与肉体相连的。我们出生的时候，神并不在我们的生命中，我们也不认识祂的道。从我们早期的生活中，我们学会在没有神的环境下过活，祂也不存在我们的思想里。所以，我们别无选择。有一天我们成了基督里新造的人，但没有人在我们脑中按"删除"键。所以，原有的错误思想及因应压力的行为模式都还在我们里面。我们每个人都有不同的"思想-行为程式(programming)"，但我们都会倾向对错误的讯息和谎言采取行动。这些错误的信念就是我们思想上的营垒。

▶ 司沃索(Ed Silvoso)如此定义营垒：

"充斥着无望的思想模式，使我们以为事情毫无转换的余地，但我们知道这样的想法并不合乎真理。"

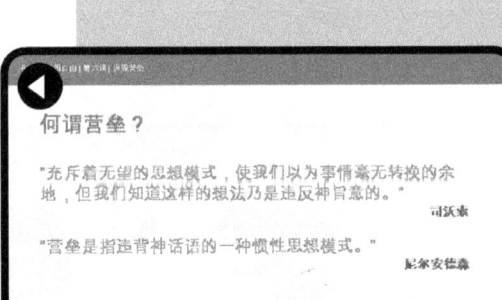

取自司沃索的著作《不愿一人沉沦(That None Should Perish)》第155页，1994年由Regal Books出版。

► 尼尔安德森(Neil Anderson)说："营垒是指违背神话语的一种惯性思想模式。"

营垒的存在形式也包括：它让我们在一些应该去做的事上，觉得自己无力去做；或让我们在一些不该去做的事上，却觉得自己无力制止。不管怎样，真相是神爱我们，祂不会叫我们去做一些我们做不到的事，祂从未要我们去跨越一些不可能跨过的障碍，祂不会把它放得太高，以致我们跨不过。祂那么爱我们，并不会这样待我们。而如果你确实有这种感觉，表示营垒在你里面已经成形了。

如果我们无法拆毁这些思想的营垒，我们可能就会作出错误的结论："我就是这样子——我改不了。"当我们暴怒的时候，我们会说："那就是我。"当我们与人关系不佳的时候，我们会说："我就是这么害羞，我改不了。"

自卑感、不安、无能以及偏执等特征，显示思想上存在着营垒。

► [播放卡通系列——"我的性格完全被错误的讯息扭曲"。]

叙述例：我小时候只要觉得有些郁闷，吃点东西就会好转。后来这演变成一种因应压力的惯性模式。吃东西本身并没有错，但是用这方式来满足需要，从中获得慰籍，我们就不依靠神了。唯有神能满足我们一切的需要，而且祂早已预备好要祝福我们。倘若这些东西变成了营垒，使我们强迫性地用吃来解决郁闷，那就变成一个问题了。

共4张ppt片

我的性格完全被错误的讯息扭曲

在基督里得自由 133

在基督里得自由 | 第六课 | 拆毁营垒

静思一

目标：
向学员表明，我们都有思想上的"营垒"，它是拦阻我们用神的眼光看待事物（真相）的一种思想模式。

▶ 问题：

读罗马书6：1-7。经文说，我们已经"在罪上死了"，并且无须"再作罪的奴仆"。当你经历到被一些行为模式所困的时候，你明明知道那是不对的，但你却似乎无法逃脱，这时候你的感受如何？而当你发现自己似乎也无法去做那些明知是对的事，这时候你又作何感想？

有些基督徒退而求其次，只安于次好的基督徒生活，你对此有何感想？

你是否能举出一些个人或某些人的实例，来说明他们无法甩开一些明知不对的思想或行为？神是好的，在祂凡事都能。既然如此，我们可以凭什么来改变？

▶ 营垒是如何建构而成的

我们的环境

我们所住的堕落世界与神为敌

- 我们在认识基督之前就住在这里了
- 我们被教导或被训练要去迎合周遭的环境

当你来到世上的时候，你的肉体虽活着，但灵却是死的。你的脑中只存有极少的程式。▶你的思考模式，乃是经由你不断采纳生长环境里的想法所集合而成的。

你的家庭、社区、学校、朋友都在影响着你。你只不过是从你的周遭环境中集合别人的思想与行为。

营垒是如何建构而成的

藉着环境：
　　家庭、社区、学校、朋友等等。

藉着创伤经验：
　　并非创伤经验本身，而是藉着那经历，
　　我们误信了某些谎言。

值得注意的是，我们不仅在认识基督之前，甚至在认识基督之后，我们也有可能在思想或行为上建构出营垒。

> 叙述例：[可以套用你个人或团队里的某人为例]司提夫有两个女儿。你可知她们讲什么语言？英语！但是如果她们在法国人家里被养大，她们就会讲法文。正如我们从环境采纳语言一般，我们也从所处的环境里采纳不同的价值观和行为模式。

可能有人曾经对你说"你很丑，真没用，或一点贡献也没有"。如果你相信这些，你可能就会有自卑感，觉得自己矮人一截。

我们会被环境影响，发展出一些行为模式，从这些模式也可看出我们思想上的营垒。比如说，我们可以想像一下酗酒家庭的孩子是怎么样的。一位酗酒父亲有三个孩子。因为父亲的酗酒问题，逐渐演变成家庭暴力。当父亲喝醉了回来，三个孩子有不同的应对方式。老大可以站起来对抗，对父亲说，"如果你敢动我一根汗毛，你就会后悔！"老二迁就父亲说："爸，你要喝点什么吗？"老三则跑去躲起来。廿年后，父亲早就逝世了，三个孩子也长大了。当他们面对争执的时候，他们会怎么回应？很可能老大会打架对抗，老二会迁就对方，而老三会逃避冲突。

创伤经验

▶ 创伤经验也会因其震撼个人的强度而形成营垒，例如：家中有人去世、离婚或被强暴。

在下一课，我们将会更详细探讨如何从过去的经验中得释放。现在，让我们先有一个认知：并非创伤本身会造成营垒，而是藉由这些经历，我们误信了一些谎言，才会建构出营垒。

假设你被虐待，你会视自己为无助的受害者，不敢站在真理的立场来为自己争取权益。或许在当时，你真的无助而受害，但这并不表示，你以后永远都是受害者。

思想上的营垒是根据过往经验所建构起来的谎言。而在基督里，我们可以把它们攻破和拆毁。你可以用你目前神儿女的身份，重新检验往日的经历。真相是，无论过去的经验有多糟，没有一个基督徒须维持受害者的身份，因为我们在基督里已是新造的人。神不会改变我们的过去，但祂能把我们从中释放出来。

▶ 处理营垒的时候，我们须掌握真相和感受两者的主次之分。若你的信念并不反映着真相，那么你的**感觉**也就不能反映事实。或许你感到被拒绝，但其实你并未被拒。或许你感到无力改变，但事实并非如此。

> 若你的信念并不反映着真相，那么你的感觉也就不能反映事实。

诱惑

▶当我们不断向诱惑屈服的时候，营垒在我们里面也就成形或被强化。撒旦试图在你的生命中建立营垒，要你陷入恶性的循环，使你觉得人生毫无盼望。

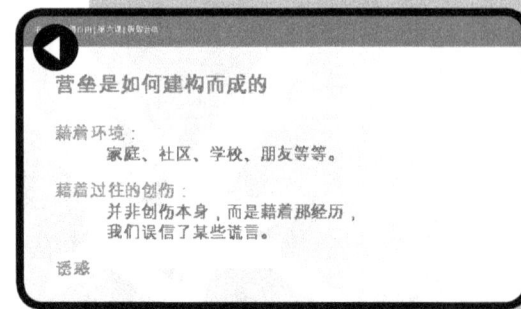

▶每次的试探都企图诱惑你不靠神而活。我们经常被试探的地方，是关于人生意义、安全感和被接纳三方面的合理需求。问题是，这些需求究竟是由世界、肉体和魔鬼来满足，抑或交由那位应许"必照祂荣耀的丰富，在基督耶稣里使你们一切所需用的都充足（腓4：19）"的神来使你满足？

撒旦已观察你的行为多年，祂知道哪些地方是你的弱点，就会在那些地方攻击你。撒旦多数会在你的弱点上试探你。

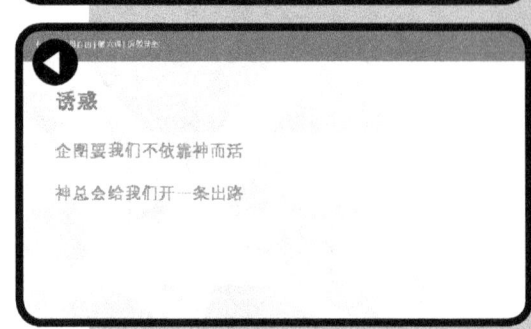

但你无须屈服在试探中：

「你们所遇见的试探，无非是人所能受的。神是信实的，必不叫你们受试探过于所能受的；在受试探的时候，总要给你们开一条出路，叫你们能忍受得住。」（林前10：13）

▶神总会给我们开一条出路

我要给你看一段某人受试探的卡通。仔细地看，看你是否能指出其中逃脱试探的方法。

▶ [播放"我开车出去一下"的系列]

这是一个吊诡的问题！逃脱的起点是在第一个画面之前。为何她会想开车经过超市？如果你考量这点，你会发现她已在留口水了。虽然她不承认，但是她的动机已显而易见。

共8张ppt片

所以，当我们受试探时，要从何逃脱呢？因为有时候，我们并不觉得那是试探。▶逃脱的方法在于操练"门槛思考(threshold thinking)"。在所有的试探中，神已经为你提供了一个出路——在哪儿呢？就是在一开始，一旦试探踏进你思想的门槛里，那就是你"将所有的心意夺回，使它都顺服基督"（林后10：5）的时机。

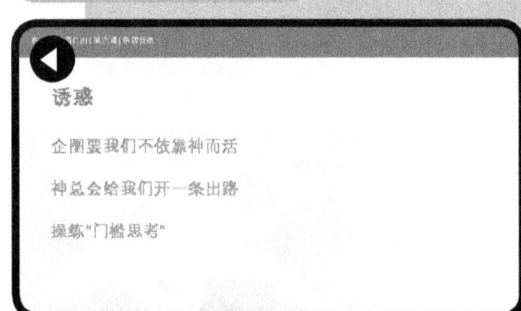

假设你陷入看色情刊物的挣扎。聚会结束时，你想到家里没有牛奶搭配明天的榖片早餐。你可以选择去转角一家商店，或是去加油站买（那儿有卖牛奶和色情刊物）。你可以给自己很多合理化的藉口（例如加油站的牛奶比较便宜），但是你心知肚明，你是受了色情刊物的引诱。在那时候，你要回转的机会就已急速下降。事实上，你人还没到那加油站，藉着想像整个过程，你早已经受到性的刺激了。在你还没看色情刊物之前，试探者就已经在你心思上做工了。一旦你开始看了以后，牠就转变为指控者，让你觉得很有罪疚感，很愚昧。如此看来，该如何逃脱呢？其实，当你一想到可以去加油站的时候，马上拒绝这诱惑性的想法，就可以即时逃脱了。

▶你的心就像是机场，你是控制台。许多思想都企图在你这机场降落，但是你有掌控权，去决定那架飞机可以降落，那架不行。不过，你需要当机立断。一旦你容许试探降落，你要驱逐它的机会就显得渺茫了。这就是"要将所有心思夺回"（林后10：5）的意义。你需要努力并坚持地去体验这真理。

试探的念头若没有立即处理，就会带出行动。重复这些行动，就会变成习惯，习惯不断加强，就会变成营垒。

静思二

目标：
在于向学员表明，虽然每个人都被试探，但我们都能胜过试探（林前10：13）。

注：
进行静思二时不妨分男女组别，如此将有助于讨论。

▶ 问题：

当你被试探，看起来似乎无法胜过的时候，有哪些圣经上的知识能够带给你鼓励呢？

如果你过去曾经掉入试探，如今你可以如何预备自己去胜过前面的试探？

营垒的影响

产生错误的现实观

▶营垒严重影响我们如何看待现实的世界。我们每天都面对一个主要的问题：我们是否信得过神，不理会我们自己的想法而单纯地按照祂的观点来看待事物？

▶「天怎样高过地，照样，我的道路高过你们的道路，我的意念高过你们的意念。」（赛55：9）

真相是，神的知识比我们高太多了。

信心是理性的，而我们也应当有责任去思考。但问题在于我们的理解能力有限，我们无法知道什么对我们最好，所以我们需要依靠神来引导我们。

▶「你要专心仰赖耶和华，不可倚靠自己的聪明。在你一切所行的事上，都要认定祂，祂必指引你的路。」（箴3：5-6）

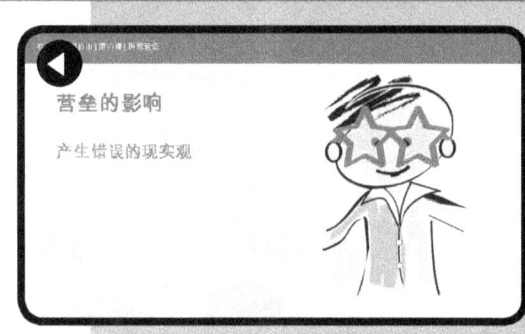

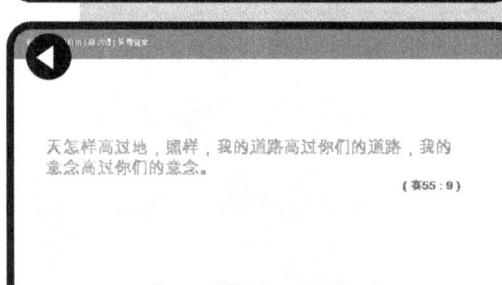

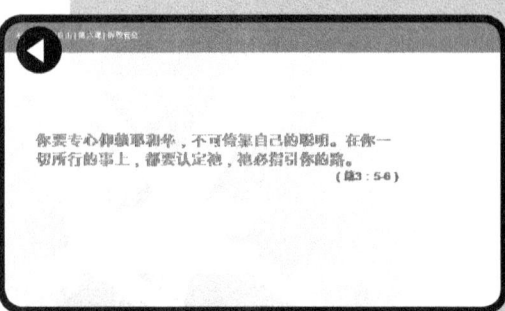

我们老想"靠自己的知识"去解决事情，而不要依靠神。

营垒会使我们过于着重感受，以致我们看不见事实的真相。例如很多基督徒说，他们知道神爱他们，"因为圣经这么说"，但他们真的相信吗？大多数人并不真的相信，我们对神而言有多珍贵。

叙述例子：有位姐妹走过"在基督里恢复有意义、有保障、被接纳的人生"列单之后，含着眼泪到我面前，她一再重复地说"我不比别人差！"她解释说，因为她的哥哥很聪明，所以她在家里总是不起眼，自卑感强烈。这么多年来，虽然很多人都告诉她"她并不差"，但那无法改变她的感受和举止。上那一堂课的时候，神开启她的眼睛，使她看见真正的自己。神的话攻破了她的营垒。如果她继续拒绝"她较差"的这谎言，她的感觉就会改变，而她对自己的看法也会建立在真理的基础上，相信自己真的是神的儿女。

坏的选择

每天我们都得作一个决定：要按神的方法做事？抑或照我们的聪明行事？

若要活出基督里的真自由，我们必须晓得神的话，并选择去相信祂。这话知易行难，因为自我们有记忆以来，我们都依循着内在的营垒以及旧有的思考模式在过活。

▶因为营垒是由错误的资讯建立起来的，所以它总是催促我们作出错误的选择。

▶营垒会影响我们忽视神所发出的"警告"，使我们误以为只有自己才最清楚该怎么做，来使自己的生命有意义、安全和被接纳。我们若继续理会这些违背神话语的思想，我们的生命就会衍生自恃的心态，而不去信靠神的话。

▶我们若选择委身于认识神以及认识祂行事的方式，祂必定把祂的道路向我们显明，并且我们也将能作出更好的选择。祂的确想要把最好的给我们，而且祂知道什么对我们最好。

在挣扎着选择走神的路或自己的路这件事上，我们确实很无助。但在基督里，我们有自由也有能力，让祂天天

更新我们的思想，使我们不依靠自己的聪明，来选择神的路。在这场思想的战斗中，唯有你才能决定谁是赢家。

静思三

目标：
强化这两项真理：营垒影响我们不信靠神的话；跟随感觉走是危险的一件事。

▶ 问题：

即使感觉不对，但仍然选择信神的话为真，如此做对你来说容易吗？

你是否能举出实例，当你如此做的时候，带出了什么结果？

拆毁营垒

▶ 我们需要容忍营垒吗？不！

「因为我们虽然在血气中行事，却不凭着血气争战。我们争战的兵器本不是属血气的，乃是在神面前有能力，可以攻破坚固的营垒，将各样的计谋，各样拦阻人认识神的那些自高之事，一概攻破了，又将人所有的心意夺回，使他都顺服基督。」
（林后10：3-5）

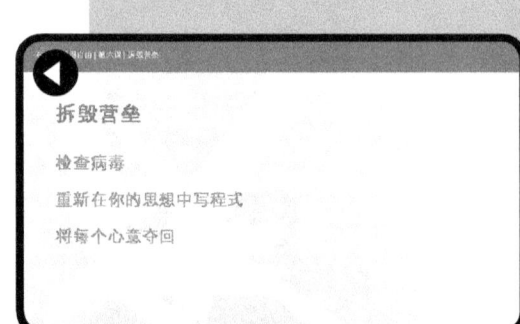

> 你或许想回顾先前用过的"钮扣"叙述例。此叙述例或是检查病毒的叙述例能帮助我们明白,处理个人属灵上的冲突实属必要。

> 你可以藉此机会,稍微说明一下"在基督里得自由的步骤":这是介于你和神之间的事,这过程温和,你可以请圣灵向你显明,你曾经在何处给仇敌留了地步。然后,藉着选择悔改(改变你的想法),就能解除仇敌的权势,使牠不再扰乱你的想法。这个过程是根据雅各书4:7所说「你们要顺服神,务要抵挡魔鬼,魔鬼就必离开你们逃跑了。」

▶打开电脑后,它首先会检查病毒。我们也需要那样做。我们需要把仇敌在我们生命中的立足点揪出来处理。日后,当我们进行"在基督里得自由的步骤"的时候,你也会有机会进行这番检查。

一旦你如此做了之后,营垒就只不过是一些惯性的想法或行为而已。如果你曾相信了那谎言,你只要弃绝那个谎言,并且选择相信真理就行了。

你可以用这比拟法来看待营垒:假设雨后你开四轮驱动车行经草地,会在草地留下轨迹。若是你每天穿越一遍,不久,即使你不转动方向盘,车也会照着轨迹走。甚至,你想不照着走也很困难。

▶但藉着持续努力一段时间,你可以另辟路径,转离惯性的错误思想。如果你过去被灌输了一些错误的想法,你可以重新来过。就像你写错了电脑的程序,你可以重写。但你必须要有意愿。你必须要选择重来。而且你必须知道,你是可以"心意更新而变化"的(罗12:2)。

▶我们需要常常保守我们的心,随时"将心意夺回使他顺服基督"(林后10:5),常常确保自己的心思能符合真理,不断操练"门槛思想",将不属神的思念屏除在外。

如今,你或许已意识到自己的一些营垒。而当你进行"在基督里得自由的步骤"的时候,你必定会察觉到更多。

在第十课,我们将告诉你如何"打击营垒"——一个拆毁已知营垒的系统性方法。你需要委身六周的时间去顺服真理,每天早上弃绝你曾相信的谎言,并选择相信真理。一旦你习惯了,你会发现这个方法相当直接有效,很多人都认为这方法为他们的生命带来革命性的改变。

全面的解决方案

我们要抵挡的,不单是世界(我们旧有的生活体系),或肉体(那些先入为主,学到的习惯和思想模式),而是世界、肉体和魔鬼这三者。

如果我们要一个全面的解决方案,这三者我们都务必要加以了解。下一课,我们要探讨魔鬼的角色。但请别忘了现在所学到的功课。在这三个课题里,魔鬼的影响是最容易解决的,但通常它是人们知道得最少,也最少去处理的。▶

 **见证**

要向那些未认识主的人传讲耶稣,你觉得容易吗?你觉得困难是否与你思想上的营垒有关?尝试找出来,究竟是什么谎言在你的思想中如此运作?同时找出圣经中的一些相关真理,并委身于相信这些真理。

 **来临的一周**

默想这些经文:哥林多后书10:3-5;罗马书8:35-39;腓立比书4:12-13。

第七课

心思的争战

第七课：心思的争战

焦点经文：
以弗所书6:11「要穿戴神所赐的全副军装，就能抵挡魔鬼的诡计。」

本课目标：
要认清这事实：我们的仇敌魔鬼不断地尝试要我们陷入牠的谎言，但我们无须对每个临到我们脑海的念头深信不疑。我们可以把每个念头拿来用真理查验，再来选择是要接受它抑或拒绝它。

焦点真理：
我们的心思是战场。我们若能察觉撒旦如何工作，就不至于堕入牠的诡计。

教员须知

有关撒旦和魔鬼的整个范畴，在西方教会界里可说认识得不够全面。在无须"疑神疑鬼"的情况下，我们有必要装备信徒，晓得我们与撒旦之间的争战是真实的，并且战场就在我们的心思里面。撒旦是一名撒谎者，而我们用来抵御牠的武器就是真理。

对于本课即将触及的一些内容，许多人可能会甚表惊讶，甚至许多人在课堂上都曾提出相关的疑问。我劝你最好要事先做好准备功夫（你可以重读《在每日争战中得胜》或《击开捆锁》的第一部分）。

请小心，撒旦最想基督徒怕牠，要引导你的组员勇敢面对牠。

在本课里，你要拆穿撒旦的计谋，所以在开始教本课之前，要特别为这事祷告。运用你在基督里的权柄，把自己、课室以及所有的器材交托给神。求神保护你，并求神保守课堂上每位学员的心思和意念。

小组时间流程：

欢迎	6 分钟	0:06
敬拜	7 分钟	0:13
话语一	19 分钟	0:32
静思一	25 分钟	0:57
话语二	13 分钟	1:10
静思二	15 分钟	1:25
话语三	20 分钟	1:45
静思三	15 分钟	2:00

 # 欢迎

你是否曾经被任何人欺骗?或者你是否曾经用计骗过一些人?

 # 敬拜

建议主题:神的权柄 —— 我们的权柄

读歌罗西书2:15「既将一切执政的掌权的掳来,明显给众人看,就仗着十字架夸胜。」

你可能也想读其他一两处经文,如路10:19,西2:20,太28:18, 20。

建议每位学员重读本课的焦点经文(弗6:11),并花一些时间,重新委身穿戴「神所赐的全副军装」(弗6:13-18)。

 # 话语

《在基督里得自由》门徒训练第二册《在每日争战中得胜》(2008年由莫纳出版),与本课程的第二章是互相呼应的。请读其中第43-110页,以获取本课的相关资料。

争战的真实

到目前为止,我们所探讨的包括了这堕落世界如何影响我们的思想,以及我们的肉体如何被训练为不依靠神而活。

我们要抵挡的并不只是我们的肉体和这世界,圣经教我们还要抵挡魔鬼,就是耶稣所称那"说谎之父"(约8:44)。而好消息是,魔鬼是这三个课题里最容易解决的一个。因为耶稣来,为要除灭魔鬼的作为。(约一3:8)

在西方世界观成长的我们经常忽略了灵界的真实性，即或从神学上我们知道有灵界，但在我们的生活或事工的运作上，却仿佛它并不存在似的。然而，从创世纪到启示录，一直贯穿全本圣经的主题就是：黑暗国度与光明国度之争；说谎之父与真理的圣灵之争；基督与敌基督之争；以及善与恶之争。

有人可能说"我是基督徒，我应该免疫了。" ▶不！你才是靶心！神的军装是为非基督徒预备的吗？不，是为基督徒预备的。不管我们喜不喜欢，我们已在战场上了。保罗告诫我们，我们不是与属血气的争战，我们乃是与天空掌权属灵气的恶魔争战（弗6：10-12）。

▶如果你存着鸵鸟心态，将头埋入沙里，那你可成了大靶心呢！

如果我们不明白自己是在战场上，或不知道这场仗要怎么打，我们必然成为伤亡者，在与神同行的路上走"中庸之道"。

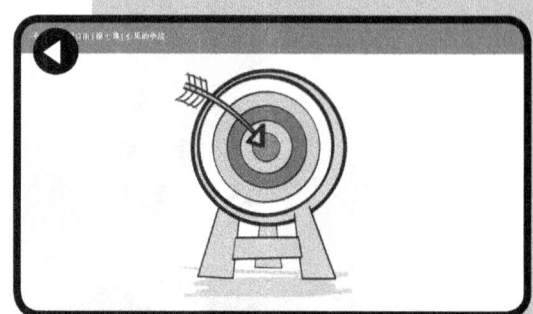

撒旦——欺骗者

▶撒旦是谁？牠作工的方式又是如何的呢？

神造了亚当和夏娃去管理天空的鸟、海里的鱼和田野的走兽。在按神形象被造的人类面前，撒旦原本只能如蛇般在地上爬行。

但是,亚当和夏娃却把掌管世界的权柄拱手让给了撒旦。所以耶稣称牠是"世界的王"（约12：31）。牠也被称为"空中的掌权者"（弗2：2），甚至全世界都在牠的权势底下（约一5：19）。

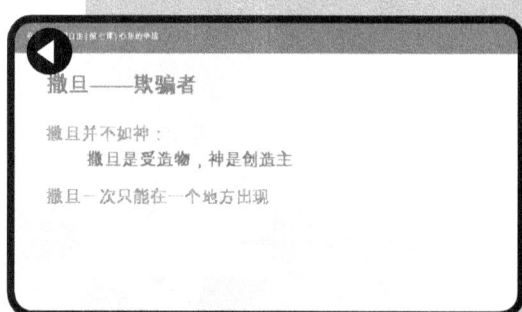

撒旦——欺骗者

撒旦并不如神：
　　撒旦是受造物，神是创造主

撒旦一次只能在一个地方出现

▶ 撒旦并不如神

西方人把世界区分为"自然界"和"超自然界"，神和撒旦则属于"超自然界"。不过，圣经却有不同的分法，圣经将"创造者"和"受造者"界分得很清楚（参阅约1：3）。跟我们一样，撒旦也是受造者，但上帝却是创造者。两者根本无法相比。这两者并非相等或对等的势力，与人也非遥不可及（即使撒旦希望我们心存这些看法）。事实上，将撒旦和神相比，就像拿蚂蚁和原子弹相比一般。

▶ 撒旦一次只能在一个地方出现

正因为撒旦和你我一样都是受造者，所以我们可以知道牠一次只能出现在一个地方。牠透过各阶级的鬼魔（又称为邪灵，堕落的天使，执政的，掌权的）来统治世界。只有神可以同时在各处出现。这意味着，我们大多数人都未曾亲身与撒旦交手。

> 留意：每当我提及"撒旦"这词的时候，我并不仅指撒旦本身（牠一次只能出现在一个地方），而是普遍地指与撒旦同工的堕落天使群。

▶ 撒旦的能力和权势根本无法与神相比

耶稣在十字架上已完全制伏撒旦（西2：15）。耶稣如今正坐在父神的右边，这位置代表统管万有的能力和权柄。祂远超过所有的能力和权势。（弗1：21）

事实上，撒旦完全受神掌管（参阅犹1：6），牠只能在神所设定的范围内活动，像只被链子拴住的狗。

> 撒旦——欺骗者
> 撒旦的能力和权势根本无法与神相比：
> 耶稣制伏撒旦（西2:15）
> 撒旦只能在神设定的范围内活动（犹1:6）
> 撒旦并非无所不知：
> 尼布甲尼撒王的梦（但2）

▶ 撒旦并非无所不知

撒旦不能透视你的心思。所有的异端虽然都和心思、未来有关，但撒旦对这两者并不能完全掌握。我们可以根据事实与圣经的记载来判断撒旦只是个受造物，牠并不具备神的属性。

> 你有看过报上登过"借算命赢彩票"的头条吗？

例如，有趣的是，我们看见在圣经里，天使与人或邪灵与人打交道都是外显的，只有神可以看透人的心思意念。另外，在但以理书第二章，尼布甲尼撒王要迦勒底的术士们先告诉他异梦的内容，然后为他解梦，来印证他们解释梦境的神圣源头。这班术士们当然无法做到，因为他们的能力和资讯来自于鬼魔，他们无法透视王的心思。要是撒旦办得到的话，牠必定会拦阻但以理在王面前晋升。只可惜，牠办不到。

> 你可以用打哈欠为例，来说明即使你不能读取他们的心思，你也可以把念头放到人的心中。打个哈欠试试吧，然后看看周围有谁也开始打哈欠！你也可以指出本课要带出的重点就是，虽然你能把念头放到他们心中，但并不表示你能读取他们的心思。

但这并不表示说撒旦不能把一些思想放在你的意念里。圣经明说牠会这么做。因为撒旦观察人很久了，所以牠很容易猜到你心中在想什么，而且如果牠先给了你一个念头，那牠就更容易知道你在想什么了。

撒旦如何作工

透过有组织的堕落天使群作工

▶ 撒旦透过「执政的、掌权的、管辖这幽暗世界的、以及天空属灵气的恶魔」工作（弗6：12）。这些名词是指不同阶级的堕落天使。

圣经并未告诉我们太多关于他们如何组织的细节，因为我们无须知道。

▶ 牠把意念放入我们的心思

「圣灵明说，在后来的时候，必有人离弃真道，听从那引诱人的邪灵和鬼魔的道理。」（提前4：1）

莫非有基督徒被蒙蔽而放弃信仰并听从鬼魔吗？我们来看看圣经中三个例证，了解一下我们怎么会被欺骗而不自知。

▶ 「撒旦起来攻击犹太人，激动大卫数点他们。」（代上21：1）

这有什么错？你难道不想知道你有多少军队？然而，连他的将领都觉得这么做有问题："我主为何吩咐行这事，为何使以色列人陷在罪里呢？"这引诱是要大卫挪移他对神的信心，转而着眼依靠自己的资源。

但是他为何听从撒旦呢？他若认出那是撒旦的诡计，他会做吗？当然不会！大卫以为那是他自己的想法，圣经也明说那不是他的想法。那是撒旦的欺骗！

▶ 「吃晚饭的时候，魔鬼已将卖耶稣的意思放在西门的儿子加略人犹大心里。」（约13：2）

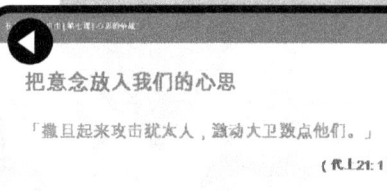

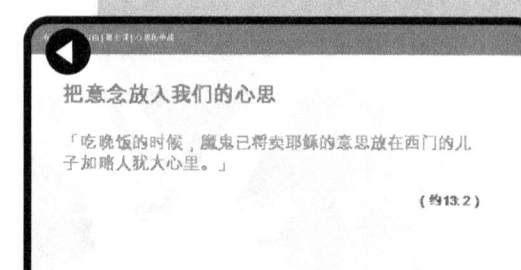

这岂不是犹大自己的念头吗？不。圣经清楚说，那念头来自魔鬼。等到犹大意识到自己的行动有何含意的时候，他出去上吊自尽了。

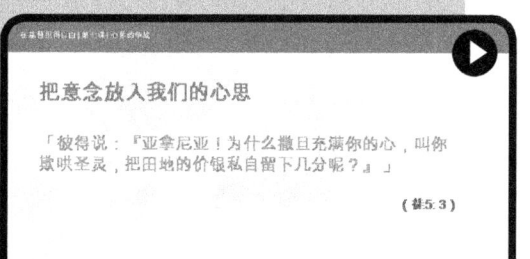

把意念放入我们的心思

▶「彼得说：『亚拿尼亚！为什么撒旦充满你的心，叫你欺哄圣灵，把田地的价银私自留下几分呢？』」（徒5：3）

亚拿尼亚几乎确信这是他自己的念头，但圣经明说那念头出自撒旦。亚拿尼亚被欺骗，而且带来很严重的后果。神必须用强烈的方式对早期教会表达这信息，因为祂知道恶者若能使我们在真理上妥协，牠就能逐渐地控制我们。

再想一想，如果撒旦能把念头放入我们的心思里，牠会使我们以为那是出自我们自己的念头，比如说"我真没用，我很丑"等等。别以为每个在你心中的念头都是出自你自己的！

静思一

目标：
知道撒旦是谁以及牠如何工作。晓得牠不过是受造物，也认得牠是破坏者、撒谎者和强盗（约8：44, 10：10）。

▶ 问题：

到目前为止，你认识了哪些关于撒旦的东西，是让你大吃一惊的？

撒旦比你想像中更有能力？或更少能力？

你心里的一些念头，是欺哄人的灵所放进去的（即使它们看起来像是出于自己的想法）。关于这点，你作何感想？你能指出那是什么情况下所发生的吗？那些念头完全都是错误的吗？

牠试探、控告和欺骗人

▶撒旦的诡计包括三方面：诱惑、控告和欺骗。

▶你的基督徒生活就好比是一场赛跑。撒旦无法封住这跑道，也无法阻止神在你身上要成就的工。但是，各式各样的人会在拥挤的人群中向你叫喊，他们会用各种话诱惑你离开跑道："嗨！看这里。过来拿这个。你会好过一点，没有人会知道的。你知道你想要！"

▶他们会大声控告你："失败啦？亏你是基督徒，竟用这无谓的藉口！你干脆放弃吧！"

▶而且，他们会当面欺骗你说："哎，你走错路啦！终点在后边另一端。"

▶撒旦企图使我们犯罪，牠要把负面的念头灌输给我们（"我很糟！"、"我没法做到"）。而且，牠欺骗我们遵循世界的道路（"我能自己想出办法"、"我要如此这般做"）。

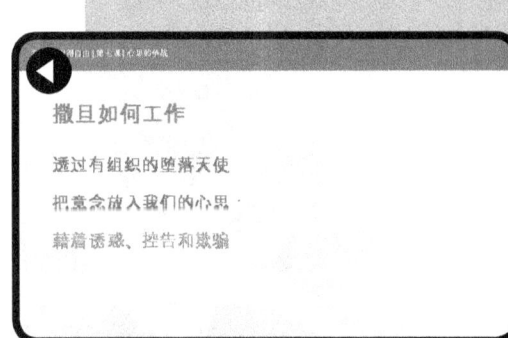

共3张ppt片

多数打败仗的基督徒会相信牠的谎言而放弃。其他的或许会反击心中的念头，但却没什么进展。得胜的基督徒则丝毫不理会牠们。他们将自己的心思都夺回来顺服基督，并继续朝向目标奔跑。

你在经历一场思想战吗？让我们透过三个问题进一步地认识它：

我们当中有多少人上周经历过一些试探呢？

圣经说，谁是试探者？是异性、色情网站还是奶制品？都不是，这些只不过是撒旦使用的工具而已。因为撒旦一次只能出现在一处，所以我们面对的试探，多半是来自欺哄的灵。

有多少人常常因被控告而挣扎呢？

让我换个方式问："有多少人常常有'我很笨'、'我不够好'、'我无法改变'、'神不爱我'、'我跟别人不一样'的想法？"我们每个人都有。撒旦昼夜在神面前控告我们（启12：10）。

我们有多少人曾经被欺骗？

这个问题更难了。如果我引诱你或控告你，你会知道。但如果我欺骗你，按理你是不知情的。欺骗是撒旦主要的诡计。

牠藉着罪在我们生命中立足

▶弗4：26-27说，如果你不立即处理你的怒气，你就给那恶者留地步。"地步(topos)"在希腊文是指"地方"。生气并不是犯罪，它只是情绪表达。但是，如果你没处理好，变成苦毒，你就给了那恶者一个"地方"落脚了。

▶「你们赦免谁，我也赦免谁。我若有所赦免的，是在基督面前为你们赦免的，免得撒旦趁着机会胜过我们，因我们并非不晓得牠的诡计。」（林后2：10-11）

撒旦如何工作

- 透过有组织的堕落天使
- 把意念放入我们的心思
- 藉着诱惑、控告和欺骗
- 藉着罪在我们生命中立足

你或许可以请学员举手回答这些问题。一般来说，多数人会在第一二道题的时候举手，却不会在第三道题时举手。这更加显明欺骗是撒旦最有力的武器。我们若然被欺骗，就表示我们乃是被蒙在鼓里的。

立足点

生气却不要犯罪。不可含怒到日落。也不可给魔鬼留地步。

（弗4：26-27）

立足点

「你们赦免谁，我也赦免谁。我若有所赦免的，是在基督面前为你们赦免的，免得撒旦趁着机会胜过我们，因我们并非不晓得牠的诡计。」

（林后2：10-11）

我们以后会讲到饶恕。但在此我们可以看出,撒旦最常藉着不饶恕,进驻我们的生命。

如果撒旦能引诱我们犯罪,牠就等于在我们的生命中占领了一个据点,从而发挥牠的影响力。我们经常会留意撒旦"戏剧性"的动向,但却未察觉其实主要的战场就在我们的心思里。牠常常藉着心思,诱使我们陷入不道德和分裂之中。我们如果不认识仇敌的真面貌,就会常常伤害到自己或互相攻击。

鬼魔和基督徒的关系

▶在此强调,我们并非说基督徒被鬼魔全然征服或被夺去。▶在你内心深处,你的灵已与神的灵相通了,撒旦无法将你夺走,你已被羔羊的血所买赎(彼前1:18-19)。换句话说,在基督徒身上,撒旦并没有主权或拥有权。

▶我们若落入撒旦的试探、控告和欺骗,牠或许就能在我们的心思中发挥某个程度的影响力(彼前5:8)。▶撒旦也想要我们走中庸之道,甚至使用我们来达到牠的目的(例,徒5:3)。

林后4:4告诉我们,撒旦"弄瞎了不信者的心眼",而这些被魔鬼占领的地盘似乎也在信徒心里发挥相同的影响力。它们使我们在某种程度上瞎了眼,使我们更难与真理"连结"。

但好消息是:这些地盘可以在基督里被赢回来。当我们有机会进行"在基督里得自由的步骤"时,我们可以在平和、有节制的情况下去作出处理。很多人发现在进行这"步骤"之后,他们竟能前所未有地掌握住真理!

魔鬼和基督徒的关系

我们属于耶稣,撒旦不能把我们夺走!

但我们可以容许牠影响我们的心思

牠要我们走中庸之道,甚至使用我们达到牠的目的

在英文翻译本的圣经里,daimonizomai这希腊词常被译为"被鬼魔附身(demon-possessed)"。possessed这英文字附加了原文并未阐述的含义,例如,它可以意表着鬼魔的拥有权。而这对于属于耶稣的基督徒来说是不可能的事,因为基督徒是被圣灵所拥有的。或许用"被辖制(demonized)"这直译字会比较合宜,也就是说,被一个或更多的鬼魔所影响。对于那些自愿听从欺哄邪灵(提前4:1),以及给恶者留地步或机会(弗4:26-27)的基督徒而言,他们有可能因此而被恶者影响或辖制。

静思二

目标：

向学员表明，纵然撒旦蒙蔽了非信徒的心，我们还是能用祷告来争战得胜。

▶ 问题：

读哥林多后书4：4。你认为撒旦如何在你非基督徒朋友的生活中工作呢？请举例。

你想你能够为此做些什么吗？

读歌罗西书4：2-3。你可以如何具体地为他们祷告？

我们如何防御

认识我们在基督里的地位

▶耶稣来是要除灭撒旦的作为（约一3：8），祂在十架上已经击败了撒旦（西2：15），耶稣被钉十架，祂的复活和升天，让我们确信天上地上所有（不只是一部分）的权柄都属于祂了。

▶耶稣现在的位置在哪里？弗1：19-22告诉我们，祂现在坐在神的右边，拥有至高无上的权柄，「远超过一切执政的、掌权的、有能的、主治的」，神使万物都服在祂的脚下，我们知道祂现在是"万有之首"。（粗体字乃我们的强调）

▶我们的位置呢？

我们如何防御

认识我们在基督里的地位

基督的地位

祂的能力是何等浩大，就是照祂在基督身上所运行的大能大力，使他从死里复活，叫他在天上坐在自己的右边，远超过一切执政的、掌权的、有能的、主治的和一切有名的。不但是今世的，连来世的也都超过了。
（弗1：19-21）

「祂又叫我们与基督耶稣一同复活，一同坐在天上。」（弗2：6）

我们与祂同坐，远超过（不只是超过一点点）撒旦和一切邪恶的权势。因为耶稣所成就的一切，教会被赋予了权柄和能力来完成祂的工作。▶耶稣差派门徒出去，使万民做主门徒（太28：18-19）。因着我们在基督里的地位，基督徒已有胜过黑暗国度的权柄。

我们的权柄是为了执行神的旨意，并无其他目的。只要我们被圣灵充满（或掌管），我们就能运用神的大能。保罗写道：「我还有末了的话，你们要靠着主，依靠祂的大能大力，作刚强的人」（弗6：10）。我们若依靠神的资源，并靠祂的能力行事，我们就能得胜；我们若靠自己的资源凭己力行，必定失败。

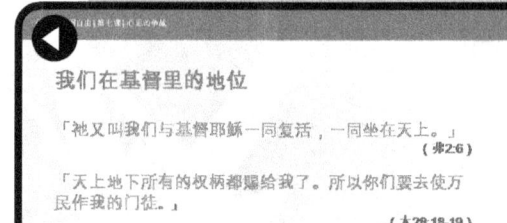

运用我们在基督里的资源

▶撒旦已被打败，但牠还是"到处寻找可吞吃的人"（彼前5：8）。至于我们，则已经拥有了资源足以对抗牠。▶保罗告诫我们，要穿戴神的全副军装，才能站立得稳。他运用军装的图像（弗6：11-20）来描述我们的保障，因为军装能抵抑侵袭。真理的束腰带能抵挡恶者的欺骗；公义的护心镜能抵挡撒旦的控告；拿起信心的藤牌，就能抵挡撒旦射入我们心思的火箭——心思是争战的首选之地，有了藤牌，我们就能灭尽恶者所有（不是一些）的火箭（弗6：16）。无论何时何地，我们都不能卸下神的全副军装，因为唯一的安身之处，就是我们在基督里的位置。

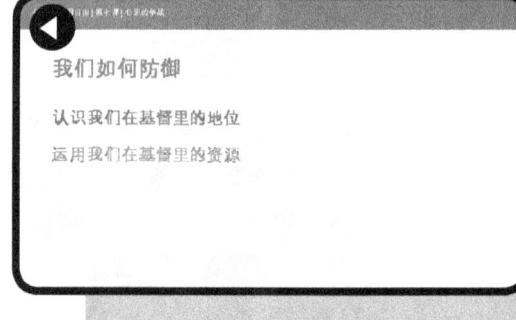

▶雅各书4：7说「你们要顺服神，务要抵挡魔鬼，魔鬼就必离开你们逃跑了。」只要你在抵挡魔鬼时顺服神，牠就毫无选择、必定逃跑，无论你觉得自己有多软弱，又或是你才刚信主。这个原则适用在每个基督徒的身上。在基督里，我们有同样的能力与权柄去胜过灵界。在基督里，我们已经回复了亚当夏娃在堕落前的地位。至于撒旦，牠只能匍匐在地如蛇一样。当始祖犯罪的时候，撒旦夺走了他们的权柄。但耶稣来，已经为凡信靠祂的人夺回了这权柄。

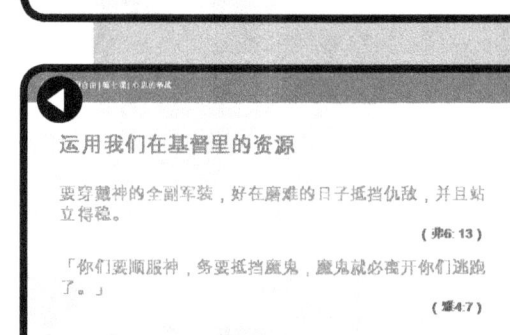

有了这个概念，就能帮助我们脱离"犯罪-认罪"的恶性循环。当我们犯错的时候，不仅要认罪，还要抵挡魔鬼，命令牠离开我们。为了持守我们灵里的自由，我们必须要认出自己误信了哪些谎言，才致使我们向罪迈开了第一步。如此，我们才能更新自己的心思去顺服神的话，而不致于重蹈覆彻。

除非我们无意之中给了撒旦这权力，否则，牠没有能力阻拦我们直跑奔向耶稣。

不要害怕

▶撒旦希望你怕牠，因为牠要凌驾神之上被人崇拜。其实，你完全没有怕撒旦或鬼魔的任何理由。

除了牠的大嘴巴，鬼魔没有什么地方足以让你退却的！牠们就像没有牙齿的恶犬。我们无须因夜里突然的惊吓而丧胆。事实正恰恰相反：鬼魔面对基督徒才真的胆战心惊，因为牠知道我们在基督里有能力和权柄。

灵界充满着鬼魔，但又如何？你根本不必害怕。这儿还有很多你看不见，但却极可能危害你的东西呢！就是细菌啊！医生若没发觉到细菌、器具没消毒、没把手刷干净，结果病人就会受感染而死。基督徒若不认识属灵争战，就不会觉得有必要穿上神所赐的全副军装，也不会将"所有心意夺回，使他顺服基督"（林后10：5）。

要对付充斥四周的细菌，最佳的方法是什么？▶最佳的应对并不是到处去找细菌在哪里！如此你将会变得疑神疑鬼。最好的方法是过一个平衡的生活，有充足的运动、休息、均衡的饮食，让你的自体免疫力来保护你。同理，我们也不需要到处查看鬼魔的踪迹。我们只需单单注视耶稣，靠圣灵的能力凭信心过正直的生活。那唯一真正的安身之处，就是我们"在基督里"的位置。

约翰一书5：18是一处当记存于心的经节：「从神生的必保守自己，那恶者也就无法害他。」

既然撒旦毫无能力胜过我们，牠又如何诱使我们顺从牠呢？让我打个比方：我们家有两只乖巧友善的小狗。我女儿的朋友很怕狗，所以她一来，我们就要把狗关在另一个房间里。但搞笑的是，常常有人会把那门打开，小狗就跑出来了。她看到牠们，会怎样？她怕得跳到身旁的家具上面。其实她个子很大，而我们的狗很小只。这小狗有什么能耐使她跳到餐桌上面呢？是她给牠们的。她怎么跳上去的呢？小狗利用了她的思想、情感、意志和肌肉。不过，如果她就站在原地不动，又会如何呢？小狗可能只会舔舔她的脚，然后自觉没趣地走开。同样，鬼魔对基督徒完全无能为力，除非我们容许了牠。

我们如何防御

认识我们在基督里的地位

运用我们在基督里的资源

不要害怕

在基督里得自由　155

还有，你的权柄不会因你声量提高而增加，你无须对着恶者大吼。如果你大喊大叫，你非但没有运用到你的权柄，反而还低估了这权柄。恶者的目的，无非是要你恐惧惊慌。若是这样，你就是在血气中运作，结果必定会失败。

保守我们的心

▶「要约束你们的心。（准备好你们的心去行动—译者注）」（彼前1：13）

许多东方较偏激的观念已经伸出其触角，开始影响一些商业训练、学校，甚至教会。从属灵角度来说，这是很危险的。这儿有封信可以说明其危险性：

> 谢谢你，因我在基督里得了自由。虽然我信主多年，但是因成长在一个受虐待的环境，儿时的痛苦经验仍不时缠绕着我。几年前，我参加了教会举办的内在医治课程，希望能从中得到帮助。因为渴望得着神完全的医治，我全程参与他们所带领的想像治疗。带领者要我们全组人闭上眼睛，随着音乐让自己的心思安静下来，想像自己坐在魔毯上，飞到一片美丽的草原，旁边有小湖，接着还带我们进入一些其他的想像。现在回想起来，真叫我毛骨悚然。如今，我知道那是出于那敌对者。

> 由于生活动荡不休，我极其需要帮助，就飞去见我姐姐。她的牧师和师母带我进行"在基督里得自由的步骤"，使我能前所未有地经历与慈爱的天父相交，真的很棒。开始的时候，藉着牧师满有爱心及温柔的帮助，主也向我显明。在前次内在医治的想象领域里，不料有个灵趁机进到我里面，自此我开始寻求一个紫色的光来引导我的祷告生活，带我走过不少的境遇。我曾经跟我的牧师分享，但他也没察觉那是邪灵，还以为是来自主呢！原来，我们都被欺骗了。

> 在这邪灵的诱导下，我的婚姻完蛋了，儿子离开了我，我也离开了教会。但如今，我认识了真理之后，我在基督里获得了自由。

当这样的操练进入教会的时候，还真是叫人困惑。所以最好能邀请神来「鉴察我，知道我的心思，试炼我，知道我的意念。看在我里面有什么恶行没有」（诗139：23-24）。神从未告诉我们，要被动地让我们的思想被牵引

> 有位基督徒在一个偏远的月台等车，三个恶棍当时上前来勒索。他说："当时，仿佛我可以看透他们那般，我盯着他们说：'我是神的儿女，恶者无法害我。'结果恶棍只回应：'哦！'然后就走开了。"

我们如何防御

认识我们在基督里的地位

运用我们在基督里的资源

不要害怕

保守我们的心

或引导，反而神要我们主动地带出我们的想法。即使在圣经里，有关说方言和预言的章节（林前14），保罗说：你用灵祷告，也要用悟性祷告。神从来没有越过、不理会我们的悟性工作，祂向来都在我们的心思悟性里工作：「要心意更新而变化」（罗12：2）。

如果我们的心思保持中立（即没有立场），我们就等于向灵界开放自己，使自己被骗。这就是其他宗教的做法，举例说，印度教的马哈石(Maharishi Yogi)说："心思就像一条蛇，你必须要把牠赶出，你才能直接吸取真道。"

我们并不否认神在我们生命中可以有超然的作为，但是祂不会不管我们的理性，祂乃是在我们的理性中动工。基督教绝对不是不理智的。

开灯

其实，撒旦在我们身上毫无能力，除非牠欺骗我们，使我们以为牠有这能力。当我们不信真理的时候，我们就真的给了牠这份能力。

实情究竟是怎样的呢？▶把撒旦的谎言曝露在神的真理当中，牠的力量就被瓦解了。牠的谎言无法抵挡真理，就像黑暗无法抵御日出的阳光一样。这是真理的交手，不是能力的交战。

听听圣经的逻辑：「你们必晓得真理，真理必叫你们得以自由」（约8：32）。「耶稣说，我就是道路、真理、生命」（约14：6）。在约翰17：15-17，耶稣如此祷告：「我不求你叫他们离开世界，只求你保守他们脱离那恶者。」怎么脱离呢？「用真理使他们成圣。你的道就是真理」。当你穿戴神所赐那全副军装的时候，首先要穿戴的，就是真理的腰带（弗6：14）。

那是否表示，我们每五分钟要检查一次我们的思想，斥责仇敌，看看撒旦是否有将一些想法放在我们的思想里呢？不必！因为问题不在于那些想法来自哪里，而在于它们是否合乎真理。神教导我们要"将所有的心意夺回"（林后10：5），所以我无须在乎这念头是来自我的记忆、电视机、收音机，还是来自欺骗的灵；只要它不合乎真理，我就不去信它。我们只需选择真理，并持续地选择真理，谎言渐渐就会消失。

还有，尝试不去想负面的事并没有果效。如果你要在一个暗房里看东西，你会怎么做？尝试把黑暗赶走？不，开灯就好了！

▶作为基督徒，我们并非受命要把黑暗赶走，我们乃是受指示要把灯点燃。

▶你可知道银行出纳员是如何分辨伪钞？是因为仔细研究过各种假钞吗？不！是重复地研究真钞！他们熟悉真钞长什么样子，以致假钞一旦出现时，就能立即分辨出来。同样，我们是藉着熟悉真理，来抵御欺骗。

我们可别任由自己的思想被恶者占据，否则到时就不得不由牠来为你定规了。▶正确的方法应该是选择真理，让我们的心思充满美好的事，正如保罗说的：

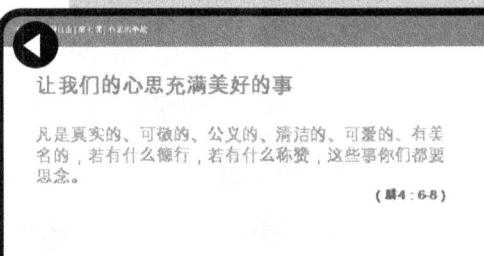

让我们的心思充满美好的事

凡是真实的、可敬的、公义的、清洁的、可爱的、有美名的，若有什么德行，若有什么称赞，这些事你们都要思念。

（腓4：6-8）

> 应当一无挂虑，只要凡事藉着祷告、祈求和感谢，将你们所要的告诉神，神所赐出人意外的平安，必在基督耶稣里保守你们的心怀意念。弟兄们，我还有未尽的话：凡是真实的、可敬的、公义的、清洁的、可爱的、有美名的，若有什么德行，若有什么称赞，这些事你们都要思念。（腓4：6-8）

静思三

目标：

帮助学员看见穿戴神全副军装的重要性，以致他们能抵挡恶者的计谋。同时，给他们一些实际的劝告，该如何去抵御恶者。

▶ 问题：

你认为，穿戴神所赐全副军装的实质意义是什么？

假设你在夜里醒来，感觉有个可怕的邪灵出现在你的房间，根据雅各书4：7以及在本课所学习的功课，你认为怎么做才是一个好的行动对策？

 见证

你认为，撒旦如何在你非基督徒朋友的生活中做工呢？你能够做些什么来帮助他们吗？

 来临的一周

默想经文：太28：18；弗1：3-14；弗2：6-10；西2：13-15。

第三章

断开往日的纠缠

神并不改变我们的过去,但靠着祂的恩典,祂使我们能脱离过去。
本章可以让我们看见如何靠着基督做到这点。
本章也涵盖了"在基督里得自由的步骤"。

第八课

妥善管理情绪

第八课：妥善管理情绪

焦点经文：
彼得前书5：7-8「你们要将一切的忧虑卸给神，因为祂顾念你们。务要谨守、警醒，因为你们的仇敌魔鬼，如同吼叫的狮子，遍地游行，寻找可吞吃的人。」

本课目标：
认识情绪的本质，以及情绪与我们的信念有何关联。

焦点真理：
情绪是我们思想的结果，也是我们属灵健康的测量器。

教员须知

课程至今，我们挑战了学员们，无论他们感觉如何，都要信神的话为真。不过，那并不表示，我们应该否认自己的感觉。神造我们有感觉与情绪，这也是我们人性的主要部分。这一课，我们将探讨情绪如何与我们剩余的人生有关，并让学员们预备迎接"在基督里得自由的步骤"中能带来的情绪上的医治。

若想更多了解如何解决情绪上的困扰，请阅读以下书籍：

愤怒：

《控制怒气(Getting Anger Under Control)》，尼尔安德森和米勒合著，2002年由Harvest House所出版。

焦虑症（即惧怕、焦虑、和恐慌突袭）：

《从惧怕中得释放(Freedom From Fear)》，尼尔安德森和米勒合著，1999年由Monarch所出版。

忧郁症：

《胜过忧郁(Overcoming Depression)》，尼尔安德森和祖恩合著，2004年由Regal所出版。

小组时间流程：

欢迎	5 分钟	0:05
敬拜	8 分钟	0:13
话语一	26 分钟	0:39
静思一	30 分钟	1:09
话语二	13 分钟	1:22
静思二	30 分钟	1:52
话语三	8 分钟	2:00

 # 欢迎

你会用"感性"来形容自己吗?请跟小组分享曾经让你感到痛苦或喜乐的一件事。

 # 敬拜

建议主题:祂把我们造得多么好,祂多么了解我们!

一起大声读出诗篇第139篇,安静并反思片刻,然后邀请学员开声赞美神。

 # 话语

《在基督里得自由》门徒训练系列的第三本书《得自由、真自由(Break Free, Stay Free)》,相对应于此课程的第三章。请阅读其书第12至55页,以获取相关本课的一些主要原则和辅助性资料。

简介

本课我们要谈的是我们的感觉和情绪的本质。我们曾经鼓励你们,无论你感觉如何,都要相信神所说的都是真理。不过,那并不意味着,我们应当否认自己的感觉。

我们的情绪是神所造的。它就像个气压计,显示我们个性的深度和思想的品质。

不理会自己的情绪会导致我们灵里挫败。

这里有一些孩童从生活中学到的伟大道理:

1. 千万别让猫咪看到你在用手提式(鼠状)吸尘器。

2. 你不可能将一瓣椰花菜藏在一杯牛奶里。

3. 一旦你妈妈生爸爸的气,千万别让她帮你梳头发。

我们不能直接控制自己的感觉

连接里面的人与外面的人

我们里面的人（我们的灵／魂）如何与我们外面的人（体）联系？

我们的灵／魂和我们的身体是相连的，它们彼此互相呼应。最明显的两两相连实例，就是我们的脑和我们的心思。

▶这关连仿若一部电脑的操作。头脑的功能就像是硬体，当我们肉身死的时候，身体就回归尘土，我们的灵会与神同在，不过我们并不会失去思想。硬体本身不能做多大的事，它需要软体才能发挥功能。

▶用电脑术语来说，心思——即我们灵／魂的部分，就好比是软体。当人的头脑或情感出了问题，西方的世俗观点可能会说"他们的硬体出了问题"，这可能吗？当然。唐氏症、爱滋海默症（俗称脑退化症）、脑血管堵塞等等都是硬体方面的功能问题，即使是最好的软体也无法在失去功能的电脑硬体中运作。

圣经所着重的不是硬体，而是软体。圣经着重我们的心思，所以常常提醒我们要选择真理，相信真理，将所有心意夺回等等。就像是电脑，硬体必须依照它被设计的软体程式，才能执行它的功能。

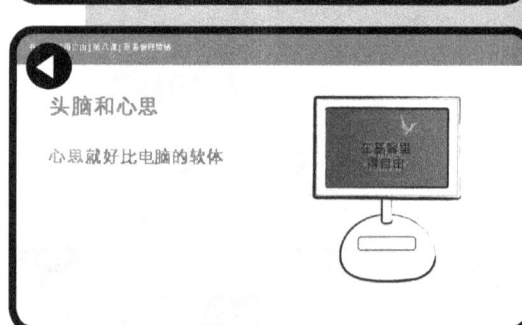

哪些是我们能控制的？哪些是我们不能控制的？

▶我们里面和外面的人彼此呼应，有些事由他们直接控制，有些事却由不得他们控制。你的脑中枢控制你全部的神经系统。其中，自主神经系统与你的意志互相牵连，直接由你控制。例如，你可以选择说不说话、决定如何动你的身体等等。此外，另有一组非自主神经系统，它维系着你所有的腺体以及你的心跳。你无须去想要怎么做，非自主系统就已经自动地在你身上运作。事实上，你根本不能直接去控制它。

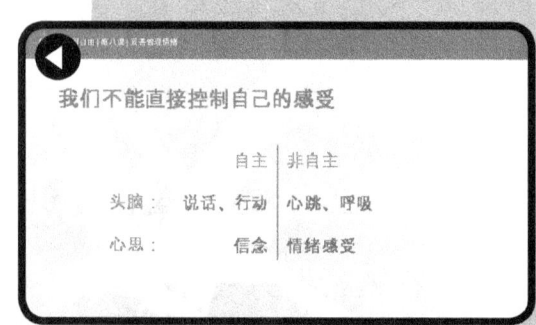

非自主神经系统牵连着你的情绪。我们不能直接控制自己的腺体，因此也不能直接控制我们的情绪感受。

举例来说，试想想一个你不喜欢的人，然后告诉自己要去喜欢他。你会发现自己根本办不到！好消息是，神并不期望我们这样来改变我们的感觉。祂也没要求我们去喜欢人，祂乃是命令我们去爱人，这是两码子事。无论我们对那人的感觉如何，我们仍可以选择对他做正确的事。如果我们愿意努力去爱那些不可爱的人，你将会惊讶地发现，我们的情绪也会渐渐跟上，变得喜欢他们。

虽然你不能马上依从己意就改变自己的感觉，但随着时间过去，你的情绪其实会逐渐改变。如何办得到呢？只要选择改变你的信念以及你的行为——即你可以控制的范围，就可以办到了。

感觉显示真正的信念

什么是我的情绪？

▶情绪是魂的感受能力，就像是身体感受到痛的能力一般。

假设某人有能力移除痛的感觉，并把它当礼物送给你，你会接受吗？

特别是对身体长期患病痛的人来说，这礼物非常吸引人吧？！但其实这相当危险。

在巴基斯坦有个从事街头表演的小孩，他能用刀刺透自己手臂，以及走在炭火上而丝毫不感觉任何痛楚。他和家人得了一种基因毛病，使他们无法感觉疼痛。失去痛觉对这年少的表演者和其家人来说，其实不是祝福，而是咒诅。研究这病的其中一位科学家这么说："他们走路很不灵活，经常撞上东西，似乎不会受伤似的，但他们身体却遍布瘀伤。无痛的人生听起来像是一个祝福，但其实却不是。后来，少年表演者在他14岁生日那天，从屋顶跳下来后就死了，可能是因为他知道自己不会痛，但为了达到更勇敢的表现而失足坠落。

海豚和我们不太一样，牠们的心跳虽是自动的，但牠们需要清醒地控制牠们的呼吸。这确实合乎逻辑，因为海豚绝大半时间在海里生活，牠们可以决定有氧气的时候才呼吸。然而那也意味着，牠们不能睡觉，否则就会忘了呼吸，窒息而死。牠们有个聪明的解决办法——牠们睡觉时，只有半边脑在睡，另半边的脑就管理呼吸和其他功能，如注意危险、继续前进等。所以你可能会看到单眼开着的海豚，牠其实并非在和你挤眉弄眼，而是因为牠那管另一只眼的半边脑正在睡觉！

情绪是魂的感受能力，就像是身体感受到痛的能力一般。

失去痛觉不出几个礼拜，你的身上就会伤痕累累。神给了我们痛觉，是为了要保护我们，这是一份礼物。

你的情绪也是如此。可能你会说，如果我从不会感到沮丧、焦虑或愤怒，这样岂不是很好吗？不！这些情绪正给予我们重要的讯号，让我们能作出调整。正如痛觉为身体提供信号，让你能有躲避的反应。同样，情绪也为你的魂提供信息，让你能作出适当的回应。

> 这故事报道摘自2006年12月14日的时报新闻(The Times)。

选择什么信念，就带出什么感觉

虽然我们无法直接控制情绪，但我们相信些什么，或我们选择了怎么想，一般上就会带出相对应的感觉。

▶ 问题的关键是，你所相信的若不合乎真相，那么你的**感觉**也就不反映出实情。

假设你的公司正收窄营运，很多人员被裁掉。星期一早上，你收到老板的电邮，他要你星期五早上十点半见他。你若以为自己必定会被裁员，你可能就会生气；你若心里不确定自己是否会被裁员，可能又会感到焦虑。到了星期四，你已经沮丧透顶了，因为你猜想自己必定会就此失业了。星期五早上终于来临，由于自己诸多的想法和臆测（都不是根据事实），你的情绪已经非常复杂了。结果，跟你老板开会的时候，你很讶异老板竟然调高你的薪资。现在，你感觉如何？由于你不知道真相，你花了整个星期让自己感觉一团糟。而且重点是，你的所有感受都不是根据事实而有的。

圣经耶利米哀歌第三章描述信念和情绪之间的关联。耶利米那天心情很糟糕，他很泄气，因为他认为是神使他身体受苦，但他却大错特错了。

你所相信的若不合乎真相，那么你的感觉也就不反映出实情。

[读耶利米哀歌3：1-11]

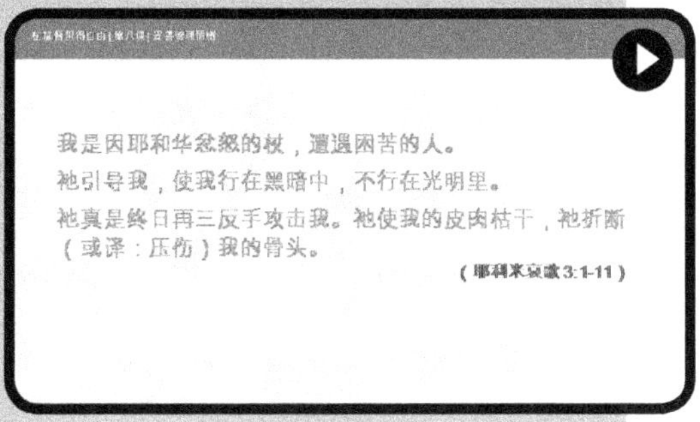

▶我是因耶和华忿怒的杖，遭遇困苦的人。

祂引导我，使我行在黑暗中，不行在光明里。

祂真是终日再三反手攻击我。

祂使我的皮肉枯干，

祂折断（或译：压伤）我的骨头。

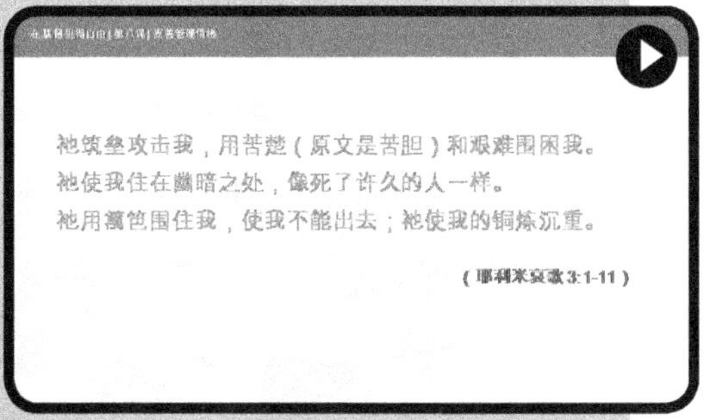

▶祂筑垒攻击我，

用苦楚（原文是苦胆）和艰难围困我。

祂使我住在幽暗之处，像死了许久的人一样。

祂用篱笆围住我，使我不能出去；

祂使我的铜炼沉重。

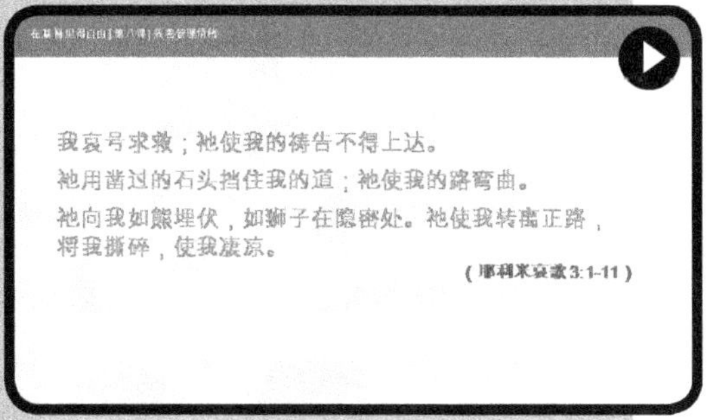

▶我哀号求救；祂使我的祷告不得上达。

祂用凿过的石头挡住我的道；

祂使我的路弯曲。

祂向我如熊埋伏，如狮子在隐密处。

祂使我转离正路，将我撕碎，使我凄凉。

我就说：我的力量衰败；

我在耶和华那里毫无指望！

耶利米的结论是如此绝望："我的力量衰败；我在耶和华那里毫无指望！"

新的信息版圣经(The Message version)把它译为：

> 我放弃生命吧。我已经忘记好日子的样貌，

> 我对自己说："就这样，我的一生结束了，神也救不了我。"

神真是这样吗？祂真的会再三地攻击祂的仆人吗？祂会用诸多的痛苦和灾难缠绕祂的百姓吗？祂不听祷告吗？当然不是！

那么问题出在哪里？耶利米所认为的神，事实并非那样。神并没有把他囚禁。神并不会像野兽般将他"撕裂"。如果你的指望在神身上，而你却以为祂会那样恶待你，你肯定也会如此沮丧！

感谢主，耶利米并没有停在那儿。他更深地思想，然后他的看法改变了，经文如此继续说：

[读耶利米哀歌3：19-24]

> ▶耶和华啊，
>
> 求你记念我如茵蔯和苦胆的困苦窘迫。
>
> 我心想念这些，就在里面忧闷。
>
> 我想起这事，心里就有指望。

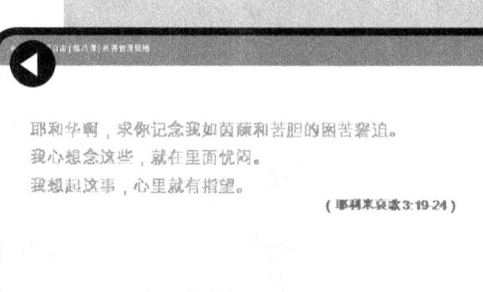

> ▶我们不致消灭，
>
> 是出于耶和华诸般的慈爱，
>
> 是因祂的怜悯不致断绝。
>
> 每早晨，这都是新的，你的诚实极其广大！
>
> 我心里说：耶和华是我的分，
>
> 因此，我要仰望祂。

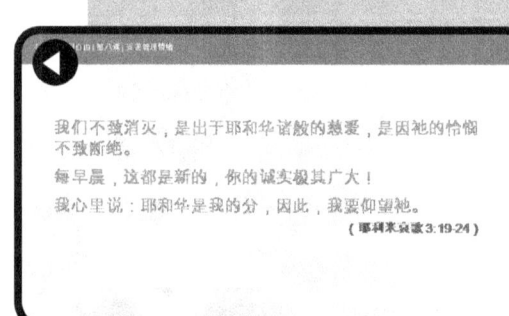

当他省思"嘿，耶利米，清醒点！"顿时，他内心就醒悟过来。于是他接着写道："我想起这事，心里就有指望。你的信实极其广大。"莫非他的环境改变了吗？肯定没有。难道神改变了吗？没有！唯一改变的是他的想法，他看自己环境的眼光改变了。

▶生活事件不至于能决定你是谁或你的感觉如何，而是你对这些事件的**看法**决定了一切。

▶如果你所相信的不是真相，那么你的**感觉**也就不反映实情。

我们若更相信真理，并选择信神的话为真，我们就越能从神的观点来看待自己的环境，也就越少会让感觉牵着自己走。

改变我们的感受

▶问题来了：如果我们因无法承受过去或目前的困境，而深受负面情绪的困扰，那我们该怎么办？

让我们来看圣经一处案例，当时的局势看起来似乎也一面倒：以色列军队对决非利士强大的军队（撒上第17章）。非利士人说："我们不要血洗对方，我们何不来单挑，谁赢了，就占据敌军的一切？"他们可以这么说，因为他们有巨人歌利亚。以色列军则全然无辙，极其害怕。

但随后，大卫拿着他的弹弓站出来说："你竟敢向永生神的军队挑战？"，并把歌利亚杀了。

大卫和以色列军队面临同样的局势，但两者的属灵视野却不同。以色列军队拿自己与巨人相比，用自己的眼光看巨人，但大卫却用神的眼光去看巨人。究竟谁的眼光才合乎事实？

你对环境和情境的**看法**，其实比这环境和情境本身能对你产生的影响更大。

信靠神真的能使我们的生活如此不一样吗？绝对能！而且，这不是"盲目的信"，而是确实认清真相所产生的信。

当你面对充满挑战的情境而感到承受不了的时候，这些压力究竟从何而来？是从充满压力的情境吗？不！不是直接来自情境。当你的五种感官收集了周遭所发生的一切，把它们传达到你的大脑之后，你的心开始解读这些资讯，就产生了感受。虽然同样的资讯被传递，但你的心若"被训练"得与其他人不同，就会有不同的解读和感受。

▶导致压力的其中一个主要来源，是因为我们从过去的经历或挫败中，选择了相信自己是完全无能为力的，所以我们从经验学到了无助和无望。但这想法是真相吗？不！作为基督徒，你不是无助或无望的。你真的不是！

▶改变无助无望的感受（即改变软体），就能带来医治。这就是圣经所说的"更新你的心意"。要明白神说过的真相是什么，而不是让你的经验塑造你的信念。即使你觉得那不像是真的，你仍要继续相信神所说的话。

通常不是事件本身决定了你的感觉，而是你如何看待这些事件。你若想要成为一个平衡的、整全的人，就必须确保自己是从反映实情的健康角度去看待事情。

当你发现自己处于情绪困扰的时候，一个能提醒你何谓真相的实际方法，是预备一个"属灵急救箱"。这急救箱里面有一些随手可得的资料，能帮助你认出何谓真相。它包括了一节重要的经文、你可以打电话求救的人、一篇祷告文、某书上的文章或你喜爱的赞美诗等。在你的学员手册上，还有一些空间，你可以把这些急救工具一一写下。

如果我们所相信的不是真相，那么我们的**感觉**也就不反映出实情。

静思一

目标：

帮助学员明白我们的感受反映了我们对自己、对神、及对环境的信念。不过，我们可以透过选择信神话语中的真理，而逐渐改变我们的感受。

问题：

你怎么看"并不是情境本身，而是你对那情境的看法，决定了你的感觉"这一句话？

如果你经常容易被负面情绪所困，你可以如何开始用较健康的角度看待事情，让自己的想法能对准神话语中的真理？

如果你正面对情绪的困扰，何不打造一个"属灵急救箱"来自救？你可以收集各样有用的工具，让你在危急之际可随手用来为自己找出路。这些工具将会指引你走向真理之路，比如说一节重要的经文、你可以打电话求救的人、一篇祷告文、你喜爱的一本书或是取自书上的文章，或你喜爱的赞美诗。请在以下的空间写下这些急救工具。

我的属灵急救箱

跟着感觉走会使我们轻易被击垮

▶圣经的原则是"相信真理,并凭信心活出真理"。你的感觉会跟着你的信念作出回应。耶稣说:"你们既知道这事,若是去行就有福了"(约13:17)。你不是让**感觉**牵引你作出好行为,而是用行动带出好的感觉。

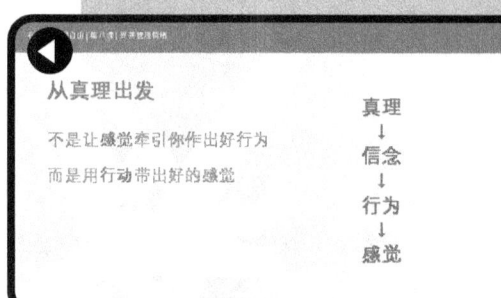

▶让我们从选择相信真理开始做起,这信念随即将带出合乎真理的行为。经过一段时间之后,我们的感觉也自然就会改变。

不成熟的基督徒凭感觉行事,而不是靠神的真理行事。你若是处于这样的情况,仇敌就逮着机会来定你的罪。当牠说你是"不好的,可怜的,你一再亏欠神,不配作基督徒"时,你会顺着感觉而附从牠。但真相却是,你已被赦免了,神不再定你的罪(罗8:1)。事实上,神欢迎你进入祂的同在,祂已接纳你作祂的儿女。

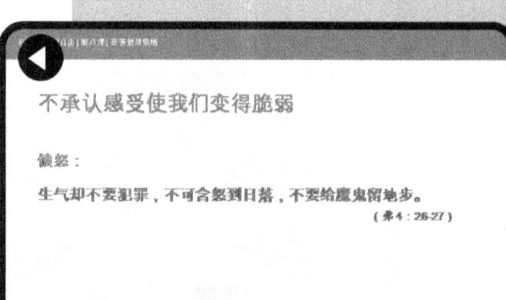

▶我们若不认清自己的情绪并适当地回应,就会让仇敌在我们的生命中有立足之地。上一堂课,我们已看见愤怒如何开启了一扇门,以致仇敌能影响我们的生活。

弗4:26-27说「生气却不要犯罪,不可含怒到日落,不要给魔鬼留地步」。

生气是一种无法直接控制的情绪,所以圣经明说,情绪本身不是罪(生气却不要犯罪)。但是,如果你继续生气,容让它转为苦毒和不饶恕,你就给恶者留了地步。

▶彼得前书5:7-8提到,如果我们没有好好处理焦虑,它也会演变成问题。这节经文众所皆知,你可能也有这节圣经的书签夹在圣经里或是贴挂在墙壁上:「你们要将一切忧虑卸给神,因为祂顾念你们。」

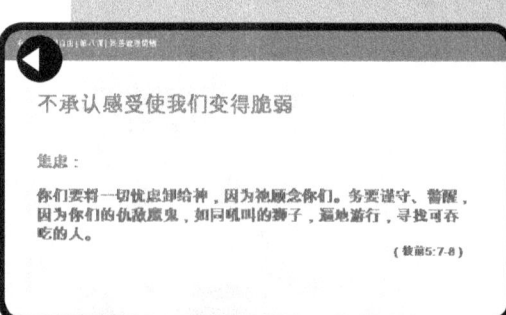

接下来的几节经文,也是为人知晓的:「务要谨守、警醒,因为你们的仇敌魔鬼,如同吼叫的狮子,遍地游行,寻找可吞吃的人。」

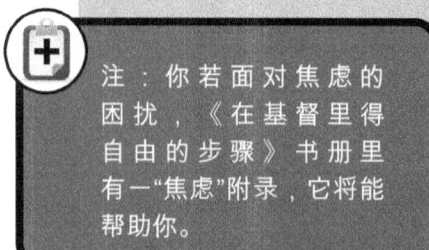

注:你若面对焦虑的困扰,《在基督里得自由的步骤》书册里有一"焦虑"附录,它将能帮助你。

虽然你可能熟读这两处经文,但你可能并未察觉它们是直接相关的。它们是一体两面的。彼得告诫我们,如果我们容让忧虑抓住我们,恶者的诡计就得逞,我们就更容易被牠击垮。

如果我们不管理好自己的情绪,如生气或焦虑,我们就等于自找麻烦。撒旦正到处吼叫,寻找我们情绪的缺口,趁机要在我们的生命里立足呢!

学习管理好情绪

▶你的情绪就像你车电板上的警讯红灯,它正提醒你引擎潜伏着严重的问题。或许你还可以继续开动车子一会儿,但你若不理它,问题就大了。

当警讯灯亮的时候,你可以有三种反应:▶你可以找一卷胶贴,把警讯灯盖起来,说"没问题,灯坏了"。这叫做压抑。▶或者你可以发飚,拿起槌子把警讯灯给砸了,至少暂时解决了问题!那是不明究底的冲动反应。▶又或者你会打开车盖看看是怎么一回事,这叫认清事实。

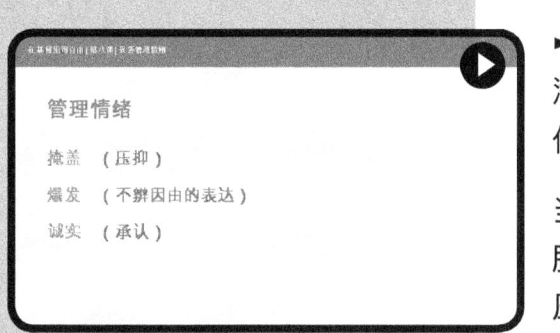

掩盖它(压抑)

▶压抑是有意识地忽略自己的感觉,或选择不去处理它。▶但这样做带来两个问题:不健康,也不诚实。

试想想大卫王否认事实之后的感觉:「我闭口不认罪的时候,因终日唉哼而骨头枯干,⋯为此,凡虔诚人都趁你可寻找的时候祷告你,大水泛溢的时候,必不能到他那里」(诗32:3,6)。大卫并不是说神遥不可及,而是我们容让情境膨胀得比神还要大,结果我们被情绪控制。当情绪在我们里面如同"大水泛滥"的时候,我们很少会转向神,结果就会被情绪牵着鼻子走。我们必须要对神坦诚,否则我们若把感觉束缚得过久,它们就会转过来宰制我们的生命。

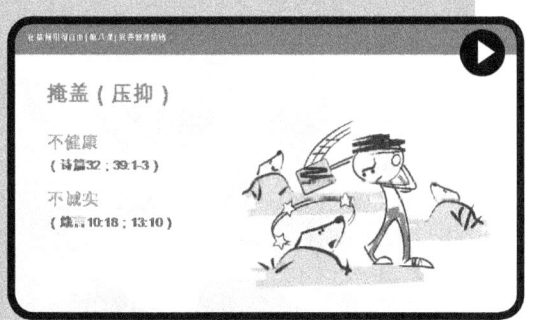

大卫也曾描述与人相处之间因压抑所带来的影响:「我曾说:"我要谨慎我的言行,免得我舌头犯罪。恶人在我面前的时候,我要用嚼环勒住我的口。我默然无声,连好话也不出口,我的愁苦就发动了"」(诗39:1-2)。所以,否认并不能帮助我们!

这么多人承受精神官能症之苦，压抑情绪或许就是其中一个要因。大卫说，当他隐藏罪恶的时候，他的"精液耗尽，如同夏天的干旱"（诗32：4）。感觉并不会因我们把它埋藏而消逝，它们只是被活埋而已，并且会透过不健康的方式浮现出来。所以，压抑情绪会导致彼此的相处不诚实，也会影响身体的健康。

爆发（不明究底的表达）

▶另一个不健康地回应情绪的方式，是不经思考地表达你感受到的一切。不明究底地表达情绪，就像是拿起槌子敲打亮起的警讯红灯。

▶不明究底地表达自己的情绪，会影响周遭人们的身心健康。或许暂时而言，这样做能带给自己不错的感觉："嗯，这样比较好，我只是必须一吐为快"。但是，对你身边的伴侣、孩子或朋友而言，那可能是情绪上的虐待。

「但你们各人要快快的听，慢慢的说，慢慢的动怒。因为人的怒气并不成就神的义。」（雅1：19-20）

我们既然知道"生气却不要犯罪"（弗4：26），那我们该怎么做呢？当学像耶稣，对罪生气，而非对罪人生气。耶稣掀翻桌子，而非推倒换钱的人。

要诚实（承认）

所以，当警讯红灯亮起，当我们觉得生气、焦虑或沮丧的时候，该怎么做呢？▶健康的回应是，诚实承认我们的感觉。

首先，我们要向神坦诚。且听听大卫为别人的"祷告"（读诗篇109：6-15）：

> ▶愿你派一个恶人辖制他，派一个对头站在他右边！他受审判的时候，愿他出来担当罪名！愿他的祈祷反成为罪！愿他的年日短少！愿别人得他的职分！愿他的儿女为孤儿，他的妻子为寡妇！愿他的儿女漂流讨饭，从他们荒凉之处出来求食！
> ▶愿强暴的债主牢笼他一切所有的！愿外人抢他劳碌得来的！愿无人向他延绵施恩！愿无人可怜他的孤儿！愿他的后人断绝，名字被涂抹，不传于下代！▶愿他祖宗的罪孽被耶和华

记念！愿他母亲的罪过不被涂抹！愿这些罪常在耶和华面前，使他的名号断绝于世！

▶记载于圣经的这些"祷告"是否叫你惊讶？▶这是神圣洁、激励人心、完美的话吗？

▶你可曾有过像大卫那样的感觉吗？▶你是否曾经如此祷告？▶如此祷告是否正确？

大卫如此祷告了，而且神还感动他写下来。▶这里有个大问号：神是否早就知道你的感受？祂当然知道。祂知道我们的想法和内心的筹算，所有的事情在祂面前都是赤露敞开的。▶所以，既然神早已知道，我们何不对祂坦诚呢？

这些都和我们对神的认识有关。神是否够宽宏大量，以致能容忍我们向祂闹情绪、发脾气？若是如此，祂还是神吗？祂还爱你吗？你还是祂的孩子吗？当然是！

理解这篇诗的困难在于，它似乎鼓励我们去求神击打某人！且慢，让我们把整篇诗歌读完。大卫一旦向神宣泄了自己的情绪，把自己的感受坦诚以告，向神倾诉了自己的痛苦过后，他完全改变了，甚至他还回转称颂神呢！

耶稣能诚实面对自己的情绪。祂为耶路撒冷哭泣，在拉撒路的墓旁哭泣。祂在客西马尼园祷告说："我心里甚是忧伤，几乎要死"（可14：34）。如果宇宙的主都需要表达情绪，都能如此坦诚，更何况是你我呢？！

如果你不真诚，你和神的关系就不会真实。倘若有必要，神可能会逼你真诚，这样，你和祂的关系才会真实。

对神坦诚吧！祂是你最亲密的朋友。

为何圣经如此记述？
这是神圣洁、激励人心、完美的话吗？
你可曾有过像大卫那样的感受吗？
你是否曾经如此祷告？
如此祷告是否正确？
神是否知道你如斯感受？
既然如此，我们为何不能对神坦诚？

人们难以接受这个理念，大卫竟求神伤害其他人。有些人则指出，此诗篇应当有另一个较为合理的翻译。

不过，圣经里提及作者求神伤害敌人的祷告和心愿（咒骂的诗歌），这并非唯一的一篇诗歌。请看诗篇第7、35、55、58、59、69、79，137及139篇，例句有如「愿死亡忽然临到他们」（诗55：15），「那报复你，像你待我们的，那拿你的婴孩摔在磐石上的，那人便为有福。」（诗137：8-9）。

纵然那叫人大表惊讶，但诗篇里求神伤害人的内文确实存在，这并非翻译上的问题。诗篇的作者乃是向神坦诚地表达了情绪，向神诉说自己真正的感受。

在基督里得自由　177

在基督里得自由 | 第八课 | 妥善管理情绪

静思二

目标：

加强学员认识"真理 → 信念 → 行为 → 感觉"的模式，帮助他们认出自己自觉不能的看法，同时看清楚自己又如何回应着这些信念。

问题：

当一些事引发你里面强烈情绪的时候，你通常会如何处理？

读诗篇109：6-15。记载于圣经的这些祷文是否叫你惊讶？记住，这是神圣洁、激励人心、完美的话！你是否曾经对某人有如此强烈的感受？当时你如何回应呢？为何坦诚地把自己对情境的感受告诉神是如此重要呢？

你能否告诉神任何一件事，是祂不曾知道的呢？

以我们生命中所面对的课题为例，我们可以来探讨看它们究竟是从真理出发，抑或从感觉出发。如果我们以神话语的真理作为出发点，并选择相信真理，这将会彰显在我们的行动中，结果我们的感受也会合乎实情。但是，如果我们以自己的感觉作出发，将会带来截然不同的一个结果。以下列出三种我们可能会面对的情境实例，以及一个图表。其一图表显示以真理作为出发点的可能后果，另一图表则显示以感觉作为出发点后可能会发生的情况。你认为它们是否合乎事实？

A. 当我面对挑战的时候，我把它看成是信靠神的机会并因此成长；抑或我把它看成是一个麻烦。

B. 当人们似乎对待我冷漠的时候，我可以信靠神，向祂求恩惠；或是感到不安，不知该如何与他们相处。

C. 当我面对经济压力的时候，我可以把它视为信心成长的机会，并证实神的信实；还是把它视为会使自己焦虑的一个处境。

真理导向
（从上到下）
的方案：

	真理	信念	行为	感受
A	神永不会弃我于不顾（赛43：2,3）	神量给我的，不会超过我能承受的；而且我可以相信祂会帮助我。	积极面对挑战	对神的帮助有信心
B	神若帮助我，谁能敌挡我（罗8：31）	在人与人的关系上，我要信靠神	我不会理会这些琐碎事，并在其他方面肯定自己	我有信心，当我需别人帮助我的时候，神会给我这恩惠。
C	在我的用度上，神信实地待我，并且祂应许要满足我所需（腓4：19）	期待神如此做	期待神的作为，并尽己所能，增加收入及减少支出	内心平安和稳妥

感觉导向
（从下到上）
的方案：

要求让我吃不消，精尽，我解决不来；沮...	抽身，逃离	我是无助的	我一直都是失败者
...到被遗弃、被拒	对别人些微的冒犯（不管出于真实或想象）而反弹，或是从人群中退缩	我是不被爱的，人们恨恶我	因为人们不要跟我在一起，我懊悔及批评他们，于是脾气变得暴躁及不可理喻
...钱之需而焦虑	尝试赚取金钱，或是吝啬	赚钱的责任全落在我身上	我办不到（生气）；我做到了（骄傲）

在基督里得自由

处理旧日的创伤

▶我们谈到管理自己每日的情绪，但如果是旧日严重的创伤又该如何处理呢？

我们都曾经有过伤痛的经历，它不只在情绪上使我们留下伤痕，也留给我们情绪的包袱，这些经历包括了恐惧的经验、失去所爱、受虐的一些经验。这些经历经常埋藏在我们的记忆里，一旦被当前的一些事件所牵动，这些感受将会重新浮现。

> **昔日的创伤**
>
> 神并不希望我们昔日的痛苦，对我们今日造成负面的影响。
>
> 我们会继续受制于过去，并不是因为昔日的创伤事件，而是因为我们被当时的谎言所欺骗。

对于引发当事人负面情绪的眼前事件，人们多半想逃避它。"如果谁和谁会在哪儿，我就不会去那儿"、"我现在不想谈这个问题"。其实，有没有更好的解决办法呢？神并不希望我们昔日的痛苦，对我们今日造成负面的影响。

当你曾经因暴力、虐待、被拒等负面经历而受苦的时候，你的思想就在当下即时推论，使你对神及对自己毫无犹豫地产生了这般信念："我不能抗拒被虐待，所以我无力，我是个受害者"、"那些欺负我的人说我是垃圾，我想我大概就是吧"、"我爸爸永远没时间陪我，所以我应该很不重要。"

例如，你小时候若被性侵犯，那时的你可能觉得自己很无助、肮脏或有罪恶感。那些信念或许也伴随你进入成年。当时你若认为神没和你同在，那么今日你可能也会质疑神的爱和赐给你的救恩。

思想上的营垒扭曲了我们对自己及对神的认识。▶我们会继续受制于过去，并不是因为过去的创伤事件本身，而是因为我们被当时的谎言所欺骗。就像开着越野车每天经过同样的泥泞路，就会在那里留下深深的车胎印迹。那些谎言也就像车轮印迹般存留在我们的心里。如果我们不藉着选择真理去主动另辟途径，我们就会继续活在属血气的老旧模式中。

> **昔日的创伤**
>
> 我们不是过往的产物，而是基督十架和复活的成品。
>
> 没有人可以重修我们的过去，但我们可以选择原谅，并走出伤害的阴影。

▶神的子女并不是过往的产物，而是基督十架和复活的成品。▶没有人可以修复我们的过去，但我们可以选择走出旧日伤害的阴影。我们可以运用自己在基督里的新身份，重新评估我们的过去。从真理的观点来看，当我们从心里饶恕那些伤害我们的人之时，神必释放我们得自由。

[读此诗作为结束：]

曾经，我拳中紧握灰烬，那是从我十岁身躯的灼伤处所掉落的灰烬，我不曾要求得到那灰烬。这疤痕却强加在我身上经已十七载，那火仍在慢慢地燃烧。我每次都暗自紧握拳头，我恨死那些灰烬，但我不愿意放下，不确定我是否该放下，没有信心它是否值得我去放下；无论在哪里，它似乎老是在我碰触过的东西留下黑色的印记。我想要重新来过，但那灰烬老是在那儿提醒自己办不到。我真的办不到，但神可以。有一晚，当我绝望地泪流满面的时候，祂甜美的圣灵对我的心说话。祂柔声说："我要赐你华美，来换取你身上的灰烬；以喜乐油取代你的忧伤；以赞美衣取代你灵里的沉重。"我从未听过这样的交易——华美换灰烬？！我那悲哀被玷污的记忆，可换得从祂话语而来的医治；我那灰黑的梦，可换得祂夜间的诗歌；我那无助而受伤的情感，可换得祂永不止息的平安。我怎么可以如此愚钝，拒绝这一场交易？所以，我含泪微笑地慢慢张开自己弯曲的手指，让灰烬撒落一地。静谧中，我听到风把它们吹走，永远地离开我。我现在能够用我的手环绕另一个受伤的灵魂，坚定地对他说："放手吧"。在你理解的范围之外，确实有美好的事存在。

去吧！信靠祂！祂会用美丽换取你的灰烬。可能吗？这就是福音。▶

 **见证**

当你感到生气、焦虑或沮丧的时候，你是否会想那最好别让你身边的非基督徒朋友看到？为什么会？为什么不会？

 **来临的一周**

试想想使徒彼得的情绪本质。先看有哪些场合，是他容许自己的情绪失控，并冲动地行事或说话：太16：21-23；太17：1-5；约18：1-11。接着，看看耶稣如何超越彼得的冲动，而看见了他的潜能：太16：17-19。最后，看看神的眼光如何落实，在圣灵的大能底下，彼得成为了早期教会的代言人（徒2：14-41）。在你的个性当中，没有什么是太难，以致神克服不了的。神能从当中使它变为美好！

在基督里得自由　181

第九课

打从心里饶恕

第九课：打从心里饶恕

焦点经文：

马太福音18：34-35说，他主人在怒气中把他交给掌刑人折磨，直到他还清了所欠的债。我们的天父也会这样对待我们，直至我们从心里饶恕了我们的弟兄。

本课目标：

认清什么是饶恕，什么不是饶恕；并学习如何从心里饶恕人。

焦点真理：

为了能经历我们在基督里的自由，我们必须按照神待我们的方式——完全饶恕和接纳别人。

> **教员须知**
>
> 这是课程的关键一课。大多数基督徒知道自己应该饶恕人，但按我们的经验，他们还是在某个程度上不能饶恕。有些人觉得自己的遭遇是"特殊案例"；有些人自以为自己已经饶恕，但其实，他们不过是把问题压抑，并尝试忽视它；另有些人则误以为自己不能饶恕，或认为自己不该选择饶恕。
>
> 大多数人不明白何谓真正的饶恕，也不清楚为何我们被教导要如此做。当我们清楚解释过后，大部分人能选择打从心底饶恕人，这么做是为了叫自己得自由，也是为了要维持与神的美好关系。有些人误信谎言，以为自己不能饶恕。你可能需要帮助他们认清这个谎言，不妨让他们看一些相关的经文，例如腓4：13，并询问他们一个问题，例如"你想，神会叫你做一些你不可能做到的事吗？"
>
> 建议你在本课的最后，让学员们有机会请圣灵来向他们显明，是否还有一些人需要去饶恕。并让他们向神表明，自己愿意在进行"在基督里得自由的步骤"时饶恕这些人。如此做将会使许多人都获益，不过要留意别让课堂拖得冗长。你若是打算在进修会时结合本课与"在基督里得自由的步骤"一起进行的话，那么你可以在进行这"步骤"的步骤2之后，才上本课，如此，学员可以直接进入步骤3——饶恕。
>
> 在教员手册第198-199页，也就是本课末后的附注，提供了"饶恕的步骤"。你可以把它复印，提供给部分或所有的学员（已登记报名的学员可以从网页下载使用其pdf版本）。

小组时间流程：

欢迎	10 分钟	0:10
敬拜	10 分钟	0:20
话语一	13 分钟	0:33
静思一	15 分钟	0:48
话语二	11 分钟	0:59
静思二	30 分钟	1:29
话语三	13 分钟	1:42
静思三	15 分钟	1:57
话语四	3 分钟	2:00

 欢迎

读马太福音18：21-25，或者把经文内故事演出来，剧本在学员手册上第74和75页，也在本手册的第200页。尝试把自己代入其中一个角色，并把故事里最撼动你心的对白读出来。

 敬拜

提议主题：神赐下的完全宽恕

大声读出以下三处经文：

「所以，我们只管坦然无惧的来到施恩的宝座前，为要得怜恤，蒙恩惠，作随时的帮助。」（来4：16）

「我们因信耶稣，就在他里面放胆无惧，笃信不疑的来到神面前。」（弗3：12）

「耶和华啊，我从深处向你求告！主啊，求你听我的声音！愿你侧耳听我恳求的声音！主耶和华啊，你若究察罪孽，谁能站得住呢？但在你有赦免之恩，要叫人敬畏你。我等候耶和华，我的心等候，我也仰望祂的话。」（诗130：1-5）

读出每处经文后，再次让学员们确定，这些经文不仅适用于其他人，而且还能运用在自己身上！你可以把自己的名字放进经文里，例如"珍倪，你如今可以坦然无惧的来到施恩的宝座前。"请学员们为着这些经文确实能应用在自己身上而感谢神。

 话语

《在基督里得自由》门徒训练系列的第三本书《得自由、真自由(Break Free, Stay Free)》，2008年莫纳(Monarch)出版，与本课程的第三章相仿。其书第56-98页与"在基督里得自由的步骤"的饶恕（即本课主题）有关。请读书里第63-75页以获取特别关于饶恕的资料。

简介

最能让撒但趁机打败基督徒的是什么？是异端活动吗？异教吗？属肉体的罪吗？

「你们赦免谁，我也赦免谁。我若有所赦免的，是在基督面前为你们赦免的。免得撒但趁着机会胜过我们，因我们并非不晓得他的诡计。」（林后2：10-11）

我们若不能从心里饶恕人，就会给自己带来精神上的折磨。

除了不愿意饶恕，没有什么更能够把你囚禁在过去。最能让撒但拦阻教会增长的，就是苦毒的根。这是个人不愿意饶恕及骄傲所呈现出来的实据。

在哥林多后书2：11，"诡计"这词希腊原文为noema，在其他地方被译为"心思"（林后4：4，11：3）以及"念头"（林后10：5）。有趣的是，此处经文也可以被翻译为"我们并非不了解撒但的念头"。

饶恕的必要

想一想别人对你所做过最糟糕的事。

[停留片刻，让学员静思。别叫他们分享出来。]

你为何要赦免他们呢？让我们看其中的原因：

▶ 这是神的要求（太6：9-15）

所以，你当这样祷告：我们在天上的父，愿人都尊你的名为圣，愿你的国降临，愿你的旨意行在天上，如同行在地上，赐我们日用的饮食，免我们的债如同我们免了人的债。

当你祷告说："免我们的债，如同我们免了人的债"这时候，你所求的其实并不过分。

你和神的关系，以及你和人的关系这两者密不可分。你若和人的关系疏离，你也无法和神建立起正确的关系。

我们必须在神与我们互动的这根基上，学习与他人来往。

耶稣继续说：

你们若原谅那得罪你的，你天上的父也必赦免你；你若不原谅人的错，你天上的父也不会赦免你的罪。

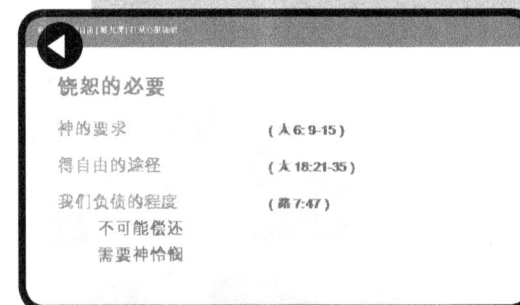

饶恕的必要

神的要求　　　　　（太6:9-15）
得自由的途径　　　（太18:21-35）
我们负债的程度　　（路7:47）
　不可能偿还
　需要神怜悯

我们必须小心，别错用此处经文。神用两种身份在和我们互动：祂是法官，也是父亲。正因为你在基督里，所以你的罪已被赦免，神对你而言不再是法官。你若接受了耶稣作为救主，就可以进入天堂。但如今的问题在于"你以神为父"这份关系的品质。因为你若还有某些人未曾去原谅，神并不会让你的心安歇，直至你行动了，神才会罢休。虽然你永恒的归宿有了保障，但你还是要每天靠主过得胜的生活。

▶ 得自由的必经之途

最明确教导饶恕的经文记载在马太福音18：21-35。

> 那时彼得近前来对耶稣说："主啊！我弟兄得罪我，我当饶恕他几次呢？到七次可以吗？"耶稣说："我对你说，不是到七次，乃是到七十个七次。"

耶稣不是建议你买个马表，每饶恕一次计算一下，直到第78次，就可以买把枪把对方杀掉泄愤。祂乃是说，为了你自己，你要不断地饶恕。神不希望祂的儿女被过去捆绑，活在苦毒之中。

▶ 我们负债的程度

> 「天国好像一个王，要和他仆人算账。才算的时候，有人带了一个欠了一千万两银子的来，因为他没有什么偿还之物，主人吩咐把他和他妻子儿女并一切所有的都卖了偿还。」

我们必须了解自己亏欠神的债究竟有多少。路加福音（7：36起）提到一个叫西门的法利赛人，他办了一场宴会，邀请了很多人前来，耶稣也赴宴了。有个犯罪的女人偷偷溜了进来，她到耶稣跟前，用她的泪水为耶稣洗脚，用头发擦净，又用膏膏他的脚，不断地亲它。西门很不悦地说："如果他是个先知，必能知道这个女人是个怎样的人。"耶稣对他说："西门，我有句话要对你说，假设有两个人，一个欠债五十英镑，另一个欠债五百英镑，他们都被赦免了，你觉得那一个人的爱会更多呢？"西门说："我想是那欠五百英镑的。"耶稣说："你说得对。你看看这个女人，我进你家的时候，你没有和我亲嘴，她从我进来后就不住地亲我的脚;你没有洗我的脚,她却用她的泪水为我洗脚;你没有用油膏我的脚,但她却膏了我的脚。"

那赦免多的,他的爱就多;那赦免少的,他的爱就少。

我们必须晓得自己在神面前,充其量不过像一块破布(赛64:6)。没有了基督,我们都会被定罪。我们都已经被神宽宏大量地赦免了——这认知将使我们能去爱别人。

▶ 不可能偿还

在以前,一千万银子或一万塔连德(talents)确实是个大数目,远超过人一生所能赚取的收入,也相当于今日的七位数字总额。耶稣用这巨额,为要表明这是人无法偿还的。所以,若要解决这个问题的话,我们就得另谋他途。

你可知道你亏欠神的债,远远超过你所能偿还的吗?

▶ 需要神怜悯

仆人跪在他面前求他说:"主啊!宽容我,我将来必会还清。"

▶公义就是公平或正直。执行公义就是给人所应得的。神是公义的,祂不能不义或不公。祂若秉公给我们所应得的,我们的下场就是到地狱。

感谢神的怜悯,祂找到一个方法来赦免及接纳我们。我们所应受的刑罚全落在基督的身上。▶怜悯,不把人们当受的(刑罚)降到他们身上。

圣经教导我们,应当像神赦免我们那样,去原谅别人(路6:36)。换言之,我们不应该去报复他人。

不但如此,在与人相处的时候,我们还要做更多,我们要彼此相爱,也要把人们所不应得的东西给予他们。▶这就是圣经所说的"恩典"——把人们不配得的东西赐给他们。

主要概念

公义:把人们所应得的给予他们
怜悯:不把人们当受的降到他们身上
恩典:把人们所不配得的赐给他们

这一切都是因为神先和我们建立关系，我们白白得来，也要白白舍去（太10：8）。我们要完全依照神恩待我们的方式，去待别人。

静思一

目标：

向学员表明，我们所亏欠神的债是我们无法偿还的。但祂撤销了我们的债，所以我们也要像神待我们那样，去宽待那些亏待我们的人。

▶ 问题：

人们有时认为他们的过犯并不像其他人的那么糟糕。你怎么看？

你曾经历的饶恕有多少？很少，或很多？为何你这么想？

读比喻中仆人所做的（太18：27-28）：

这主人施怜悯给仆人，免除了仆人所有的债务，让他走。但是，这仆人出了门，看见一个欠他十两银子的。

十分之一两银子等于一天的工资，所以那人欠他的是三个月的工资，虽然不是一笔小数目，但这比起他所欠主人的少多了。

在基督里得自由　189

免得恶者有机可乘（林后2：10-11）

▶他抓着对方，喊着说："还我钱来！"对方跪下求饶说："再宽限几天，我必还你。"但被他拒绝了。反而他把对方拉下监，等对方还清欠款。其他仆人看到，甚是忧愁，便去告诉主人所发生的事。主人把那仆人叫来，说："你这个恶仆人，你央求我，我就把你所欠的都免了。你不应当怜悯你的同伴，像我怜悯你吗？"主人大怒，把他交给掌刑的，等他还清了所欠的债。

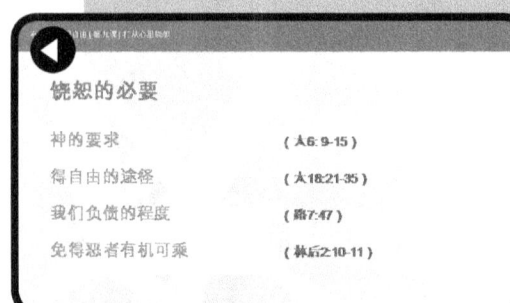

▶"苦待"在新约可指属灵的折磨。在马可福音5：7里，魔鬼央求耶稣说："我指着神恳求你，不要叫我受苦"，里面用的"受苦"也是同样意思的字。

耶稣最后如此说：

你们若不从心里饶恕你的弟兄，我天父也要这样待你们了。

耶稣警告我们，我们若不从心里饶恕人，我们也将遭受属灵的折磨。换言之，你等于是开了门，让恶者进入影响你的生命。

从心里饶恕人是什么意思呢？

它显然不像英国式的顺口溜："我原谅某某"。如果我们真要饶恕，我们就得面对内心的痛苦和厌恶。

▶我们向你推荐一个饶恕的祷告公式："主啊！我选择饶恕（某某人的名字），因为（他所做/或没做到的具体事项），他这么做使我觉得（向神说出你想到的每个伤害和痛苦）。"

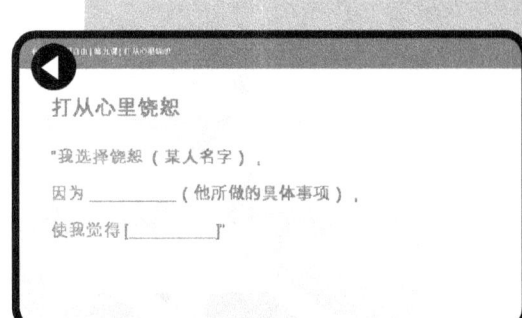

我们鼓励你这么做，直至你所有记忆中的伤害和痛苦都向主陈明了。我们需要让神带我们去到情绪的核心痛处，才能得医治。

原谅涉及他人（弗4：31-32）。不过，关键乃是神与我们之间的关系。

▶我们需要晓得饶恕的关键：虽然饶恕有时候会涉及他人，但真正要解决的问题未必在于彼此失和的双方。▶饶恕是我们和神之间的事，因为是祂命令我们要原谅人。

我们甚至不需要走到对方面前去原谅他。事实上，这过程根本不涉及他们——这只是我们和神之间的事。在马太福音5：23-24，耶稣说，如果我们到教堂想起某人向我们怀怨，我们当把礼物留下，先去与对方和好。确实，如果你得罪了某人，可以的话，你当先去请求对方饶恕。

但是，如果有人得罪了你，你不用去找他，而是去找神。没错，你需要去原谅那人，但关键是因为它影响了你和神之间的关系。你若仔细想，这并非没有道理，因为你不能依赖他人来获得自由，否则你这自由就没有保障了。

当你选择原谅之后，你就可以与对方和好。换句话说，你也可以不去与他和好，因为双方和好之事不由得你单方面的意愿。但是，无论你是否与对方和好，你都已经脱离仇敌对你的牵扯了。你得以自由了。

原谅可以止息痛苦

▶原谅人是为了你自己。你可能还会说"但你不明白它们曾伤害我有多深。"你难道还看不出来，它们还在伤害你吗？你要怎样才能止息这痛苦呢？饶恕吧！

想像有位女士，她的先生因有外遇而离开了她。那确实很痛苦，我们不想低估她的伤痛。她可能会说："我还没打算要饶恕他。"她的意思很坚定："我要继续生他的气，就当作是报复他。"她的前夫可能正四处旅游、开舞会，玩得正乐呢！而她却在这儿抱怨和生气。苦毒确实会伤人，但伤到的不是别人，而是她自己！

▶ 就好比你走过一位潜钓者身边，结果被他的钓鱼线钩住了脸颊。这不是你的过错，但因为他的鱼钩伤得你好痛，所以你因此跟那人扯上关系。你怎么除去这疼痛呢？把钩子留在脸上吗？不，而是要把它拿开。

我们以为原谅对方，就是把对方从钩子上解开。事实正好相反，若不原谅他们，我们自己反而会被钩住，继续待在那过去的伤痛中。我们才是把自己钩住的元凶！

有人说，苦毒仿佛自己吞了毒药，却冀望另一个人死去。

静思二

目标：

预备学员进入"在基督里得自由"的饶恕步骤。帮助他们明白，为了能从心里饶恕人，我们必须让神带我们去到情绪的核心痛处，如此我们才能得医治。

▶ 问题：

到目前为止，有哪些事是你首次听闻的新鲜事？

一般来说，我们没有人会想要记取过去的伤害。想想看，为何我们必须回顾过去的伤害，好让我们能真正去饶恕人？如果你不认同这么做的话，又是什么原因？

我们已经探讨过，饶恕至为关键的是你和神之间的关系，而不是你和那加害者的关系。但为什么我们通常不这么觉得呢？

若没有饶恕的话，真正遭受痛苦的人是被冒犯者，而非冒犯者。为什么会这样呢？

何谓饶恕？

▶ 不是忘记

饶恕不是忘记。你或许会说："可是神会忘记"。圣经的确说："我不再记念他们的罪过"（耶31：34），但这个字并不意味着神忘记。神是全知的，虽然祂想要忘记，但祂不能。当神说"我不再记念你的罪"，祂乃是在说"我会把它挪到离我极远之处，正如东离西那么远。我不会用过去的错失来追究你。"

如果一位丈夫对他太太说："你两年前做过这事"，你可知道他真正要说的是什么吗？——"我还没原谅你，我还在用你过去所做的事来与你对峙。"所以，真正的饶恕还包含了这一部分："我决定放手。我不会再翻旧帐来报复你。"

尝试忘记并不能消除你的伤痛。

▶ 不是容忍罪

饶恕并非意味着容忍罪过。神难道不饶恕吗？祂饶恕。但祂容忍罪吗？不！祂不能容忍罪。

最难以处理的案例，莫过于那些目前还不断被冒犯的人，例如不停被先生虐打的妻子。以往，有些教会处理这些个案的时候，会劝戒被虐的妻子或小孩说："回家顺服他吧！"但试想想，若那男人在教会里拳打脚踢另一位姐妹，教会能容忍吗？打自己妻子难道是对的吗？不，这不仅错，更是加倍的错。因为她不仅被打，而且竟是被那按神旨意本当保护她、供应她的丈夫所虐打。

圣经某处的确教导妻子要顺服丈夫，但那并非事实的全貌。另外，在彼得前书2：13-18及罗马书13：1-7，也教导我们要顺服神所设立的掌权者。地方的执政官员已经立法，保护凡作人妻子的。倘若妻子被冒犯了，除了要原谅丈夫，也应该把他交给掌权者，让执法人员依法处理，如此作完全合情合理。正因为此种虐待行为会一再重演，所以唯一的方法就是去制止它。

你完全有权依照圣经列明的指示去制止罪，或者让自己离开某个伤害你的特定情境。如此做并没有违反饶恕的原则。

有位姐妹知道她需要原谅她妈妈，她说："我下周日还会去她家看她，即使我今天原谅了她，我知道她还是会再挑剔我，羞辱我。"其实这位姐妹需要做的，就是去制止这事再发生。也许有人会说："她不是该尊敬她的妈妈吗？"但你又怎能让她妈妈一再地羞辱她，以致破坏她的婚姻和家庭呢？她该怎么办呢？其实，她可以表明立场，在下周日到她妈妈家时这么说："妈，我要你知道我爱你，我真的求神能祝福你，但是我不能继续让你在言语上虐待我，我现在的责任是当个好妻子、好妈妈，但你却不断批评我，这对你我都没有任何好处。如果你还是继续这么做的话，为了保护我的家和我的婚姻，我只好离你远一点了。"

▶ 不是寻求报复

饶恕不是寻求报复。难道那表示我们把事当作没发生，并说那不要紧？对很多人而言，他们尚未找到合宜的解决之道，仿佛那是生命中的一件遗憾。他们以为饶恕就是把所发生的事不当一回事。不，那事是要紧的，而且攸关紧要。

神绝对无意要你把发生过的事当作没发生，仿佛那事不要紧似的。事实刚好相反，祂应许说，你若把你的事交托祂，祂会看重那些事，并且不会忽视它。

对于那发生在我们身上的事，我们不能放手的主要原因，是因为我们想要把它摆平。我们要看到公义被伸张，我们要伸冤。

仔细看神怎么说：

> 亲爱的弟兄，不要自己伸冤，宁可让步，听凭主怒；因为经上记着说："主说：'伸冤在我，我必报应。'"（罗12：19）

当你原谅人的时候，你等于是把那人从你的钩子上松开，但这不表示那人已逃离神的公义之钩。当你选择原谅的时候，你乃是采取了信心的步伐，让神成为那公义的法官。最终，祂会叫那不义者为自己的所作所为，付上全部代价。

在神面前，没有任何事可以隐藏。神真的会帮你向对方讨回公道。每个做错得罪你的人，必定要站在神面前解释清楚——如果那人是基督徒，耶稣的宝血可以代他还债；但如果他不是基督徒，他就要面对神公义的审判。神说"我必报应"——有一天神会算清所有的账。

你可以选择踏出信心的一步，把发生在你身上的事全交托神，包括你所有的痛苦、对公义或报复的渴望，都放心交给祂，并且相信祂必定会执行公义。如此一来，你就可以活在自由之中了。

▶ **愿意在他人犯罪的后果下生活**

▶饶恕是愿意在他人犯罪的后果下生活。你可能会说："那不公平吧！"不，那并非公不公平的问题，而是你必须如此行。每个人都在他人犯罪的后果之下生活。（我们都在始祖亚当犯罪的后果之下生活）。

▶我们只能选择是要活在苦毒的捆绑中，抑或要活在饶恕的自由中。

在罪的后果下生活

我们必须如此行

我们只能选择是要活在苦毒的捆绑中，抑或要活在饶恕的自由中。

静思三

目标：

不断强调这原则：饶恕不表示说那事无关紧要，或任由那人横行霸道。我们饶恕，是因为要维护我们与神之间的美好关系，同时也是为了能让自己得自由。

▶ 问题：

本课如何改变你对饶恕的观点（饶恕是什么，或不是什么）？

下次有人冒犯你的时候，你想，你能有多快就原谅他呢？

如果你原谅人，你将会在屈辱当中得到公义吗？如何呢？

结论

▶ 饶恕是释放俘虏得自由，过后才发现原来自己就是那俘虏。饶恕是你与神之间的事。祂命令你去饶恕，因为祂爱你。祂知道，苦毒会玷污你和其他人，并使你失去耶稣所要带给你的丰盛生命。

当我们练习"在基督里得自由"的步骤3时，你就有机会面对这个问题。届时，你要邀请圣灵向你显明，有哪些人你需要去饶恕，并照着去做。

记住，我们的目的不是为了要讨论谁对谁错，而是要清除你生命中的渣滓，并远离它。如此做是为了你自己，与那伤害你的人几乎无关。

现在，让我们邀请圣灵向我们显明，有哪些人是我们要去饶恕的。若有的话，请在神面前表明自己愿意去选择饶恕。

>
>
> 饶恕是释放俘虏得自由，过后才发现原来自己就是那俘虏。

[你可以用这祷告:"主啊,求你向我们显示,有哪些人是我们需要去饶恕的?好让我们能活在你为我们赢取的自由当中。"然后用一段时间,邀请学员向主表达自己的意愿,愿意原谅人的可以请他们站立或把手举起来。最后,简短祷告祝福学员们。]▶

你或许想要安静片刻省思,邀请圣灵向你的组员们显明,有哪些人是他们需要去饶恕的。请他们站立或举手回应,表明他们察觉了自己的问题,并预备好在进行"在基督里得自由的步骤"时,加以处理。

 ## 见证

对一些未信主的人来说,饶恕人会带给他们怎么样的挑战呢?你是否有任何范例,可以向未信主的人表明饶恕是怎么一回事?

 ## 来临的一周

请圣灵预备你的心,带领你进入所有的真理,并开始向你显明有哪些地方需要被祂光照,以致你在走过"在基督里得自由的步骤"的时候,能够加以处理。

饶恕的步骤

你可以自由地复印这几页给学员（已登记的用户可以从网页下载pdf版本并列引）使用。

1. 求神向你显明，有哪些人是你需要去饶恕的

把神启示你的每一个人名列出来。即使你认为没有谁需要去饶恕的，也求圣灵引导你，把所有相关的名字浮现在你脑海里。请注意，名单上最容易被忽略的名字是你自己和神。

原谅自己：只有神能赦免你的罪。但对大多数人来说，尤其是完美主义者，最难去原谅的人就是他们自己，因为他们常常对自己失望。这些人要接受神的宽恕，并且拒绝再听从恶者的控告。他们有些几经挣扎，至终能够说出"我为了（写下每件你论断自己的事）原谅我自己，并且我把自己从钩子上解开来"。后来，他们都承认这么做确实使自己得到很大的帮助。

原谅神：要原谅神，是人们较难去理解的一件事，因为神不曾做过任何错事。神总是为了你最大的好处而行事。

但是，正因为你不能明白神更大的计划，或因别人/恶者所做的事而使你埋怨过神，所以你可能也曾经对神感到失望。

许多人都曾经对神失望，甚至生气祂，因为祂没有回应他们的祷告。在他们需要神的时候，似乎祂没有垂听祷告。他们哭求神帮助，却什么事也没有发生。通常他们觉得不好意思承认这点。不过，神晓得万事，祂绝对能够处理这一切。

若你觉得要自己说"我原谅神"会令你感到不安的话，或许你可以这么说："神啊，我放开我对你一切消极的感受、想法和期待。"

2. 承认受伤和憎恨

耶稣吩咐我们要从心里饶恕。比起只是口里说说"我原谅"，然后假装自己已经把问题处理了，那是更需要努力去面对的事。因为若要打从心里饶恕，我们必须面对伤害和憎恨。人们总想尝试压抑自己的情绪伤痛，但它却总是会冒出来，好叫我们可以把它放开。

3. 明白十架的意义

十字架是我们能合法合理地落实饶恕的地方，因为耶稣已经担当了你的罪，也担当了那伤害你的人的罪。祂"一次过为所有人"（来10：10）而死。每当你心里说"这不公平"的时候，请记住，十架已经成就了公义。

4. 决定背负每个人罪的重担

你需要作出决定，不会以你所知悉那人的事去攻击他。「遮掩人过的，寻求人爱；屡次挑错的，离间密友。」（箴17：9）那并不表示，你不可以上法庭作证人。即使你有必要作证，也不是带着不饶恕的苦毒去做，而是先从心里饶恕了对方之后才去做。

5. 决定饶恕

意志是饶恕的关键因素。若你一直等到自己觉得想去做的时候才做，可能你永远都不会去做。或许你觉得自己办不到，但神岂会吩咐你做一些你办不到的事吗？当祂说，靠着基督加给你力量，你凡事都能作（腓4：13）的时候，你想这话是真是假？你需要作出一个决定——要继续心怀苦毒、被过去钩住不放、在心思上给仇敌留破口？抑或你想要一次过，完全脱离这些苦毒？

选择饶恕之后，表示你愿意在那人犯罪的后果下生活。你乃是选择让神来作伸冤者，并信靠祂至终会为你伸张正义。你选择把它带到十字架前，并且把它留挂在十字架上。

地狱的门不能抵挡神的国。除了你自己，没有任何人能阻挡你按神原本造你的样式而活。你需要去饶恕，正如基督爱你那般去怜悯人和爱人。放手让那人走吧！恢复你当有的人生，在基督里自由地迈步走开吧！

6. 把你的名单带到神面前

从心里饶恕要如何做呢？比如，你可以说"主，我选择原谅我爸爸"，然后具体地说出你原谅他对你做了哪些事。继续你原谅的那个对象，直到你已经巨细靡遗地把所浮现的每份痛楚和伤害，一一向神陈明了。然后，你可以进一步告诉神，他所做的事带给你什么感受，例如："我选择原谅我爸爸，因为他离开了我们，使我感到被丢弃。"

当学员如此做的时候，他们通常会难过流泪。不过，如此做的目的并非为了要叫人哭泣，而是为了要确保这过程能详尽地进行。一位女士说："我不能原谅我妈妈，我恨她。"当她察觉并承认自己真正恨母亲的时候，她才能开始饶恕。如果她不承认自己恨母亲的话，她将无法去饶恕。

按这祷文为每位你需要去饶恕的人祷告："主，我选择原谅（说出那人的名字），因为（那人做了什么或没有做到什么），那使我觉得（把神所带到你脑海里的每份伤害和痛楚都告诉神）"。

特别留意在"使我觉得"之后所用的字句。通常，同样的字眼（例如"被丢弃"，"愚蠢"，"龌龊"）会重复出现几次。那或许显示出其中的营垒，也就是你从过去的经历中相信了哪些谎言。接下来，你可以拆毁那些营垒，比如你可以说："我斥责'我是愚蠢的'这谎言，我宣告'我拥有基督的心思意念'这真理"（林前2：16）；"我斥责'我是被弃绝的'这谎言，我宣告'神应许永远不离开我、也不丢弃我'这真理"（来13：5）。第十课将会教导一个特别的策略"打击营垒"，它将能有效地帮助你拆毁营垒。

7. 毁灭那名单

藉着毁灭那名单，你已经告别昔日经历中的人和事件，从此获得了自由。

8. 别指望饶恕其他人能导致他们改变

饶恕别人主要是为了你和神之间的关系。为那些你已经原谅的人祷告，祈愿他们也能蒙福，并能找到因饶恕所带来的自由（请看太5：44；林后2：7）。

9. 尝试去理解那些你已经原谅的人

去理解那些伤害过你的人有过什么样的境遇，或许能对你有所帮助。不过，可千万别因此而把他们的罪合理化。你如此做并非为了带出"他们那样做不要紧"的结论，毕竟那确实要紧。

10. 期待饶恕在你里面能带出积极的果效

饶恕并非只是感觉良好，而是灵里被释放得自由。当你饶恕之后，美好的感觉自然会尾随而至。接下来，你需要集中心力在更新你的心思上，好让负面的想法能被真理所取代。

11. 为了你所学到的功课及成熟感谢神

如今，你可以自由地往前迈进，并在基督里成长。

12. 承认自己也必须为被冒犯事件负部分责任

为你所须负的部分责任认罪，并晓得自己已经被赦免。如果你察觉有人对你不满，不妨去跟他们和好。当你如此做的时候，须记住，你只是承认自己的过错，而不是去数落对方的过失。

马太福音18：21-25戏剧版

人物：彼得、耶稣、仆人1、仆人2、主人

彼得　　　　主，我的弟兄得罪我，我要饶恕他几次？七次吗？

耶稣　　　　我告诉你，不是七次，而是七十个七次。
　　　　　　所以，天国就像是一个王，他要跟他的仆人们清算账目。
　　　　　　当他开始清算的时候，一个欠了他一千万银子的人被带到他面前。
　　　　　　由于那人无力偿还，主人就命令他用自己、妻子、儿女，
　　　　　　以及他所拥有的一切来抵偿他所欠的债。

　　　　　　那仆人在主人面前跪下。

仆人1　　　请宽容我，我会偿还所欠的一切。

耶稣　　　　那仆人的主人就怜悯他，撤销了他所有的债，并把他放走。
　　　　　　但是，当那仆人出去的时候，遇见了他的同伴，欠了他十两银子。
　　　　　　他揪住他的同伴，掐住那人的喉咙。

仆人1　　　把你欠我的还我！

耶稣　　　　他的同伴跪下求他：

仆人2　　　请宽容我，我会偿还所欠你的一切。

耶稣　　　　但他拒绝了。反而，他去把那人下在监里，直到那人清还债务。
　　　　　　其他的同伴看到他所做的事之后，他们都很忧愁，去把这事告诉了主人。

　　　　　　于是，主人把那仆人叫了进来。

主人　　　　你这恶奴才，因你求我，我就撤销了你欠我的债。
　　　　　　你不应当怜恤你的同伴，像我怜恤你一样吗？

耶稣　　　　在愤怒中，他的主人把他交给掌刑的折磨他，直到他还清所欠的债。
　　　　　　若你们不打从心里原谅你的弟兄，我天父也要这样对待你们了。

在基督里得自由的步骤

带领人进行"在基督里得自由的步骤"

焦点经文：
雅各书4：7「所以你们要顺服神，务要抵挡魔鬼，魔鬼就必离开你们逃跑了。」

本课目标：
带领学员走过悔改的过程，好让他们能够藉着顺服神和抵挡魔鬼，解决他们个人属灵的冲突，因此而得以经历在基督里的自由（雅4：7）。

帮助学员认出他们一直所相信的谎言，好让他们能够采取行动，更新他们的心思。

焦点真理：
基督已经释放我们得以自由（加5：1），但是，若没有真正的悔改，我们将无法经历自由。

认罪（承认自己的错）是悔改的第一个步骤，但光是认罪并不足够。

我们必须顺服神，抵挡魔鬼。我们必须作出决定——要信什么及要过怎么样的生活，然后决定作何改变。假如我们要在基督里成长，我们必须选择弃绝向来深信的谎言及生命中的过犯，然后宣告自己的决定——信神所说的话为真，并要开始按神的话而活。

教员须知

本课的笔记与其余课堂的笔记不一样，因为本课主要是为教课的领袖而设，并非给所有人。在附随的CD里面，你可以找到本课的PowerPoint呈现档。它包括了"在基督里得自由的步骤"的祷文和宣告文，让组员可以一起大声读出。此外，也包括了介绍每个步骤的简短ppt片。每位学员都需要一份"在基督里得自由的步骤"。你可以使用教学DVD（需另行购买）来带领组员上这一部分，或者也可以自行教课。

凡上本课程的人，我们都向他极力推荐"在基督里得自由的步骤"（简称"步骤"）。这"步骤"旨在温和地解决个人属灵的冲突，如此将能帮助学员和所教导的真理连结。因为光是教导真理并不足够，基于个人属灵冲突的缘故，人们未必能领受所听到的真理。

这"步骤"的过程很直接。学员邀请圣灵向他们显明其生命中有哪些地方需要悔改，然后选择照样去做。藉着这过程，他们或许会察觉并认出自己向来所相信的谎言。这时，他们应当把这些谎言写下来。我们会在下一课提供策略给他们，让他们能藉此更新自己的心思。

我们建议你在带领此课之前，先读过这"步骤"课本的笔记和指引，并且先观看过"在基督里得自由的步骤"教学DVD一遍。

简介

看着人们进行"在基督里得自由的步骤"确实叫人雀跃！它是一个温和、非戏剧化的过程，不过它却能带给人巨大的转变。除了归信耶稣的经验之外，许多基督徒把它列为第二重要的个人经验。

你无须为了带领这过程而感到紧张。你纯粹是作为一名促进者，让那些寻求自由的人能够与那位奇妙的策士会面。就这么简单！

在这个阶段，我们将会告诉你关于带领"步骤"一课的实际资讯。

带领人进行这"步骤"的方法

我们建议在第九课和第十课之间，让学员有机会进行"在基督里得自由的步骤"。有两种方法可以去进行，视你的情境所需，你可以决定要采取哪一种方法：

1. 个别的"自由约见"

这方法最为理想。在这情境下，由一位"鼓励者"带领，同时另有一位祷告同伴，伴随每个人走过为时三至六个小时的过程。当教会或小组内的成员愿意彼此认罪和代祷（请看雅5:16）的时候，这过程将能奇妙地造就彼此。通常，作为一位鼓励者和祷告同伴，他们无须具备任何特殊的技巧，他们只须在基督里有适当的成熟度，及对圣经里得自由的原则有基本的了解即可。此外，我们也鼓励他们参加"帮助人在基督里得自由"的课程（看第24页），或是读尼尔安德森的著书《门徒训练辅导(Discipleship Counseling)》（2003年Regal Books出版）。还有，若他们能加入由Freedom In Christ Ministries所办的"The Freedom团契"（看第25页），也将会对他们有帮助。请读以下"三大原则"，以及从第207页开始的笔记，以获取更多关于此方法的资料。

2. 安排一个静修会进行

安排一个静修会（或是某个周末），带你的组员集体进行这"步骤"。如此，每个人都能同步进行这步骤。为了确保人们有充裕的时间，以致圣灵能把各人的问题带到他们的心思层面去处理，最好的做法是，你预订一个远离教会的地点进行，并且在聚会内预备敬拜赞美神的时段。请务必安排领袖们抽空出席，好让组员们在有需要的时候，他们可以从旁提供协助。若能趁这个静修会，在进行步骤3之前，一并上第九课（打从心里饶恕），会比另行安排时间上这课更有果效。倘若有更长时间的话，你也可以一并上第八课和第十课。

请读以下"三大原则"的笔记，然后读第210页起的笔记，以获取更多关于此方法的资料。

即使你采取了以静修会的方式集体进行，你也会需要为一些人提供个别的"自由约见"。我们建议你为那些带领课程的领袖们预备个人的"约见"。或许你也会发现某些有深入问题的人无法在静修会里解决所有的问题，他们仍然面对挣扎，那么就需要安排个别的约见另行处理。你可以在之后视情况需要安排个别的约见，跟进他们的状况。

三大原则

教会处理基督徒生命课题的时候,倾向于片面性的看法:他们用心理治疗方式来帮助信徒,并没有考虑到属灵世界的真实性;或是用一些属灵医治释放的方式来服事信徒,而没有顾虑到信徒的心理因素和个人当负的责任。为了要长期解决信徒的问题,我们必须全面顾及所有的事实和因素。

使用"在基督里得自由的步骤"有以下的好处:

- 这方法可以传承,因为它无须专业人士就能进行,凡是具备合宜成熟度、又能自由行走天路的基督徒都可以带领这步骤。

- 它能带来长期的果效,因为"寻求自由的人"本身就是作决定的人,他们将承担起个人当负的责任,而非由一位牧师或辅导员来代替他们作决定、负责任。

- 它在人们能明白和接受的范围内进行。

- 它的焦点在于基督和悔改。因为真正的问题并不在于撒旦,而在于我们与神同行的关系如何。这七个步骤旨在解决我们与神之间的七个关键课题。

以下三大原则能帮助你预备带领人进行"在基督里得自由的步骤"。

原则一:并非对碰权能,而是遇见真理

未有十字架之前,撒旦并未被击败、教会尚未存在、信徒尚未重生。在这样的环境下,只有特别被赋予天上权柄的人才能对抗魔鬼的权势。耶稣正是这样的人,祂清楚地表明了祂那胜过黑暗国度的权柄和能力。祂也把这样的权柄和能力传递给十二位门徒(路9:1),然后传给七十个人(路10)。

我们如今活在一个完全不同的属灵环境,现在每位信徒在基督里都是新造的人,并且与主一同坐在天上。

赶出魔鬼不再是外在媒介的责任。每位基督徒在基督里都有同样的位份,我们不能代替其他人认罪、悔改、相信、弃绝、饶恕或背负别人当负起的责任。使徒书信中不再吩咐人赶逐别人身上的污鬼,也正是因为这缘故。

有些基督徒从福音书当中截取了做法,亦即他们沿用十字架之前的属灵方式来赶逐污鬼。他们可能会尝试命令污鬼,取得牠们的名字和灵里的阶级后,把牠们从人身上赶出去。使用这方法的人,牧者或辅导员本身就是释放者,他或她直接面对污鬼取得资料。即便如此,我们实在不应当相信魔鬼,因为牠们都是说谎者:「牠说谎是出于自己,因牠本来是说谎的,也是说谎之人的父」(约8:44)。

假如你从某人身上成功地赶逐了污鬼,但却没有取得当事人的同意或参与的话,那被赶出的污鬼在你离开之后,会到哪里去呢?除非当事人为自己的自由负责任,否则一个鬼虽从他身上被赶出去,另有七个鬼却可能因此住进了他里面,他的景况岂不比先前更糟?(太12:43-45)

对寻求自由的基督徒来说，使徒书信（在十架成就后的属灵环境下所著）教导了另一种得自由的方法。首先，我们须知基督已经来了，祂是释放者。第二，我们应当从神的话获取知识（真理），并让圣灵带领我们与真理连结，如此，真理才能释放我们得自由。我们若没有先顺服神就抵挡魔鬼，结果必定会落入一场混乱的战斗。另一方面，我们若顺服了神，却没有抵挡魔鬼，结果就会继续待在捆绑中，这正是许多基督徒可悲的光景。他们可能归信了基督，但却从来没有人教导过他们，该如何藉着真正的悔改，把罪的门户关上，不让仇敌进入影响他们的生命。

为了让基督徒能得到自由，我们无须与邪恶的权能对碰。两千年前，决定性的一场交战已经发生，并且耶稣已经彻底击败了撒旦（西2：15）。圣经里面并没有一处经文吩咐我们要追寻权能，因为信徒已经在基督里拥有所有的权能（弗1：18-19）。

撒旦的能力来自于牠欺骗人的本领，牠的能力只在黑暗里才发生功效。但即使是世界所有的黑暗，都不能淹没一支蜡烛的光芒。真理能光照我们，并释放我们得以自由，基督徒应当追寻真理，才能运用既有的权柄和能力去执行神的旨意。唯有真理才能有效抵挡撒旦，因为牠主要的战略（诡计）就是欺骗人、使人远离真理。

撒旦最怕被人发现牠的诡计。每当真理的光照亮之时，牠和牠的党羽就如蟑螂般四处窜逃。魔鬼惧怕神，也怕自己在真理下被揭露出来。

原则二：个人必须承担自己的责任

神以祂的方式设立天地，祂交给人某方面的责任，并由祂自己来承担其余的责任。假如我们尝试在别人的生命中扮演神的角色，那么这会轻易拦阻那人，使他在基督里无法成长和成熟。

"在基督里得自由的步骤"遵循圣经的原则：「顺服神，抵挡魔鬼，魔鬼就必离开你们逃跑了」（雅4：7）。谁是那应当顺服神，抵挡魔鬼的人呢？就是寻求自由的那个人。

归根究底，许多基督徒指望神能改变祂的方式来迎合他们，所以才被恶者击垮。他们要神或你来为他们承担责任。但神不会这么做，我们也不应当这么做。我们不能代替别人顺服神、抵挡魔鬼、悔改、饶恕或相信真理。

雅各书5：13-16清楚吩咐，假若某人身陷困境或是病了，应当由谁来行使责任。留意此处提及，是那些陷于挣扎的人应当采取主动，是那落入困境的人应当祷告，是那患病的人应当请教会的长老来为他祷告。

在第16节，请你同时留意做事的顺序：「所以你们要彼此认罪，互相代求，使你们得医治。义人祈祷所发的力量，是大有功效的。」

先是认罪。如果你为某些人祷告，但却因为他们仍陷于骄傲、苦毒和悖逆当中，所以神并没有回应你的祷告，这时你会觉得惊讶吗？当然不会。「我心里若注重罪孽，主必不听」（诗66：18）。所以，他们必须先认自己的罪。

认罪纯粹是诚实地认同神。凡是世俗的辅导员，他们都会告诉你，要得医治，必须先从坦诚——即面对真相开始。

还有，他们也必须悔改，包括主动关闭向罪敞开的门户，并且把让给了仇敌的地盘夺回来。同样，我们也无法代替当事人如此做。

带领者因此可以放心，因为并非是由我们去找出问题在哪里，或解决当事人的问题。我们的角色只是去鼓励当事人问主，求主向他们显明他们自己的问题，并且指示他们相关的真理。

不过，我们可以按保罗所指示的去扶持他们，正如提后2：24-26所记载的：

「然而主的仆人不可争竞，只要温温和和的待众人，善于教导，存心忍耐，用温柔劝戒那抵挡的人。或者神给他们悔改的心，可以明白真道。叫他们这已经被魔鬼任意掳去的，可以醒悟，脱离他的网罗。」

此处经文教导我们，真理能释放人得自由，而且只有神才能叫人悔改。真正的基督徒辅导乃是让人与神相遇。神是奇妙策士，只有神才能医治破碎的心灵及释放那被掳的得自由。神确实能藉着每位依靠祂的仆人们行事，不过我们的角色是要把人带到这位奇妙策士面前，而不是由我们去解决他人的问题。

根据提摩太后书2：24-26，带领者主要的角色是"主的仆人"。若要成为神手中的器皿，我们务必要全然信靠神。此外，主的仆人们必须温良、忍耐、柔和以及善于教导。换句话说，我们必须认识真理，以及懂得在爱中说出真理，因为真理能释放我们得自由。基督徒不是被昔日创伤本身所捆绑，乃是被创伤经验所带出的谎言所捆绑。我们因此可以把他们指向真理，帮助他们脱离捆绑。

原则三：我们乃是教导一种生活方式

真正能使人得自由的乃是基督，不是"在基督里得自由的步骤"！人们能得以自由，乃是因为他们在信心中向主回应并悔改。

最后我们要留意，千万别让那些完成这"步骤"的人以为那是一次性的经验。我们的目标是要帮助人们成为结果子的门徒。为此，我们不希望给人们仅一次得自由的经历，而是要装备他们天天经历自由。

如果学员们在静修会里集体进行这"步骤"的话，不妨鼓励他们另行安排个别的"自由约见"，让他们可以在另一个人的见证下，说出自己的问题。这伴随的人就好比是某位你信得过的朋友般，陪你走过。鼓励他们定期地做这"步骤"，比方说一年一次。当然，如果他们已不再掉入旧有的罪，他们就无须再处理那个问题。当你逐年回顾的时候，你会惊讶自己的进展竟如此叫人赞叹。

最后请留意，自由和成熟之间有很大的差别。我们将会在第十课提及这点。说到这里，我想我们已经晓得，完成这"步骤"并不担保当事人可以持守那自由。不过，他们将能够自由地作出取舍，或许这是他们首次能如此自由地选择：他们是否要更新自己的心思（此乃生命能被转化的唯一途径，请看罗马书12：2）。

带领个人进行这"步骤"

1. 从收集背景资料开始

前来约见的人("寻求自由的人")须在约见之前完成一份保密的个人问卷。你可以在《门徒辅导》的附录，或是在寄发给The Freedom团契会友的资料（见第25页）中，取得这问卷。你可以复印这问卷，或是调整其中的内容加以使用。不过，请记住，许多人并不会在书面上揭露他们的隐秘资料，所以，可能在会谈的时候，更多的事会浮现台面。

挑选一间舒适的房间，当你面对较难处理的案例时，也能容许你有较长的时间舒适地进行会谈。预备一盒纸巾和一些饮用水。我们极力推荐你，让寻求自由的当事人先签署一份同意书，证明他们晓得鼓励者并非一位专业的受训辅导员。这份同意书也可以从"The Freedom团契"的资料中取得。

第一，先取得当事人家族的简要历史。他们的父母或祖父母有哪些宗教经验？他们是否曾经参与密术或敬拜假神的宗教？他们家里的气氛是否和谐？在他们的家族历史中，是否曾发生离婚或外遇事件？失去功能的家庭会衍生错误的信念。举例来说，许多孩童因为父母离异而错误地责怪自己；或是因家里发生过一些事而长期对父母心存苦毒。

接下来，你可以了解他们的家族是否有任何酗酒、药物滥用、性瘾或精神疾病的历史？他们家族的运动和饮食习惯有何特色？家人的道德价值观如何？不妨请当事人分享他们早期的孩童经验和校园经验。

请留意，听取他们的个人和家族历史的目的，并不是为了让你试着去解决他们的问题，而是为了要理解在他们身上究竟发生了何事，及了解他们从何产生某些信念。当你带领他们走过这"步骤"的时候，圣灵将会逐一向他们显明这些细节。

这份保密的个人问卷同时也提供了当事人在身体、精神、情绪和属灵上一些重要的讯息。

2. 带他们走过这"步骤"

这"步骤"主要聚焦在当事人与神之间的关系。很多人都可以自己去进行这"步骤"。这过程与大多数的辅导方案不一样，因为那祷告的人本身就是需要帮助的人，而且他们祈求的对象，是唯一能帮助他们的那一位。

我们建议你，在带领者("鼓励者")以及寻求自由者旁边，也有一位祷告同伴随行在侧。

向寻求自由者说明，他们要做的是什么，以及他们须这么做的原因。请在一次会面里完成所有七个步骤。或许并非每个步骤都是他们所需，但为了他们的好处，每个步骤都得详细地进行一遍。请他们大声读出每篇祷告及一些信仰教义的宣认。凡有任何心思上的抗拒或是身体上的不舒服，鼓励他们都分享出来。承认这些征兆之后，你可以继续进行。在大多数的情况下，只有极少数人会抗拒。通常，属灵的抗拒只会在头两个步骤中出现。

不能饶恕（步骤3）是最为关键的步骤。每个当事人至少都有一个对象（通常有几个对象）是难以原谅的。不饶恕是教会向撒但所敞开最大的门户。若我们不能帮助人打从心底地饶恕，我们根本无法帮助他们脱离过去。

你可以放心，只要他们求神告诉自己有哪些人是需要去饶恕的，神就会把名字带到他们心思里。如果他们说"没有任何人"，那么你大可回应他们说"你何不把此时浮现在你心中的名字说出来？"这时，一定会有几个名字从他们口中说出来。然后，你把这些名字记在一张纸上。通常，一些让当事人讶异的名字会浮现出来。在进行饶恕步骤的时候，他们通常也会想起一些被遗忘的伤痛记忆。

向他们说明何谓饶恕，以及如何去饶恕。至于饶恕的主要课题，我们先前已经在"步骤"书上一一阐明。接下来，把那份名单交回给当事人，并问他们是否愿意为了自己的缘故而原谅那些人。告诉他们，饶恕人主要是他们与天父之间的事。至于能否与对方和好，那却不一定。

进行步骤4至6的时候，甚少人会作出抗拒。请你另行处理步骤6关于性的罪。自统计，我们惊讶地发现，人们的捆绑竟大部分与性有关。关于某些特殊的性课题，我们在步骤6也提供了几则祷告，可供他们使用。不妨询问当事人，这些课题是否与他们有关。

大多数情况下，当事人并不察觉自己已全然自由，直至他们完成步骤7最后的宣告和祷告。一旦他们完成所有的步骤之后，你可以请寻求自由者舒服地坐着，并闭起双眼。然后问他们："你现在听见什么？你的心思是否安祥？"稍微静默后，他们通常会坦然地微笑回应："没有什么。我的心思终于静了下来。"假如他们在步骤2时曾经有困难读出教义宣认的话，这时候不妨请他们重新读一遍。他们将会难以置信地发现，自己如今竟然可以读出来，而且明白了其中的真理。这时，寻求自由者的整体举止通常会有很大的改变，你不妨请他们看看镜子里的自己。

在基督里得自由是一回事，持守自由又是另一回事。保罗在加拉太书5：1说，「基督释放了我们，叫我们得以自由，所以要站立得稳，不要再被奴仆的轭辖制。」这"步骤"包括了几项事后建议，可以帮助当事人持守他们在基督里所得到的自由。Freedom in Christ Ministries也准备了为期21天的灵修书籍《行在自由里(Walking In Freedom)》，鼓励每个人可以每天阅读使用。每三天，它会重复七个步骤的其中一个步骤。如此将能加强他们的学习。

在第十课，我们将会向你介绍更多持守自由的策略。

3. 不住引领人们朝向真理

大多数身陷属灵冲突的人都对神和自己有扭曲的观念。如果你能够找出哪些是他们错误的信念，将会使会谈进展得更顺利。仔细听当事人说了些什么。在某些情况下，你可能需要重温一些他们所学过的真理，包括神的属性以及我们在基督里的位分。被击败的基督徒不晓得自己在基督里的位份，也不明白自己身为神的儿女究竟意味着什么。与其他信徒不同，基督徒的生命对他们而言似乎没什么作用。他们有些甚至担心自己会精神崩溃，生命充满焦虑。他们大多数都觉得自己不可爱、一无是处，也常常被拒。他们尝尽各种方法，期望能改善他们的自我形象，但却一无所获。他们有些甚至怀疑自己的问题出自灵界的搅扰，但对于该如何解决这问题却一无所知。

通常，被击败的基督徒对光明国度和黑暗国度两者有扭曲的概念。他们以为自己身陷两种同等却对立的权势：坏的撒旦在一边，善的神在另一边，可怜的自己则被夹在中间进退维谷。当然这个想法是不对的，他们却深信这想法，因此惨被击溃。所以要让他们了解真相，就是：神是无所不在、无所不能、无所不知的，撒旦只不过是被打败的仇敌。我们则在基督里活着，并且与祂一同坐在天父的右手边——宇宙最高权柄和能力的位置所在。

4. 当心思激烈地交战的时候

这步骤是给每位基督徒的，不只是给那些有显著问题的人。当然，这过程也能帮助那些问题显著的人们。

对某些人来说，撒旦的存在似乎比神更真实，更有能力。这类型的人面对着一场激烈的心思争战，通常他们会听见对立的争论声音。他们脑里充斥着谎言，甚至听见有声音威吓他们要远离"自由约见"，否则将会伤害他们或使他们难堪。

这类精神上的搅扰并不罕见。这时不妨向当事人说明，心思就好比是控制中心，提醒他们所听过关于飞行控制台的比喻，他们有权决定让那一辆飞机降落地面。只要能管住自己的心思，就不会在"自由约见"中失去控制。不论这些消极的指责意念是透过墙上的喇叭播放出来，是从他们自己的记忆而来，又或是从地狱之坑而来，这些都不重要。重点是，只有当他们相信这些意念的时候，这些意念才能控制他们。为了帮助他们能持续地管治自己的心思，你可以不时请他们分享自己的心思意念，引导他们把那些欺哄性的意念带到光中。一旦这些谎言曝了光，它的权势就会被断开。

基于两个理由，当事人可能会不愿意跟你坦诚分享。第一，假如他们察觉你并不信任他们，他们必不会告诉你。假如寻求自由者脑中听见声音的话，世俗的辅导员和许多基督徒辅导人员通常不会把这些声音视为从鬼魔而来，反而会认为他们有精神问题，并开药物处方来处理这些问题。顾及于此，面对困扰的人或许会概略地说出自己发生什么事，但却不会愿意透露自己心思激战着的内容。第二，倘若他们正在面对灵界搅扰的话，鬼魔也可能会威胁相迫，危及寻求自由者本身、鼓励者、甚至当事人的家人和朋友们。

仔细留意他们的眼睛。若当事人的眼神开始变得昏沉或是呆滞，或者他们开始打量房间四周的时候，你就要停止手中的工作，并请他们分享自己的心思里究竟发生了何事。若你未能慎加留意的话，你可能会就此控制不住场面。若你留意到当事人确实挣扎不已的话，不妨鼓励他们起身走动一下。你要让他们知道，他们有选择权，可以自由地做他们想作的。

最难接受人帮助的，是那些极度被动的当事人，因为他们从未真正为自己的意念负过责任。他们毫不加分辨就接受凡临到脑海的每个念头，并且顺应着这些念头。他们似乎并未意识到自己有自由意志，可以对消极的意念说"不"。所以，你可以如此指示这类当事人，说："若你脑海出现了什么念头，不妨先跟我分享，别只是按照它的话去做。"请帮助他们明白，每个临到他们脑海里的念头未必都是来自于自己。对他们来说，能够晓得自己的心思归自己管理，即自己有权决定让那个意念"降落地面"，以及让那个意念离开自己，这确实是很革命性的概念。

为了帮助当事人持守自我管理的能力，这"步骤"以一个非常特定的祷文和宣告作为开始。如果他们已经靠着神凭信心地宣认的话，撒旦并不能伤害他们分毫，因为牠在他们身上毫无权柄。

进行"自由约见"的时候，请勿触摸当事人。假如当事人在过去曾经被虐待，你的碰触或许会让他们觉得被侵犯。至于那些仍然被魔鬼压制的人可能会因此退缩，远离你。不过，当他们得自由之后，相反的事会发生。他们会靠近你。因为对立的灵互相排斥，圣灵却是叫人合一。

千万别试着去限制任何人的动作或行动，因为我们争战的兵器不是属血气的（林后10：3-4）。假如他们要冲出房间，就让他们离去。你可以继续在祷告中等候，通常没多久（五分钟以内），他们就会回来找你。我们不应当违反当事人的意愿或尝试要控制他们。他们可以自由地选择离开或待下来。

假如你正扶助的人曾经积极参与撒旦教活动的话，请作好预备，因为你可能会面对激烈的对抗。在步骤1，我们提供了一页特别的弃绝宣告，给那些曾经拜过撒旦，或因撒旦教仪式而备受压制的人。撒旦教所做的每一件事，都是与基督教信仰对立的，因为撒旦就是那敌基督。你可能须用上好几个小时来进行这些弃绝宣告。保罗写道：「我们当洁净自己，除去身体灵魂一切的污秽，敬畏神，得以成圣」（林后7：1）。为了要重建当事人对神、对自己四分五裂的概念，我们需要花费时间，付出大量的爱和接纳，及在主内的谅解和支持。在哥林多后书4:1-4，保罗提及这项服事：

> 我们既然蒙怜悯，受了这职分，就不丧胆。乃将那些暗昧可耻的事弃绝了，不行诡诈，不谬讲神的道理。只将真理表明出来，好在神面前把自己荐与各人的良心。如果我们的福音蒙蔽，就是蒙蔽在灭亡的人身上。此等不信之人，被这世界的神弄瞎了心眼，不叫基督荣耀福音的光照着他们。基督本是神的像。

Freedom In Christ Ministries定期举办"帮助人找到在基督里的自由"工作坊，从中提供更多关于如何带领个人进行"在基督里得自由的步骤"的解说。你也可以使用教学DVD，轻松地提供相同的教导，训练内部的团队（细节在第24页）。

选择一个静修会

我们建议你采用舒适的环境举办静修会，有可能的话，尽量远离教堂的社区范围。请为参与的会友们提供午餐，或者确保人人都自备了午餐饭盒。我们建议你，能在午餐时间维系安静的氛围，并且建议会友们能待在指定的范围内。你可以在第218页找到一份时间流程提案。

你所使用的空间除了能容纳所有参与的人员之外，还必须能让他们有某个程度的私人空间。因为人们若可以自由地各自散开来与神独处，这"步骤"才能顺利地进行。进行这"步骤"的时候，不妨播放一些背景音乐，好让人们可以自由地开声祷告而不必担心会被人听见。最好能播放纯音乐（没有歌词），因为它比较不会使人分心。

每位参与者都需要一份《在基督里得自由的步骤》、学员手册及一只铅笔。整组人员将会一起大声诵读几则祷文，然后各自花一些时间与神独处。没有人需要跟组内的人员或其他人分享任何事，因此也无需觉得尴尬。这时，纯粹是你个人与神相遇。请先向学员们说明，有些人可能在过程中会碰及痛处，所以流泪是可以理解的，是不要紧的。

有些人或许会偶尔需要人提供个别的关注，特别是当他们进行某步骤（通常步骤1、3及6）碰到困难的时候。不妨安排一些人员在附近走动，可以适时帮助那些面对挣扎的人。或许，安排一个人关注每十位参与者是不错的起点。这些助人者必须是成熟的基督徒，进行过"自由约见"，并且熟悉得自由的原则。

有些人可能只需用很少时间就可以完成某步骤，有些人则需要花很多时间来进行该步骤。你可以建议那些较快完成某步骤的学员们为那些耗时较长的组员来祷告，好让圣灵能把必要的问题一一向那些组员显明。而且，如此做也可以阻止撒旦搅扰整个过程的进展。倘若人们有太多问题需要处理以致时间不够用的话，不妨向他们确保，这并非仅此一次的机会，日后他们还是可以再做。最理想的是能安排个人约见来继续进行这"步骤"。

大多数人选择使用这"步骤"的教学DVD，来带领人们进行这过程，因为此DVD已为你代劳大部分的工作，并且它还会适时地自动暂停。当然，你需要预备一台电视机或者投影机，还有一部DVD播放机，好让每个人都能观看此DVD。先以祷告开始，然后说明这堂课会如何进行。启动这"步骤"的教学DVD，它会先从一些说明简介开始，接着进入整个过程。每个步骤都会先有说明，及开场的团体祷告。每当该步骤的祷告和介绍结束之后，DVD会自动暂停。这时请稍加等候（学员可自由散开），直到每个学员都完成了该步骤，或该步骤的某个部分。直至学员集合之后，才继续播放DVD的下一段。

或者，你也可以使用附随本教员手册的CD presentation档，里面附有一起诵读的所有祷文和宣告文，以及关于每个步骤的介绍。每个步骤开始之前，先简要说明该步骤，然后让每个人一起诵读开场祷告，过后让他们有时间与主独处，面对圣灵向他们显明的生命课题。假如你没有使用教学DVD的话，以下是一些教学指引的笔记：

带领一组人进行这"步骤"的笔记

此笔记乃摘录自一位组长对组员所说的一些观点，旨在提醒你这"步骤"的各简介内容。它们与附随的ppt呈现片互为关连（在此并未展示此ppt的图像，不过当你使用它的时候，你会发现每张ppt的内容都相当清楚）。另外，你也可以从这"步骤"书册中，找到更多有用的解说资料。

如果你打算自行带领一组人进行这"步骤"的话，先观看相关的教学DVD将会对你有所帮助。只要依照这"步骤"DVD所示范的去做就行了。向组员解说这"步骤"的内容，然后带领组员一起祷告，在开始每个步骤前一起大声读出祷文。接下来，让组员们有时间与神独处。这"步骤"的每个步骤本身经已足以解释其内容和意义。

从第216页开始，已为你提供该怎么做的摘要事项。

介绍

《在基督里得自由》门徒训练系列第三本书《得自由、真自由(Break Free, Stay Free)》（2008年Monarch出版），相对应于本课程的第三章。请阅读其中第56至98页与"在基督里得自由的步骤"相关的资料。

这过程乃根据雅各书4：7「顺服神，抵挡魔鬼，魔鬼就必逃跑了」。你要请圣灵向你显明，在你生命中是否因为过去的罪给魔鬼留有任何地步。当圣灵向你显明的时候，你只须悔改和弃绝它，仇敌就再也没有影响你的权利。

顺服了神以后，在过程结束之际，你要命令仇敌离开你。正因为你已经处理了圣灵向你启示的每个生命课题，所以仇敌别无选择，牠只能从你身上逃开。

这是一个温和的过程，在你控制的范围内，并且成果都在你自己手里。它只介于你和神之间。假如你处理了圣灵向你启示的每一件事，在过程结束的时候，你就会在基督里经历自由。

小心，仇敌还会尝试欺骗你，把一些念头加给你，比如说"这样做没有用的"、"我不能这么做"，甚至是"我必须离开这里"。假如这样的事发生在你身上的话，别怕，你只需整理出头绪，看看这些念头究竟是从哪里来的，并且命令仇敌离开你。假如你需要人帮助你的话，请你告诉我们。

某些步骤你可能需要花很长的时间去完成，某些步骤则无需用太多时间。对不同背景的人来说，完成的时间也可能各有差异。假如你发现你还有剩余的时间，请为那些需要较长时间去完成某个步骤的人祷告：请圣灵不住向他们显明真理，并请神拦阻仇敌在过程中的搅扰。另一方面，假如你发现自己不够时间完成某个步骤的话，你日后还是可以回到该步骤，无论在家里或是在个别的"自由约见"中，继续进行。这并非一次性的过程。一旦你发现自己还有一些事尚待处理的话，你可以随时再回到该步骤。实际上，我们建议你能定期地（比如说一年一次）进行这"步骤"，作为检验你属灵生命的一种方式。

步骤1：假冒抑或真实

此步骤的第一部分乃处理错误的灵界引导，包括你可能曾经从一些密术、邪教、非基督教的宗教，以及任何非从神而来的灵界经验中所寻求过的指引。

步骤1的第二部分乃评估你生活的优先次序，以及认出在你生命中有哪些你看为比神更重要的东西（即偶像）。

你只需向主祷告，求主向你显明你生命中的问题，然后把所提供的列单看一遍，并回答每个问题，来看看你在哪些地方需要悔改和加以弃绝。那列单并不详尽，不过却是一个起点，让你可从而发掘自己的问题。

为着主带到你脑海里的每个项目逐一地用祷文加以弃绝。因为仇敌不能读取你的心思，所以你必须说出来弃绝它。你可以低声地说出来，这样别人就不会听见你说什么。

假如你不确定自己是否已经处理了某特定问题，又或者你脑中浮现一些你已经处理过的问题，这时候，我们劝你最好当下再处理一遍。如果那些事不构成任何问题的话，再弃绝一次也无伤大雅。但如果那真是一个问题的话，你不去及时处理它，就会给仇敌留一个地步了。

正因为我们是集体进行这步骤，我们会把开场祷文和宣告更改为"我们"，在其上的空白处，你可以填上自己的名字[在ppt呈现片上则经已更改]。

我们建议，假如你曾经参与撒旦教仪式的话，就别集体进行第24页的"特殊弃绝"，因为邪恶势力会彰显出来，那需要有人提供额外的关注才行。不然，我们建议你可以稍后在家里才宣读此"特殊弃绝"。假若你发现在宣读上有困难的话，不妨另行安排个人的"自由约见"继续处理。

步骤2：欺骗抑或真理

在这个步骤，我们会正视我们可能被欺骗的三个领域：

- 被世界欺骗
- 被自己欺骗
- 因维护自己而被骗

记住按定义而言，欺骗会让你以为它就是真理。所以，当我们进行这"步骤"的时候，不管我们觉得神的话真不真实，我们都要相信。

我们会一起读出"我的父神"宣告。对那些经历过父亲在自己生命中缺席的当事人来说，这宣告特别能帮助他们。

我们建议大多数人做"惧怕附录"，它不过像是其中的一个步骤而已。它将帮助你揭发那躲在惧怕背后的谎言，然后你可以用真理来取代这谎言。另外，还有一则"焦虑附录"，许多人都从中获益不浅，你也可以把它当作家庭作业来做。

步骤3：苦毒抑或饶恕

不饶恕是撒旦陷害我们的主要诡计。我们务必要花时间，去确定自己已经打从心里饶恕了人。

请记住，为了你个人的好处，你必须要饶恕人，如此你才能自由地行走天路。选择了饶恕并不表示那件事对你无关紧要（那对你确实要紧），只不过你把它交给了神去解决，并且信靠祂是公平的审判官，祂必会惩戒所有的错。

打从心里饶恕人也意味着对神坦诚，以及坦白面对自己的感受。你要告诉神，那些所发生的事让你感受如何。当你这么做的时候，请你把那些感受记录下来。或许，这些感受显明了你有哪些营垒，是你事后需要加以处理的。如此做的原因，是为了要确保不让撒旦影响你陷入旧有的想法。

[带领人须知：这步骤的其中一项好处是，圣灵会让人察觉自己不符合真理的思想过程。为了让学员能持守他们的自由，他们必须委身相信神的话，我们将会在第十课教导他们可以怎么做。如今，当他们进行这步骤的时候，首先要帮助他们去揭发自己有哪些错误的想法。

在过程中，当圣灵向他们启示的时候，鼓励每个人都能把自己不符合真理的想法记录下来。尤其是当人们使用步骤3（饶恕）的公式："我选择饶恕 [人名]，因为 [他做了什么事]，那使我感到_ _ _ _ _ _ _ _"之时，他们在空白处所填写的字句将会显明当事人心思中有哪些营垒，也曝露出仇敌所陷害他们的诡计。

在下一课，你会把对付营垒的策略告诉学员。对许多人来说，这些策略能使他们的生命从此完全不一样。]

步骤4：悖逆抑或顺服

神设立权柄，是为了要保护我们。按神的眼光看，悖逆权柄与行巫术的罪相等（撒上15：23），是非常严重的一件事。进行步骤4虽然需时不长，不过却攸关紧要。

受权柄管治乃是一种信心的表现。不过，如果当权者做出超乎他们权限以外的事，我们却无须去顺服。你只需在自己曾经违背神所赋予权柄的那些事上，去认罪悔改即可。

步骤5：骄傲抑或谦卑

这是另一个无需花太多时间，不过却有必要去处理的一项关键课题。

在此步骤的结束部分，你需要处理骄傲的两种心态——偏见和固执。

步骤6：捆绑抑或自由

此步骤分三个部分。

在第一部分，你会处理犯罪-认罪的循环。要知道，单单说"对不起"并不足以止息犯罪的恶性循环。你必须认自己的罪，顺服神，并抵挡魔鬼。

在第二部分，你将会处理性方面的罪——凡在婚姻之外出于自己意愿或非情愿下的性行为。并且，求神断开你和另一个人之间出于罪的任何连结。

第三部分包括了特定课题的祷告。请仔细阅读每一则祷文。或许在乍看之下，你不觉得这些祷文与你有关，但事实却未必如此。比如说，即便不过是一些同性恋者曾经企图接近你而已，我们也建议你使用这"同性恋课题的祷告"。另外，假如男性过去曾经滥交，他们或许也要考虑用"堕胎课题的祷告"，承认自己在不负责任的行为下可能导致的后果。

步骤7：咒诅抑或祝福

在这一步骤，我们要弃绝祖先的罪。这并不表示我们因祖先犯错而有罪，但我们若选择不去处理这些过犯，它们会在我们的生命带来负面的影响。

圣灵可能会把一些我们从未察觉的事启示我们，比如说家族里曾经有人参与密术活动或犯奸淫，又或者圣灵会提醒我们关于我们的家族特质（如愤怒）。

在过程中，我们也会弃绝撒旦在我们身上或事工上的任何作为（即咒诅）。

结语

请闭上双眼，安静片刻。[暂停]

你的心思是否安静？是否有平安的感觉？

此时，或许你觉得自己在云端上，又或许你觉得自己很疲累！请记住，这过程的重点并不是为了要让你感觉良好，而是为了要赎回你在基督里的自由。假如你今天已经坦诚地处理了圣灵所指示你的每一件事，那么如今，你已经取回你的自由了！你必须集中心力，持续地在自由中行走天路。

在接下来的几天、几星期、几个月、几年里，主或许会指示你更多需要去处理的地方。如今，你已经知道该怎么去做了。无论何时何地，你只需弃绝错事，并向前迈进就行了。一点也不难吧！

第十课将会教导你一些策略，让你能行在自由里并更新你的心思。这时候，请务必作好预备，努力去持守你已经获得的自由。

现在要做一件对你非常有用的事，请把你所意识到自己曾经相信的谎言记下来，写在学员手册上第76页的空白处。在进行这"步骤"时，这些谎言将会随时浮现。尤其是步骤3，当你看到自己在"使我觉得"后面所写下的字句时，你或许也觉察到某些谎言。找找看是否有重复的字眼出现（但请留意，未必你所写下的每个字句都是谎言）。你可以看看是否有类似"不够"、"自卑"、"没用"、"肮脏"、"无助"、"无望"、"邪恶"等字眼，这些对永生神的儿女而言都是不正确的。

在等待下一课到来之前，我们建议你每天读出"在基督里恢复有意义、有保障、被接纳的人生"列单。或许，你也能宣读"我的父神"和"成功之20'能'"列单，从中得到帮助。在你的《步骤》书册上，也有一些每日祷文（第62至65页）可供你使用。你也可以从《行在自由里》——一本由尼尔安德森和米勒合著的21天灵修书籍中获益，此书专为走过"步骤"的你能更新自己的心思而著。

我们也建议你做"步骤"的两个附录——焦虑（第69页）和惧怕（第74页）附录。这"惧怕"附录能帮助你认出那些你曾经相信的谎言。在下一课，我们将会告诉你如何用真理去取代这些谎言。

请别错过下一课。它将会帮助你巩固所获得的自由，并且教你抵挡撒旦的诡计，使你不再落入捆绑之中。

带领整组人进行这"步骤"的大纲

以下的大纲是一些指引，目的是帮助你能带领整组人进行这"步骤"。基本上，它并不是指示你如何去做，而是一则列单，让你能检查自己需要做到的各项事情，以致你能顺利跟着整个过程去进行。假如你使用教学DVD的话，你也无需用上它。里面的页数乃参照由Monarch所出版的《在基督里得自由的步骤》一书。

简介。解说这过程，并一起读出《在基督里得自由的步骤》书册上第12页的祷文和宣告。

介绍步骤1：假冒抑或真实

一起读出第16页的开场祷文。

一起读出第21页的结束祷文（"主，我承认我曾经参与…"）。

一起读出第22页"评估你的优先次序"的祷文。

介绍步骤2：欺骗抑或真理，并一起读出开场祷文。

一起读出第30页的"父神"宣认文。

指出《步骤》书册上的"焦虑"和"惧怕"附录所在。学员可以在家里做，或是在个人约见进行时才做。

一起读出第32至34页的"真理宣言"。

介绍步骤3：苦毒抑或饶恕

一起读出第35页的开场祷文，请他们花一些时间，写下圣灵向他们启示的人名。这时，他们无需在意何故要饶恕这些人，他们只需把脑中所浮现的名字一一写下即可。

简单地强调：

• 这乃是介于你和神之间的事，并非你和那伤害你的人之间的事。

• 这乃是为了自己的好处而去饶恕。

解说第39页的"饶恕祷文"，建议他们把"使我觉得"后面的字句项目一一记录下来，因为这些项目有可能表明营垒的存在，而他们日后可以稍加处理。他们可以使用学员手册上第76页的空白处来做记录。

给他们时间写下各人的名单。假如时间不够的话，向他们强调，他们可以私下继续书写，或者也可以在个人约见中继续处理。

介绍步骤4：悖逆抑或顺服，并一起读出开场祷文。

介绍步骤5：骄傲抑或谦卑，并一起读出开场祷文。

一起读出第47页"偏见和固执"祷文。

介绍步骤6：捆绑抑或自由，并解释这步骤包括三个部分。

一起读出第49页的开场祷文，并让他们做第一部分。

一起读出第50页"性方面的罪"祷文（"主，求你向我显明"），并让他们做第二部分。

一起读出第51页的祷文，作为第二部分的结束。

指出第52至54页"特殊需要的特殊祷文"所在，并给他们一些时间，让他们使用其中合适的祷文。

一起读出第55页的结束祷文。

介绍步骤7：咒诅抑或祝福

说出第57页的开场祷文。

给他们一些时间，把浮现于脑中的东西一一写下。

一起读出第58页头两行的宣告，然后请他们将主向他们显明的事说出来（他们可以低声说出，不让人听见）。

当每个人都做完之后，继续读出其余的宣告文，以及完结祷文。

[为了便于使用，此ppt呈现档已经把宣告文分成两个部分。]

请他们安静一下，继续待在祷告的状态。然后问他们，"你的心思是否能静下来？是否有平安的感觉？"

作结语。可能你可以特别提到，在第十课将会教他们如何取代谎言的策略。

静修会的时间流程提案

以下是一时间流程提案,你可以在静修会上第九课以及进行"在基督里得自由的步骤":

9.45	欢迎和敬拜
10.10	在基督里得自由的步骤
	简介(15分钟)
	步骤1(30分钟)
	步骤2(30分钟)
11.25	小休
11.40	第九课:打从心里饶恕("话语"部分而已)
12.20	在基督里得自由的步骤
	步骤3(为时40分钟,不过可以依需要接续用午餐时间来做)
13.00	午餐时间
14.00	在基督里得自由的步骤
	步骤4(15分钟)
	步骤5(15分钟)
	步骤6(40分钟)
	步骤7(10分钟)
15.20	小休
15.40	敬拜
16.00	结语
16.15	结束

第四章

成长为门徒

在基督里得自由之后，我们须把心思集中在迈向成熟的课题。
在这一章，我们将学习如何站立得稳，如何与他人来往及如何持守正道，
使自己越来越像耶稣。

第十课

每日行在自由里

第十课：每日行在自由里

焦点经文：
希伯来书5：14「惟独长大成人的，才能吃干粮，他们的心窍习练得通达，就能分辨好歹了。」

本课目标：
帮助学员明白，掌握在基督里的自由并非一次过的经验，而是需要发展成为一种生活方式。在此，我们也为他们提供了相关的策略。

焦点真理：
我们是否能持续地行在自由里以及迈向成熟，取决于我们能持续地更新自己心思的程度，以及能训练自己分辨好坏的程度有多少。

教员须知

这是非常实际的一课，专为那些完成"在基督里得自由的步骤"的人而设。此课将帮助他们承担起个人的责任，并持守他们所获得的自由。

假如你是在小组内进行的话，我们建议你花多一些时间在静思二阶段。那里包含了一个练习，学员们将拟订自己"打击营垒"的策略，我们要藉此帮助他们更熟悉该策略来更新他们的心思。

不断在本堂课提醒学员们，凡是基督徒都已经拥有了过敬虔生活所需的一切（彼后1：3），我们只需学习运用神所给予的一切即可。我们需要付出努力以及决心才能成功。

你可以跟组员分享一些实际能更新他们心思的方法。但请记住它们纯粹是诸多方法之一（而非唯一的方法），有些人可能会从中获得帮助。

注：假如你能够从个人经验中谈你"打击营垒"的方法，对学员们将会带来很大的帮助。在带领本课之前，鼓励你不妨拟出一份你"打击营垒"的方案。

小组时间流程：

欢迎	5 分钟	0:05
敬拜	5 分钟	0:10
话语一	23 分钟	0:33
静思一	20 分钟	0:53
话语二	20 分钟	1:13
静思二	35 分钟	1:48
话语三	8 分钟	1:56
静思三	4 分钟	2:00

 欢迎

你认为"在基督里得自由的步骤"如何？

 敬拜

建议主题：祂使我得自由！

读出以下经文：

「所以，基督释放了我们，为了要使我们得自由。所以你们要站立得稳，不要再被奴役的轭控制」（加拉太书5：1，新译本）

「我必行在宽阔之处，因为我一向寻求你的训词。」（诗篇119：45，新译本）

建议每个人花几分钟，让自己浸润在神真理的光中，然后把自己放进经文里，读给你旁边的人听："迪安，基督释放了你…"

 话语

本课的辅助资料是门徒训练系列第三本书籍《得自由、真自由》（2008年由Monarch所出版）的结尾部分第99至110页。

迈向成熟

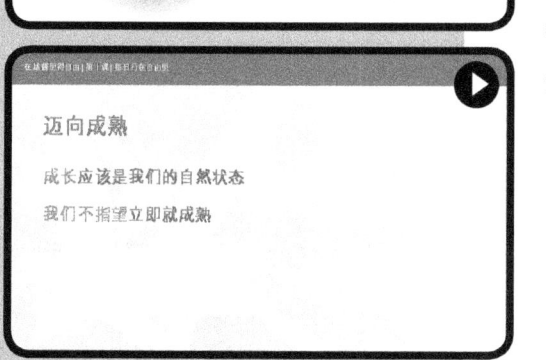

▶大多数人都会同意，一个正常的基督徒应该是朝着灵命成熟的目标迈进。假如某位牧师的教会里有很多灵命成熟的会友，那该算是一笔很大的资产。但是，若教会里有很多年资老但却不成熟的基督徒，那可真要命！信徒灵命是否成熟，就是使徒保罗在哥林多教会所面对的问题（林前3：1-3）：

「弟兄们，我从前对你们说话，不能把你们当作属灵的，只得把你们当作属肉体，在基督里为婴孩的。我是用奶喂你们，没有用饭喂你们，那时你们不能吃，就是如今还是

不能。你们仍是属肉体的，以为在你们中间有嫉妒、纷争，这岂不是属乎肉体，照着世人的样子行吗？」

▶我们不期待初信者马上就成熟。初信者仍然会依从肉体行事；他们还不完全理解自己成为基督徒的那一刻所带给他们的意义；他们仍然还有一些未解决的冲突而使得撒旦有机可乘。

第二节的字义可以直译为："我没有给你固体的食物吃，因为你们还没办法吃。到现在还是不能吃。"

但问题是，哥林多人并不是初信者。即使过了一段年日，他们还是无法接受（属灵的）固体状食物。所以，保罗说，这是不正常的情况。

罪在他们的生命中成了常态。保罗特别指出，嫉妒和纷争是他们的问题，阻碍了他们多结果子、迈向成熟。

任何基督徒都可能会变成老基督徒，这只是时间上的问题。任何基督徒也都可以成为成熟的基督徒，但很多人却做不到。

▶小婴孩很可爱，不是吗？▶但是，如果他们长大了，举止行为还像个小孩，就不那么可爱了吧。

不论小孩多想吃固体食物，但如果他的胃接受不了，即使他吃了下去，他还是消化不来。

只是单纯地渴望成为成熟的人还不够。

本课目的旨在帮助我们理解，虽然我们在完成了"在基督里得自由的步骤"，但我们的生命还要继续被转化，进深成为跟随基督并结实累累的门徒。

在进行"得自由的步骤"的时候，虽然只有某部分人经历到戏剧性的生命改变，但在本课，我们每个人都会学习，如何让自己的生命不只是改变一点点，而是被全然地转变过来。

自由和成熟的差别

▶让我们再次用彼得后书1：3提醒自己：

> 神的神能已将一切关乎生命和虔敬的事赐给我们，皆因我们认识那用自己荣耀和美德召我们的主。

在本课程里，你可能会很惊讶地发现，你已经拥有活出自由生活和敬虔生命所需的一切了。事实上，当你进行"在基督里得自由的步骤"之时，选择了认罪、悔改、弃绝，并命令恶者离开你的时候，你就已经掌握了神所赐关于"生命与敬虔"的东西了。如今你已晓得，一旦发现自己有其他方面的捆绑，或是落入旧陷阱的时候，自己该怎么做了。

万一你还不确定自己是否已拥有所需的一切，可以成为多结果子的门徒，那么不妨让我们多看几处经文吧！

▶以弗所书1：3说，神已将「天上各样（**每样**）属灵的福气...赐给我们了。」

▶然后，歌罗西书2：9-10说：

>「因为神本性一切的丰盛都有形有体地居住在基督里面，你们在他里面也得了丰盛，他是各样执政掌权者的元首。」

这里的"丰盛"含有完全的意思。

成熟和自由

走过"在基督里得自由的步骤"并非故事的完结，它只算是个开始。得以自由并不表示你已成熟。得自由可能在很短的时间内就发生，但成熟却是一生的功夫；这两者之间有很大的差别。

▶成熟是一个成长的过程，透过不断认识神和祂的话，我们就迈向成熟。无论一个人信了主才四天或是四十年，他们都在不断地迈向成熟。

▶然而，自由却是我们在基督里的位分，这是基督胜过罪恶和撒旦所得来的位置。在我们生命的各个范畴里，我们要不就是自由的，要不就是落入捆绑之中。在这些范畴里，我们无须"渐渐地"得自由。我们乃是靠着在基督里的权柄，一旦觉察到自己若在何处被欺骗和捆绑，就从何处立时把自由夺回来。

在基督里得自由　225

不过，自由和成熟两者却密不可分。我们若没有先得到自由，就无法成熟。这正是哥林多教会的问题。他们没有处理嫉妒和纷争的问题，所以不论他们有多想要成熟，他们还是无法前进。除非他们乐意处理仇敌在他们生命中的营垒，否则他们花费多少力气、多么渴望成熟，都还是会徒劳无功。

迈向成熟的三大要诀

假设你已经得了自由，那么我就要和你分享三个秘诀，使你能以更快的步伐，往成熟迈进。

1. 负起自己的责任

▶首先，我们必须为我们与神同行的生活负起责任。

假如就像保罗般，你需要协助一些似乎不成长的人或生命中被问题所困的人，你会怎么做呢？

你可能会想对哥林多教会说："我为你们祷告，求主挪走你们当中的嫉妒与纷争。"但保罗没这么说。事实上，他根本不想直接干涉他们。为什么不呢？因为他不能这么做。教会需要亲自去做的，是认罪、悔改、顺服基督并抵挡魔鬼。保罗无法替哥林多教会的人认罪、悔改、顺服或抵挡，他们必须自己来做。保罗至多只能帮助他们看见真理，至于去做抑或不去做则全看他们自己的选择。

负起个人的责任

某些事是神的责任，某些事是我们的责任
　　没有谁能替你悔改或相信
　　没有谁能替你去饶恕
　　没有谁能替你顺服神

大多数失败的基督徒都尝试要神改变祂的方法来配合他们！

谁应当负责？负哪些责任？

▶神设定了一些规则，祂宣告了某些事是祂的责任，某些事是我们的责任。但问题在于，我们常把两者混在一起。我们把神的责任揽在自己身上，又把自己当作的事交给神去做。

聚会结束后的一个晚上，一位年轻的姐妹前来寻求帮助。她说，她每晚都被惊吓醒来，她觉得自己房里出现了恐怖的鬼魔。当时她二十多岁，已经搬出去住在自己的公寓，但因为鬼魔的搅扰，她只好搬回父母家，甚至必须和父母一起睡。她不断求主驱除恶魔，但是主并没有这么做，渐渐地她变得神经衰弱。当时，她正服用抗忧郁的药物，并申请了长期休假。

为什么神不赶走恶魔呢？祂怎么如此残忍呢？为什么祂不回应她日以继夜的祷告？事实上，神早已经回应她了。耶稣在十字架上已经击败了撒旦（西2：15），并将胜过撒旦的权柄和能力赐给我们了。问题是，谁该为此负责？依神的智慧，祂说解决这个问题应该是她的责任：「要顺服神抵挡魔鬼，牠就必逃跑」（雅4：7）。谁应该顺服和抵挡那恶者呢？她自己！

当讲员向她解释说，她有能力、权柄和责任去做的时候，她的第一个反应是："我不能，我不够强壮"。但后来，她将自己委身给神的话，而不依靠自己的感觉。结果，第二天她说："你猜怎么样？有效哦！"凭信心行事——就是照神对这个世界所说的去行，这肯定有效！

有些人会想，我们若只请人代祷就立即能解决问题的话，那该有多好。只可惜，解决之道只在于亲身悔改和相信真理，▶没有人可以代替你去悔改或相信真理，也没有人可以替你饶恕别人。你想，这个简单的方法是否可以促使你坚定向前？或者即使仇敌下次再用同样的课题攻击你时，你也可以昂首上阵，去抵挡仇敌？

▶大多数失败的基督徒都尝试要神改变祂的方法来配合他们——"主啊！求你为我改变一下，就这一次"。他们希望神为他们负责任。但神不会那样做，这是为了他们好。如果神真的顺应那姐妹的祷告，做了她应该做的，她就永远都学不会自己在基督里多有能力和权柄。

现在她学到了这功课,也不再被那个灵界问题所困扰了。在迈向成熟的路上,她跨进了一大步。如果神介入了,她就什么也学不到。

作为基督徒,没有人可以代替你向前迈进,这是你自己的责任。我们惯于找身边最健康的基督徒为我们祷告,希望他们可以帮我们脱离困境。我们都晓得,健康的生活并非藉着被传染的途径而有。你可以整天和最健康的基督徒在一块,至终却没被感染到任何健康的益处。你若要像他一样健康,你就必须学他一样运动、改变饮食习惯、多休息等等,照做不误。相反,你如果和一位有病的人在一起,你却有可能会被他的疾病所传染。这在属灵的事上也同样真实。坐在一位属灵伟人旁边两天,不会带来什么属灵的感染,你也不会有任何改变。但是,你若被他造就,学习他的信念,如何操练属灵的纪律,如何胜过试炼和艰难,并结出果子和好的品格。如此,你才有可能会像他。当然,往后的生活,还是得由你自己来负起自己的责任才行。

基督徒如何能被转变?

▶关键问题来了。根据圣经,究竟是什么能使一位基督徒转变?罗马书12:2是我所知唯一的答案。▶经文说:

「不要效法这个世界,只要心意更新而变化。」

我们是因心意更新而转变。▶心意更新是谁的责任呢?神的吗?牧师的吗?不是!是我们的!▶被转变——不仅是一点点改变 的钥匙就在我们自己手里!这岂不是天大的好消息吗?

假设你是一位父亲,有两个小孩,小的来问你说:"哥哥今晚可以去看电影吗?"你会怎么说?"叫他自己来问我!"

如果有个人老是透过别人来问神说:"请你为我代祷,求问神吧。"你想神会怎么说?"嘿!我是你爸,过来跟我说吧,我爱你呀!"你不能老是和神保持二手关系吧!

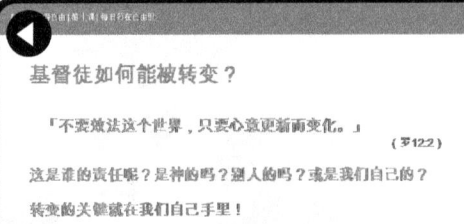

基督徒如何能被转变?

「不要效法这个世界,只要心意更新而变化。」（罗12:2）

这是谁的责任呢?是神的吗?别人的吗?或是我们自己的?转变的关键就在我们自己手里!

如果在某件事上,神已经给了我们能力和责任去解决,我们就无需老是求人为我们祷告。这就是为何在新约圣经中,你会看到当某信徒的生命出现问题的时候,它都在强调那是个别信徒的责任,各人当用神所赐予的能力去采取行动。同样,你也应当运用你已得的自由,朝成熟迈进。

你自己可以做,但你不可以只靠自己

▶这并不是说我们不需要别人。你自己可以做,但你不可以单靠自己。▶别人可以鼓励我们,关心我们,支持我们,▶但最终,我们还是要为自己与神之间的关系负起责任,神乐意直接面对我们每个人。

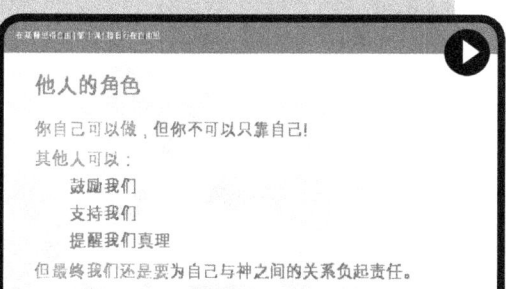

这会使你感到害怕吗?想一想。你的属灵成长若是依赖合适的人来为你祷告,你无法保证能找得到这样的人,而且你可能永远也找不到。

正因为神已经给了你所需要的一切,把基督里所有的属灵福气都给了你,你可以不必再找一个满有属灵恩膏的人了,不必再找对的书来读,不必再去对的地方,甚至不必再上对的门徒训练课程!因为答案都在你手里了。在基督里,你已经拥有一切能使你迈向成熟和多结果子的条件。

现在你得着了自由,你没有理由不负起己责,迈向成熟。毕竟,没有人能代替你这么做。

无论我们的过去如何、我们与人的关系如何,或我们目前的处境又存在着多少的阻碍,我们都不能用外界的种种因素作为藉口来怨天尤人。除了你自己,没有任何人或事能阻挡你按神的样式而活!

> 「基督释放了我们,叫我们得以自由。所以要站立得稳,不要再被奴隶的轭辖制。」(加5:1)

静思一

目标：

向学员表明，神把我们放在一个基督徒群体中，其他信徒可以帮助和鼓励我，但神已经给了我们一切所需，使我们能各自为自己属灵的成长负起责任。既然如此，如果我想要成长的话，我就必须承担起自己的责任。

▶ 问题：

倘若基督徒并未如期成长为他们该有的样式，那会是什么东西拦阻了他们呢？你对自己生命的成长速率有何感想？

彼得后书1：3告诉我们，我们已经拥有一切所需来活出基督徒的生命（另请参阅弗1：3和西2：9-10）。既然如此，为什么有时候你仍觉得那不是真的？

你是否同意这片语："你自己可以做，但你不可以单靠自己"？当我们提及成长为成熟的基督徒时，有哪些事是个别基督徒当尽的责任？其他的基督徒又可以如何从旁给予鼓励？

2. 更新我们的心思

藉着"在基督里得自由的步骤",如今我们已经解决了个人属灵上的冲突,从此我们与真理连结就容易多了。不过,我们还属血气,经常还受制于过往一些不造就人的想法。这些想法就是我们的营垒,在前几课我们已学到,我们无法真正与真理连结,是因为这些营垒欺骗我们。

如今,我们已有武器足以对付这些营垒:

> 我们用的武器不是属世的武器。这些武器有神的力量来攻取营垒。我们可以摧毁那些反对神的争议和谎言,使每个心思意念都归顺基督。(林后10:4-5,新译本)

留意保罗在这儿强调我们的责任:我们需要去争战,主动摧毁那些使我们敌对真理的争议和谎言,并将所有的心意夺回。我们也必须实际操练和努力,才能运用神给我们的武器去争战得胜。

记住,我们是藉着更新我们的心思而转变。现在让我们来看看这方面的策略:

揭发谎言

▶首先,我们需要认出自己相信了哪些谎言,而使我们的信念体系无法与真相连结。

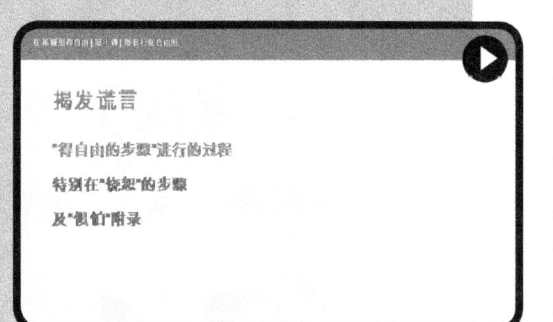

某领袖带领一位年轻女士进行了"基督里得自由的步骤"。后来,带领那约见的人怀疑她似乎相信了自己很脏的谎言,就找她谈话。那时她回应"不!根本不对。""哦,"那带领者继续说"但是,在过程中,你好像一直提到自己很肮脏。""对,"她说"我是很脏,但那并不是谎言。"

她过去的经验——她小时候在家中曾被一名工人强暴——使她觉得自己很脏,对自己有错误的看法。她之后得厌食症、伤害自己、沉溺药物,这些都是她尝试用来掩盖自己负面感受的应对方式。

虽然进行"得自由的步骤"之后,她已将仇敌赶出她的生命而得到了自由,但是她若就此停留在哪儿,继续相信她很脏的谎言,又会发生什么事呢?毋庸置疑,她的情况会急转直下。她会回到她旧有的生活方式,来应对她仍然自觉污秽的痛苦。

能得自由的秘诀在于能晓得什么是真相。而真相就是：藉着基督，她已经被洁净了，是完全洁净无瑕疵的。而且，神接纳她回到祂面前，她是神成长中的孩子，神以她为荣。

经过了完整的约谈之后，她还是不以为自己所相信的是谎言。那并不叫我惊讶，因为她所感受到的谎言是如此真实。

有关你自己、神或撒旦，你相信了哪些谎言？

这儿有很多方法可以揭发这些谎言：

▶ **透过"在基督里得自由的步骤"**

当你进行"在基督里得自由的步骤"后，你可能已经察觉自己多年来相信了哪些谎言。

▶ 这些谎言可能随时会再浮现，特别是在步骤3（饶恕）的时候。当你选择饶恕、告诉神别人的所作所为带给你何种感受的时候，它们将一一浮现。如果你曾经将它们写下来留着，你现在可以拿出来看看。有没有哪些不断重复的字眼（如肮脏、愚蠢、无用、不妥、糟糕等）？如果有的话，你可能已经找到你所听信的谎言、营垒或仇敌所使用的诡计了。有时候，恶者可能会在你生命中不断地操纵环境，以致你才会听信那些谎言。

▶ **"惧怕"附录**

在《步骤》书册的后面有"胜过惧怕"的附录。如果你尚未做过这附录，我们建议你去做。我们每个人都有一些惧怕，在每样惧怕感受的背后，都有个谎言存在，影响着我们的生活。

例如你发现你很怕撒旦，你就要去找出这惧怕后面的谎言。或许这个谎言是"撒旦比你有能力，或比你有权柄"。当然请务必记住，真相是"那在我们里面的比那在世界上的更大"（约一4：4）。

> ℹ 我们必须晓得，未必每个在"那使我觉得"后面尾随的字眼都是谎言。有些可能不过是描述事实的字句（如伤心、生气、混淆）。

处理谎言——"打击营垒"

如果你已经揭发了一些谎言，就为此感谢主，因祂带领你进入真理。你不仅要确认这些谎言，接下来，你还要用真理去取代它们。

▶我想和你们分享一个更新你心思的策略，叫"打击营垒"。

▶首先，你需要先确认你所听信了的谎言（凡是你认为不符合圣经话语的任何想法），如此做能使你全心降服于神的真理。

▶然后，尽量找出一些相关真理的经节，把它们写下来。这时，好的经文汇编（或乐于助人的牧师）将能帮助你。

▶写下一些你听信这谎言之后所产生的影响。例如先前提及的那位年轻女性，她因听信谎言而使她嫌恶自己，结果后来变成厌食症和药物滥用。你若听信了撒旦比你强（谎言），可能就会导致你不敢面对属灵争战，在你与神同行的路上使你瘫痪，或是使你长期处于惧怕之中。

认清谎言所带来的负面影响理应能激发我们心志，誓要把营垒拆除。

▶按以下的公式写下一篇祷文或宣告：

我要弃绝的谎言是…

我要宣告的真理是…

▶最后，每天大声读出圣经经节，或读你写下的祷告或宣言，连续四十天。每次都提醒自己"神就是真理，如果神说是真的，那它就是真的"。

为什么要四十天呢？心理学家说，通常我们要花六个星期来建立或改变一个习惯。一旦你拆毁了任何一个仇敌所建立的营垒，你就要改变自己思考的模式，因为思想上的营垒纯粹是一种惯性的想法而已。你可以改变一个习惯吗？当然可以，但是须费一段时间努力去做。

请别把这四十天行程当成是魔术，因为并不是嘴巴说说就能改变你，也不是一个公式就能解决全部问题。也不要把它变得太过宗教化，以为自己错过一、两天就不会得救！你只要一天接一天地去做就好了！

但请务必要坚持，完成四十天。其实，你可能会希望用更长的时日来做。而且，为了要彻底拆毁营垒，日后你的确很有可能会在某些地方再重复地做。

司沃索(Ed Silvoso) 提到他的一位牧师朋友，亲眼目睹一面坚固的墙被摧毁的过程。它被撞击了10下，15下，30下，35下过后，丝毫没有被削弱的痕迹。这就像你逐日对付你的营垒一样。不过，若你每天都弃绝谎言、宣告真理，就会有一些差别。▶那面墙可能被撞击了37下都还没怎样，▶但说时迟那时快，可能在第38下就有些裂痕了。▶继续再撞击几下，裂痕越来越大，▶至终整面墙倒塌。虽然可能在最后那三下才看到撞击的影响力，但是，若没有前面的37下，这面墙是不会倒的。

在你的学员手册里，有几个打击营垒的实例。其中一个是我帮助他胜过美食的案例，另一个是沉溺于色情网站的实例。这些都是为了要给你点子，期望能有效地帮助你而提供的实例。所以，如果有些是你正实际面对的问题，你就不妨为自己量身打造一些打击营垒的方法，那会比照抄实用。

《不愿一人沉沦》，司沃索著作，1994年由Regal Books出版，第174至175页

共4张ppt片

静思二

目标：
帮助人拟出有意义的"打击营垒"方案，来对付他们曾经听信的谎言。也帮助他们在生活上能实际执行这些方案。

领袖须知：
最好能分三个阶段进行以下的教导。

首先，指出学员手册上第81页的"谎言作业"所在。鼓励他们分成两人或三人一小组，从该列单中挑选出一些谎言，并从圣经中找出相关真理。让每组人应付几个不同的谎言。假如有哪一组应付不来，以下是一些建议经文（学员手册上没列这些经文）。过后，聚集各组，听听他们采用了哪些经文。

> 问题（第一部分）：
>
> 请看下述人们惯于接受的典型谎言。你是否能找出一些圣经经文，证明它们对基督徒而言并不正确？
>
> | 谎言 | 真理 |
> |---|---|
> | 不被爱 | 耶利米书31：3；约翰福音3：16；约翰一书4：10 |
> | 被丢弃 | 约书亚记1：5；马太福音28：20 |
> | 被拒绝 | 约翰福音1：12；罗马书8：1；哥林多前书9：19-20；以弗所书1：11；帖撒罗尼迦前书1：4 |
> | 不足 | 耶利米书1：6-7；约翰福音15：15；腓立比书4：13 |
> | 无望 | 以弗所书1：10-13；帖撒罗尼迦前书5：18；提摩太前书4：10 |
> | 愚蠢 | 罗马书12：2；哥林多前书2：16 |
> | 丑陋 | 诗篇139：14；以弗所书2：10 |

然后，请其中一位领袖分享个人"打击营垒"的策略。这策略必须要特别认定一个谎言，并叙述该谎言带来哪些行为上的结果；采用了哪些圣经经文应付，以及用了哪些祷告和宣告（即"我弃绝的谎言是…"和"我宣认的真理是…"）。

最后，鼓励他们思考自己进行"在基督里得自由的步骤"的经验，并且从中找出一个重复出现的信念主题，并确认那是谎言（比如"我是失败者"、"我是肮脏的"、"我知道这对其他人来说有效，但对我而言却没有作用"）。然后，请他们个别回答下一页的问题。

（接下一页）

静思二（续上页）

▶ 问题（第二部分）：

你是否可以确认一个你曾经一直去听信的谎言？或许，当你走过"在基督里得自由的步骤"之后，有些谎言已经显明出来。也有可能你在"步骤"中，发现了一些重复出现的信念主题，你也确认了那是谎言，但对你而言，你仍然觉得那谎言很真实。比方说，"我是失败者"、"我是无助的"、"我一无是处"、"我知道这对其他人来说有效，但对我而言却没有作用"。

写下这个谎言，以及因着相信它而在你的生命中带出哪些特定的后果。然后，想出至少两至三处圣经经文，来抵挡这谎言。最后，写下"我要弃绝的谎言是…"以及"我要宣认的真理是…"。每天复习，持续大约六个星期。

3. 要有远见 / 持之以恒

记住，要摧毁营垒和负面思想是费时费力的。我们需要有远见。

在这四十天里面，可能很多时候你都觉得自己在浪费时间。

旧有的思想重现并不表示"打击营垒"的这个过程无效。反而，你是否重拾那些思想才是关键。

假设你有看色情片的挣扎，这就是一个需花很多时间去拆除的营垒。你希望那些在你心中的图片能立即消失，但是它没有。打个比方说，你的心思就像一杯黑咖啡，但你希望它瞬间就变成清水。咖啡旁边正好有一杯冰块，上面写着"神的话"，你希望能把整杯冰块倒入咖啡，可惜你不能如此做，你只能逐日拿一块冰加进咖啡里面。

继续如此做一段时间过后，你会发现，你再也闻不到、尝不到、也看不到咖啡的影子了。你万万不能一块冰一本色情书，一块冰一部色情片。如果你那样做，你就是往后倒退了。拆毁营垒需要花时间和努力，有了这份能耐，你就可以期待它会越来越纯净，那些谎言思想最终会渐渐消失。

训练自己能分辨好坏

希伯来书的作者说：

> 唯独长大成人的才能吃干粮，他们的心窍习练得通达，就能分辨好歹了。（来5：14）

记住，这儿再次强调个人的责任：如果我们要变得成熟，我们就要持续训练自己能分辨好歹。

▶这包括属灵的分辨能力，一旦事情不对，马上就能辨认出来。记得我们曾经提过，银行的出纳员如何被训练能分辨纸钞的真伪。他们看的不是假钞，而是辨认真钞。当他们非常熟悉真钞的特征之后，便能立即辨认出假钞。同样，我们应当非常熟悉真理，以致假的思想一旦进入，我们立即就能把它辨认出来。

这意味着我们要沉浸在神的话（即圣经）里面，我们要真正知道神所说的话。

至今，你可能想要每天读关于圣经真理的全部清单，并列出六个打击营垒的方法。别这样！欲速则不达，你需要按部就班地前进。

赛跑

▶保罗常用赛跑为例。我们需要知道我们的目标——属灵成熟，并要像保罗一样，委身长程的赛跑，全程持续地跑。

> 忘记背后，努力面前的，向着标杆直跑，要得神在基督耶稣里从上面召我来得的奖赏。所以我们中间，凡是完全人总要存这样的心。（腓3：13-15）

我们可能很想要立刻完成所有的事。我们或许开了头，但却无法把它们一一完成；或许我们会因此而搞得自己崩溃，裁定自己失败。所以，欲速则不达。相反，如果

在基督里得自由 237

我们订立一个长程计划，一次只应付一个目标，而且确定自己真的改变了该信念，才开始往下一个目标迈进。在一年里，我们可能就应付了八到九个目标，如此一来，我们的生命也就有了很大的改变。

其他的实际步骤

此外，还有一些有效的方法可以使用。

▸尼尔安德森和米勒合著了一本书《行在自由里(Walking In Freedom)》（2008年由Regal所出版），是特别为那些已经完成"在基督里得自由的步骤"的人而写。那是一本21天的灵修书籍，为了帮助你复习在本课程所学到的重点，更新你的思想。书籍中也有空白的地方，可以让你写写心得。很多人用后都觉得甚有帮助。

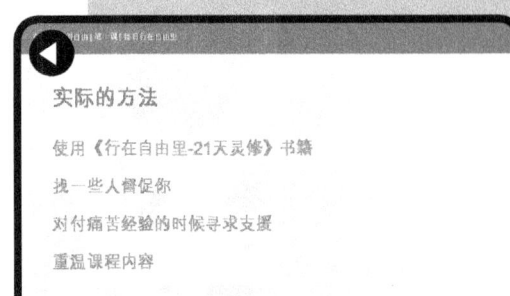

实际的方法

使用《行在自由里-21天灵修》书籍
找一些人督促你
对付痛苦经验的时候寻求支援
重温课程内容

▸如果你在打击营垒的同时落入重复认罪-犯罪的循环，那么你得找一位成熟的基督徒朋友，作你的督促同伴，如此才能实际地帮助你。你可以请他们一周或一个月打一次电话给你，问问看你有难处的地方做得怎么样了。你需要对他们诚实，才会让你有额外的力量来行出真理，使你不至于再绊跌或走回头路。并且，靠着在你心里那更大的律，即赐生命圣灵的律，你如今能胜过罪的律了。

▸如果你曾有过特别痛苦的创伤经历，你可能需要一位成熟的基督徒从旁协助你更新自己的心思。他们可以在你面对痛苦记忆的时候支持你，提醒你不再是过去的牺牲品，也不再是受害者，你乃是基督十架的战利品。他们可以协助你走过痛苦的记忆，扶助你不再用旧日的观点看自己，而是按如今你是谁的观点来看待自己。

▸当我们上到课程的最后阶段（只剩下三课），我鼓励你可以复习所学过的教导。你可以来上下一季的门徒训练课，又或者读课程推荐的相关书籍。为什么呢？因为仇敌有可能在你思想里影响你很深，你还需要彻底加以处理。又或者是仇敌混淆了你的思绪，使你在某些地方还是眼盲心瞎。而当我们听第二次的时候，特别是重新运用这些资料时，我们会从中受益更多。如今，这些相关的资料内容都有了，你可以藉此更深地扎根于真理了。

静思三

目标：

鼓励学员回家后，继续操练已经学到的东西。

▶ 问题：

写下你打算操练的实际步骤，以致你能持守你的自由，及持续地更新自己的心思。

 见证

到目前为止，把你从课堂上所学到最重要的两项事写下来。你认为，你可以如何向一位非信徒朋友分享这两件事呢？

 来临的一周

拟出一份打击营垒的方案，对付你所揭露、最影响你的谎言。然后，开始实际执行这方案。

"打击营垒"案例一

从食物中获取慰籍，而非从神得安慰

谎言：过度吃喝能带来长久的慰籍

对我生命的影响：损害健康、体重超重、给仇敌留了一个地步，拦阻自己迈向成熟。

箴言25：28
「人不制伏自己的心，好像毁坏的城邑，没有墙垣。」

加拉太书5：16
「我说，你们当顺着圣灵而行，就不放纵肉体的情欲了。」

加拉太书5：22-24
「圣灵所结的果子，就是仁爱、喜乐、和平、忍耐、恩慈、良善、信实、温柔、节制。这样的事，没有律法禁止。凡属基督耶稣的人，是已经把肉体，连肉体的邪情私欲，同钉在十字架上了。」

哥林多后书1：3-4
「愿颂赞归与我们的主耶稣基督的父神，就是发慈悲的父、赐各样安慰的神。我们在一切患难中，他就安慰我们，叫我们能用神所赐的安慰，去安慰那遭各样患难的人。」

诗篇63：4-6
「我还活的时候，要这样称颂你。我要奉你的名举手。我在床上记念你，在夜更的时候思想你，我的心就像饱足了骨髓肥油。我也要以欢乐的嘴唇赞美你。」

诗篇119：76
「求你照着应许仆人的话，以慈爱安慰我。」

主啊，"过度吃喝会带来长久的慰籍"是个谎言，我弃绝它。如今，我要宣告的真理是："你是赐各样安慰的神，而且，你长存的爱是我唯一合理和真正的安慰。我确认，我如今要顺从圣灵而活，我不必再用肉体的欲望来满足自己。当我觉得需要安慰的时候，我不再转向食物。我选择赞美你，使我心满足，就像饱享了骨髓肥油般。"求圣灵来充满我，当我更多学习自我管理的时候，你就能活在我里面。阿们。

操练日数检查（在已经操练的日数上打勾）：

1	2	3	4	5	6	7	8	9	10	11	12
13	14	15	16	17	18	19	20	21	22	23	24
25	26	27	28	29	30	31	32	33	34	35	36
37	38	39	40								

"打击营垒"案例二

经常感到孤单

谎言：我是被丢弃、被遗忘的

对我生命的影响：退缩人前、以为别人不喜欢我、外表冷漠、内心害怕。

申命记31：6（新译本）

「你们要坚强勇敢。不要害怕，也不要因他们畏惧，因为耶和华你的神与你同去。他决不撇下你，也不离弃你。」

以赛亚书46：4（新译本）

「直到你们年老，我还是一样；直到你们发白，我仍然怀抱你。我以前既然这样作了，以后我仍必提携你。我必怀抱你，也必拯救你。」

耶利米书29：11（新译本）

「『因我自己知道我为你们所定的计划，是使你们得平安，而不是遭受灾祸的计划，要赐给你们美好的前程和盼望。』这是耶和华的宣告。」

罗马书8：37-39（新译本）

「但靠着爱我们的那一位，我们在这一切事上就得胜有余了。因为我深信：无论是死、是生，是天使、是掌权的、是现在的事、是将来的事、是有能力的、是高天的、是深渊的，或是任何别的被造之物，都不能叫我们与神的爱隔绝，这爱是在我们的主耶稣基督里的。」

亲爱的天父

我要弃绝的谎言是："我是被丢弃、被遗忘、被放在一边的"。如今，我要宣告的真理是："你爱我，你为我定了计划，使我有美好的前程和盼望。并且，没有任何事能使我与你的爱隔绝。"奉耶稣的名祷告。阿们。

操练日数检查（在已经操练的日数上打勾）：

1	2	3	4	5	6	7	8	9	10	11	12
13	14	15	16	17	18	19	20	21	22	23	24
25	26	27	28	29	30	31	32	33	34	35	36
37	38	39	40								

"打击营垒"案例三

无法抗拒色情网页

谎言：我无法抗拒看色情网页的试探

对我生命的影响：深度的羞耻感、对性扭曲的感受、远离神的期许、无法与人来往、损害我的婚姻。

罗马书6：11-14（新译本）
「你们也应当这样，向罪算自己是死的，在基督耶稣里，向神却是活的。所以，不要容罪在你们必死的肉身上掌权，使你们顺从肉身的私欲，也不要把你们的肢体献给罪，作不义的用具；倒要像出死得生的人，把自己献给神，并且把你们的肢体献给神作义的用具。罪必不能辖制你们，因为你们不是在律法之下，而是在恩典之下。」

哥林多前书6：19
「岂不知你们的身体就是圣灵的殿吗？」

哥林多前书10：13（新译本）
「你们所受的试探，无非是人受得起的。神是信实的，他必不容许你们受试探过于你们抵受得住的，而且在受试探的时候，必定给你们开一条出路，使你们能忍受得住。」

加拉太书5：16
「我说，你们当顺着圣灵而行，就不放纵肉体的情欲了。」

加拉太书5：22-23
「但圣灵的果子是仁爱、喜乐、平安、忍耐、恩慈、良善、信实、温柔、节制。」

我弃绝的谎言是"我无法抗拒看色情网页的试探"。我要宣告这真理："当我受试探的时候，神总会为我开一条出路，而我要选择这出路"。我要宣告的真理是："我若顺从圣灵行事的时候，而如今我也选择了这么做，我就不会放纵肉体的情欲了。圣灵的果子，包括节制，将会在我里面结出果实。向罪，我把自己看作是死的，而且我拒绝让罪辖制我的身体，我拒绝让罪成为我的主人。从今以后的每一天，我把自己的身体献给神作圣灵的殿，这身体只能被用来做对的事。我宣告，罪的权势在我身上要被断开。我选择完全顺服神，并抵挡魔鬼，如今，魔鬼必须从我身上逃开。"

操练日数检查（在已经操练的日数上打勾）：

1	2	3	4	5	6	7	8	9	10	11	12
13	14	15	16	17	18	19	20	21	22	23	24
25	26	27	28	29	30	31	32	33	34	35	36
37	38	39	40								

第十一课

与他人相处

第十一课：与他人相处

焦点经文：
马太福音22：37-40「耶稣回答说：『你们要尽心、尽性、尽意，爱主你的神』，这是诫命中的第一，且是最大的。其次也相仿，就是『要爱人如己』。这两条诫命，是律法和先知一切道理的总纲。」

本课目标：
认识我们与人建立关系的角色和责任，好让我们能够在基督里成长。

焦点真理：
作为基督的门徒，我们必须为自己的品格负责任，并尽可能顾及他人的需求，而非单顾自己的事。

教员须知

耶稣颁给我们大使命，要我们尽心、尽性、尽意，爱主我们的神，并要爱邻舍如同自己。这吩咐乃是整本圣经的总纲，我们乃是被呼召要爱神和彼此相爱。

如果我们排除他人，就不能与神建立正直的关系。我们若与神建立正确的关系，我们与邻舍之间的关系也相应变好。

撒旦经常攻击我们的人际关系。如果我们要不断地成长的话，我们就必须去了解自己与他人相处的实际状况。许多人或许正为人际关系上的误解所苦。在这一课，我们将帮助学员探讨我们在人际关系上的权利和义务、认识论断和管教之间的差别、了解我们的职责，以及如何顾及他人的需求。

小组时间流程：

欢迎	10 分钟	0:10
敬拜	10 分钟	0:20
话语一	13 分钟	0:33
静思一	20 分钟	0:53
话语二	24 分钟	1:17
静思二	20 分钟	1:37
话语三	8 分钟	1:45
静思三	15 分钟	2:00

 # 欢迎

在这课程中,带给你最大冲击的一件事是什么?

 # 敬拜

建议主题:为着神曾经带到你生命中的每个人而赞美祂。

读出约翰一书3:16「主为我们舍命,我们从此就知道何为爱。我们也当为弟兄舍命。」

请学员彼此对说,或是直接对耶稣说,祂的爱对自己而言意味着什么。然后,建议每个人花一点时间,把自己所有的人际关系交托给主,并委身去爱这些人,正如耶稣爱我们一样。

 # 话语

本课的辅助资料是《在基督里得自由》门徒训练系列的第四本书《神计划中的你(The You God Planned)》(2008年由Monarch所出版)第77至92页。

认识恩典

有两位妇人在交谈,第一位说:"我先生就像摩西,可以在旷野流浪四十年,从不问方向!"另一位回应说:"我丈夫就像神,我很少见到他,但每次做起事来都是个奇迹。"

马太福音22:37-40里,「耶稣说:『你们要尽心、尽性、尽意,爱主你的神』,这是诫命中的第一,且是最大的。其次也相仿,就是『要爱人如己』。这两条诫命,是律法和先知一切道理的总纲。」

我们要爱人,包括那些不可爱的。我们如何能爱那些看起来不可爱的人呢?靠我们自己当然做不到,但神并不会要我们去做一些不可能办得到的事。如今,你已经在基督里获得了自由,你可以按照神的要求,自由地与他人来往。

认识自己在基督里的身份，是我们基督徒生活及属灵成长的基础，也是我们与人的相处之道。「我们爱因为祂先爱我们」（约一4：19）；我们白白舍去，因为我们白白得来（太10：8）；我们怜悯人，因为祂先怜恤我们（路6：36）。我们要照着耶稣饶恕我们的方式，去饶恕别人（弗4：32）。

我们若不认识祂的恩典，就无法照祂的吩咐去行。▸恩典是把人所不配得的给予他们。它是人不配得到的恩惠，是无法赚取而来的。

- ▸ 我们爱，因为祂先爱我们
- ▸ 我们无条件地给，因为祂先给了我们
- ▸ 我们怜悯人，因为祂先怜悯了我们
- ▸ 我们饶恕人，因为祂先赦免了我们

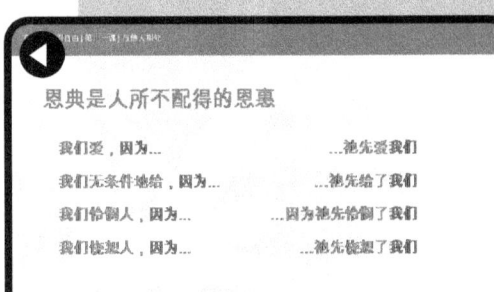

我们若真晓得神的恩典，我们就会奇妙地体会到，施确实比受更为有福（徒20：35），我们也更乐意把自己所拥有的给予人。

我们当为自己的品格和别人的需求负责任

我们须为别人负哪些责任？在别人身上，我们又有哪些权利？

▸你有没有听过夫妇争执时的恶言相向？若你留意听，将会发现他们一定会批评对方的品格（例如"你好自私！"），而且只看到自己的需要（如"你从来不帮我！"）。如果人与人之间的来往以此为导向，绝对无法发展出良好的关系，因为这正好和神的教导相反。根据以下两处经文，尝试衡量我们待人的责任：

> ▸你是谁，竟论断别人的仆人呢？他或站住或跌倒，自有他的主人在；而且他也必要站住，因为主能使他站住。（罗14：4）

别人的品格不应由我们来操心，而是由那人和神去关心。我们不应当论断人，每个人都当为自己的品格来向神负责。

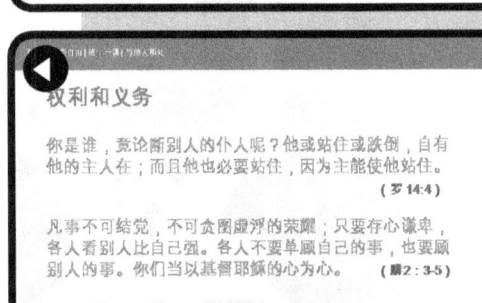

▶凡事不可结党，不可贪图虚浮的荣耀；只要存心谦卑，各人看别人比自己强。各人不要单顾自己的事，也要顾别人的事。你们当以基督耶稣的心为心。（腓2：3-5）

▶在神面前，我们确实须为别人负责任，就是去满足别人的需求。所以，如今我们可以清楚归纳，我们须为两件事负责任：自己的品格，以及满足别人的需求。

假如每个人都承担起责任，使自己的品格越来越像基督；假如每个人都能委身于满足周遭人们的需求，想像一下这时生命的样貌将会变得如何？简直就是天堂临到人间！

意识到自己的罪

每个人都会同意此说法。但最大的问题是，为什么我们无法活出圣洁的生活？

我们大多数人经常意识到别人品性上的弱点，但却看不见自己品格上的问题。其中大部分的原因是，我们与神的关系在品质上出了问题。

我们都期待有一天能见到耶稣的真体（约一3：2），但圣经告诉我们，自从人类堕落以来，没有一人见过神的全貌。从圣经所记载的事件中，我们晓得某些特别的神仆能有幸经历到神不寻常的显现。以赛亚就是其中的一位。在以赛亚书6：1，我们读到，「当乌西雅王崩的那年，我见主坐在高高的宝座上。祂的衣裳垂下，遮满圣殿。」这神奇的经验对以赛亚带来什么影响呢？以赛亚并没有见到神的全貌，但他却比其他人更深地经历到神的属性，所带出来的结果记载在第五节，说：「祸哉！我灭亡了！因为我是嘴唇不洁的人，又住在嘴唇不洁的民中，又因我眼见大君王——万军之耶和华。」如果我们像以赛亚一样，目睹神不寻常地显现，你首先察觉到的罪是谁的罪？是别人的吗？当然不！是我们自己的罪！

在路加福音第5章，耶稣上了彼得的船，向围着的群众讲道。彼得整夜劳碌，却一无所获。耶稣对他说（第4节）："把船开到水深之处，下网打鱼。"彼得顺服地回去打鱼，结果鱼满了船。他突然理解到这位在他船上的人必定不同凡响，他是位可以命令鱼群的人。彼得的回应是什么？"主啊！离开我，我是个与有罪女人结婚的罪人"？才不！彼得是说："我是个罪人"（第8节）。

▸我们一旦认识神是谁，就不会想起别人的罪，而是会看见我们自己有罪。

▸但是，当我们与神的关系不冷不热的时候，我们通常就忽略掉自己的罪，反而看见别人身上的罪。当别人不迎合我们期望的时候，我们通常会责怪别人的错，并把它指出来。其实，别人的品格不属我们负责管的范围，我们当为自己的品格负责任。

当聚焦在自己的责任，而非权利

▸在每份关系中，我们都有权利和责任（义务）。问题是，我们该强调什么？是我们的责任，还是我们的权利？

以基督徒的婚姻为例。圣经确实要妻子顺服自己的丈夫，丈夫于是就可能把重点放在他的权利上。但圣经该处的下文还提及，丈夫也有当负的责任，就是要爱妻子如同基督爱教会（想一想这是什么意思）。▸究竟丈夫应该强调什么？是他的权利，抑或他的责任？

妻子可能会缠着她的丈夫，因为她认为她的丈夫应当是家里属灵的头。这是事实，这是神给丈夫的呼召。但神也给了妻子责任，要爱和尊敬她的丈夫。究竟她应该把重点放在哪里？是她的权利，抑或她的责任？

当我们站在基督面前的时候，你想祂会看重哪一个？祂是否会对我说："他们有没有把他们当给的给你？"抑或祂会看重我究竟有多尽责？

相反，撒旦总想让我们看重自己的权利，而不是责任——通常这正是导致人际关系破裂的原因。

▸父母有权利要孩子顺服吗？还是他们有责任照着神的教导和训练去教养孩子，并在孩子不顺服的时候加以管教？

作为教会会友，就有资格批评他人吗？还是你更有责任去顺服权柄，并像耶稣对待你那般去爱和接纳别人？

意识到我们自己的罪

我们一旦认识神是谁，就不会想起别人的罪，而是看见我们自己有罪。

当我们与神的关系不冷不热的时候，我们通常就忽略掉自己的罪，而看见别人的罪。

我们把重点放在哪里？

丈夫有权期望他的妻子顺服？还是有责任去爱妻子？

父母有权期望他们的孩子顺服？还是有责任按照主的训练和教导去教养孩子？

在任何一份人际关系中，我们若着重权利多于责任的话，都将会收取败坏的种子。

成为教会会友是个无上的特权，但也伴随着极大的责任，就是行为举止当像神的儿女，去爱神和爱人。

▶在任何一份人际关系中，我们若着重权利多于责任的话，都将会收取败坏的种子。

我不是说我们没有权利。每个人都有权利——被爱和被所有人接纳，而不在乎他的种族、肤色或宗教背景。但是，我们不能为了要得着我们的权利，就放弃了我们的责任。

学习别对他人要求太多。当我只须专注于尽自己的责任时，就会省去了许多关系上的紧张。若人们主动来满足我的需要，我反而觉得这是额外收获，因为我并没期待它会发生。

与其看他人未尽的责任，不如选择想想他们的优点。长期来看，这将更能增进彼此的关系，同时也不至于会对人失望以及觉得自己被亏待。

静思一

目标：

向学员强调这原则：我们必须为自己的品格负责任，并尽可能顾及他人的需求，千万别单顾自己的事或挑别人品格的毛病。

▶ 问题：

关于我们对他人的责任这方面，你会如何总结？

你认为，为何我们通常会论断别人，并要求人满足我们的需求？

假如你发现自己变得容易批评人，又看不见自己的弱点，你想问题出在哪里？你可以做些什么来纠正这光景？

▶ **如果别人做错呢？**

我们确实要看重个人的品格和责任，并要为别人设想。但如果别人做错了，又怎么样呢？难道要我们视而不见吗？或者我们应当成为别人的良心，说服他们确实犯了错？

我们务必要明白，世上没有一个人会轻易认错。我们每个人也都知道，要自己说"我错了"是件很困难的事。

所以当我们看到别人犯错，考虑是否该提醒他们的时候，我们就当记得要将心比心。

我们都晓得旁观者清。不过，成为对方的良心并规劝他们认错，会是我们的责任吗？▶不，那是圣灵的工作（参阅约16：8）。

> **别人做错的时候**
>
> 我们没有责任去作别人的良心
>
> 乃是圣灵叫知罪
>
> 在别人的生命中扮演圣灵的角色，将会把他们与神之间的挣扎错误地投放在我们身上

你可以确定,圣灵已经温柔地提醒他了,他的内心正交战着呢!▶我们若介入指出他的罪,我们就成了这场交战的靶心,而这本该是他与神之间的事。我们是不应该介入的。

那就交给圣灵去指出他的错吗?是的。

"但我不是有定罪的职分吗?"

没有!神给我们的,是与人和好的职分(林后5:18)。

"但爱不是显明更多的罪吗?"不!彼得是说:"最要紧的是彼此切实相爱,因为爱能遮掩许多的罪"(彼前4:8)。

更何况,我也发现自己是多么容易得罪人。我决定,当他人冒犯我时,我不随意生气。我不定他们的罪,我选择看他们的优点。

在每日的生活中,冲突是难免的。但你怎么处理它,就会带来很大的差别。

须管教,但不论断

所以,如果我不必成为对方的良心,那么对方持续犯罪的话,我该做什么?犯罪确实会影响他们与神、与人之间的关系。这时,我们是否该视而不见?是否有些时候,我们应该质问那位基督徒?

耶稣说:

> 「不要论断人,免得你们被论断。因为你们怎样论断人,也必怎样被论断。」(太7:1)

另外,保罗谈到如果基督徒做错,要管教他。比如说:

> 「弟兄们,若有人偶然被过犯所胜,你们属灵的人就当用温柔的心把他挽回过来。」(加6:1)

我们如何在不去论断和管教之间取得平衡?▶论断和管教是两件不同的事。论断涉及对方的品格,▶但管教则涉及对方的行为。管教必须是根据我们所看到或听到的内容。我们若被另一个基督徒冒犯,圣经说,我们当单独找那人对质,其目的是要把那人挽回到主面前。如果那人

我们必须了解,大多数人都很难承认自己有错。依你看,"对不起"、"我错了"、"你可以原谅我吗?",哪一句话最难说出口?答案是"我错了"。

如果我逮到我的儿子向我的车投石头,可能你会听到下面这段对话:
"你丢石头扎我的车?"
"不,我没有!"
"我亲眼看到的。"
"爸,对不起。"

他认错了吗?没有!

"你道什么歉?"
"噢,你知道…"
"你为了什么事感到抱歉?"
"你会原谅我吗?爸?"

他承认了吗?没有!

"我当然会原谅你,但是为什么呢?"
"哎呀,你知道…"

这儿有两位会友的对话可以进一步说明:
"我们俩之间有点怪怪的,你可以原谅我吗?"
"当然,但是为了什么事呢?"
"你知道…我们俩之间有些事。"
"是什么事?"
"唉,算了啦!"

管教抑或论断

论断涉及对方的品格

管教则涉及你观察到的行为

不悔改，我们就要找两、三个见证人一起去。若他还是不听，就要告诉教会（太18：15-17）。这个过程，并非要定他的罪，而是要把他挽回到基督面前。若当时没有见证人，只因说话开罪了彼此，那也就算了。神知道一切，要人悔改不是我们的份内事，而是神的责任，祂会用祂完全的智慧来处理。

我们很容易想要论断他人的品格。假设我逮到一个基督徒正在说谎，我若当面指出来说："你是个骗子"，那就是论断了，因为我在指责他的品格。反而，我这样说会比较好："你刚说的不是真的"，这表示我只是唤醒他去注意自己的犯罪行为而已。

如此会太难区分吗？第一个句子是说他有骗子的身份，而且他的品格中有骗子的特征。简单说，就是他骨子里是坏的，根本不可能改变。第二句则未论及他的本质或品格，那只是一个行为问题，他的未来还充满着希望。

其实，更好的说法是："你不是个骗子，你为什么不说实话？"此话也属实，因为他是神的儿女，只是刚刚行为有点出轨了。

称他人是"骗子"、"笨蛋"、"蠢猪"、"傲慢"或"坏蛋"，都是在攻击他的品格，导致他们无路可走，因为他们无法即刻改变他们的品格。

相反，如果你指出他们有罪的行为，他们就有机会改正，譬如他们会说："对啊，很抱歉我这样说，但你可以原谅我吗？"如此，这件事就可以结束了。

管教和处罚是不同的

管教和处罚也有很大的差别。▶在旧约，处罚的概念是"以眼还眼"，就是回顾以前。▶但管教是展望将来，▶希伯来书12：5-11说，神的管教是出于爱，若神不管教我们，圣经说，我们就是私生子而不是儿子了（第8节）。

其实，神并不处罚基督徒，我们所当受的刑罚都已经落在基督身上了。祂可能会管教我们，使我们不重蹈覆撤，进而建立我们的品格。

> ▶凡管教的事，当时不觉得快乐，反觉得愁苦。后来却为那经练过的人结出平安的果子，就是义。（来12：11）

管教的目的是要人更像耶稣，而不是要处罚他们恶劣的行为。

如果两者的差异是如此微妙，那么我们再花点时间想想也是值得的。能有一位不会处罚我们的神，是多么棒！我们的神非常爱我们，有时候，祂情非得以地把我们放在艰困的情境，好让我们能因此受装备，来应付未来。

当我们越能理解其中积极的出发点，我们就更乐意用爱去管教那些有需要的人，而不只是耸耸肩任由他们犯错。我们这样做是出于爱他们，为要帮助他们将来能作出更好的选择，而不是为了他们过去的错来处罚他们。

当我们被攻击时

▶但是如果反过来呢？如果别人攻击我们的品格，怎么办？我们要防卫吗？我们一定很想这样做。但是，当这样的事发生在耶稣身上的时候，他怎么做？「他被骂不还口，受害不说威吓的话，只将自己交托那按公义审判人的主」（彼前2：23）。

如今，我们在基督里已经被赦免，我们不需要为自己辩护。▶如果你有错，你没得辩护；▶如果你是对的，你也不需要辩护。基督就是我们的辩护者。

有位姐妹来找她的牧师，跟他约了见面。她列下了一堆他的优缺点，想和他讨论。列单上只有两项优点，其他都是不好的。每当她念一项，那牧师就想要辩护，

在基督里得自由 253

但他什么话也没说。等到她念完了，他说"你一定费了好大的勇气向我说这些，你觉得我应该怎么做呢？"没想到，那姐妹痛悔哭说："哦！列单上所说的不应是你，应该是我才对！"结果他们之间有了一次很棒的讨论，她换到一个更适合她的事工岗位。如果他为她所说的进行抗争，事情会怎样？她可能更确定自己的呼召就是要说服他，使他自以为并不够资格成为Trinity事工的一员。

若你能在人揭发你品格缺点或攻击你的表现时，不立即防卫或反击，你或许有机会能扭转局势，甚至造就对方。

有位神学生听了那故事，大约六个月后，他把他的经验告诉我们。他向来从事代课老师的工作，有天接到一位愤怒母亲的来电。她严厉地批评他："你是我女儿所碰见过最糟糕的老师。"他沮丧得几乎要挂断电话，不过他想起那牧师所做过的事，于是他保持静默。当她终于停止发表的时候，他说："你一定费了好大的勇气和我说这些，你觉得我应该怎么做呢？"你猜接下来发生了什么事。她开始痛哭，而且彼此的关系得以修复！自成为单亲妈妈之后，她那叛逆的女儿说了各式各样关于老师的坏话。后来，他们发现原来两人都是基督徒，而且彼此委身祷告，帮助她把她女儿带回到神的面前。

▶没有一个强者会意图诋毁他人。那些会批评人的都是些受伤或不成熟的人。如果我们在基督里有安全感，当他们攻击我们的时候，我们不立即防卫地反击，如此反而可能得着机会去造就他们。

权柄和职责

▸为了避免社会失序，神设立了权柄管理人。另一方面，社会的安定也有赖于人人负责任的行为。

当你想像父神的样式时，你脑海所浮现的会是一位严厉的校长居高临下看着你，仿佛要寻索一些可以管教你的地方？抑或会是一位带着微笑的父亲，正张着双臂等你入怀，而不在乎你做了什么？

思想以下四个词汇，问自己一个问题：对你而言，主首先带给你的印象，是从哪一边（上或下）开始？

权柄

责任/职责

肯定

接纳

你如何回答这个问题，就显示你对事工、婚姻和教养孩子的看法。保罗写到：「基督在我们还做罪人的时候，为我们死」（罗5：8）。从罗马书8：16「圣灵与我们的心同证我们是神的儿女」，我们得知：首先，神先接纳我们。再来，祂肯定我们。神就像是带着微笑的父亲。

恶者定意要扭曲我们对神的印象，所以我们要先谈此事。我怎么能在地上接近烈火呢？作为罪人，我又怎能来到圣洁的神面前呢？但是，如果你知道神正如你慈爱的父亲般，无论你做了什么，祂都爱你，如此你就可以向祂倾诉一切了。

什么样的老板能把你的潜能激发出来？一般来说，是那些具备接纳和肯定特质的人。如果权威人物要求你负起责任，却没有给你肯定和接纳，那他们永远也无法有尽责效忠的员工。反而，如果领导者先接纳和肯定部属，人们就会自愿地顺服权柄。

假设某青少年晚归了，她的父母可能因为焦急而呈现过度的反应，并生气地问："你去了哪里？"青少年可能只会说,"出去了!"然后父母会说:"你做了什么?"青少年回了另一短句:"没做什么!"这种对话根本达不到什么果效。

在福音书里,你从未见耶稣说过:"注意!我是神子,所以要好好表现!"祂确实是神,是至高者,但祂来到我们当中就如同一位温柔的牧人。当祂在山上讲完道时,"众人都希奇祂的教训,因为祂教训他们正像有权柄的人,不像他们的文士"(太7:28-29)。祂的权柄不是来自祂的地位,而是来自祂的品格。

每逢我们看见人们在罪中,我们就当学像神,带着接纳的态度陪伴他们,而不是拒绝他们;是充满爱,而不带一丝丝定罪。

静思二

目标:

让学员明白,我们跟人说话时以及回应人们批评时所呈现正面和非论断的态度,可能会帮助我们克服人际关系上的困难。

▶ 问题:

"尝试成为别人的良心"为何是不智之举?假如我们如此做的话,又会发生什么事?

论断、处罚和管教这三者有何差别?

当你下次面对人们攻击或控诉的时候,要怎么做才算是一个好的回应?

我们应该表达我们的需要吗？

如果在我们的关系中，有些需求没得到满足，我们是应该沉默受罪，抑或我们可以把它表达出来？

我们需要活在光明和诚实的关系中。▶所以，表达我们的需求是一件要事。但是在表达的时候，我们要非常小心该如何去表达。问题是因为我们表达的时候，很容易就变成了批评，而不是说出我们的需求。▶我们必须谨慎地表达自己的需求，而不是论断对方。设若太太不觉得被爱，她或许会对先生说："你不再爱我了吗？"你可能会听见丈夫说："当然爱啦！"然后，这对话就结束了。但太太并未说出她的需要，反而论断了先生的品格。假设她说："我现在不觉得你爱我，我需要你的爱。"把对"你"的论断改成是"我"的需要。藉着如此说，她表达了她的需要，而没有责怪任何人。那么，她的先生就有机会满足她的需要，而且他极有可能会那样做。

再深入一点来看，如果先生不觉得自己被看重，他不说"你让我觉得很没用"而说"我觉得我很不重要"。同样，把对"你"的指责变为"我"的需要，收到信息的人就不会觉得被责怪，那人也会更乐于帮助你。

种豆得豆

神让我们生在群体中，是要让我们学习成长。

一般上，人们有哪些需求？我们每个人都需要被爱、被接纳及被肯定。那是完全合乎常理的。今天下课回家后，你何不拨个电话给某些人，告诉他们："我只想告诉你，你真的鼓励了我。每次当你在我身边，你都建立了我。我真感激你"？抑或你还在等某些人打电话给你？

▶耶稣说："施比受更为有福"（徒20：35），起初一看，觉得不合理。施怎么会比受更有福？但你试过了吗？

奇怪的是，当你为别人做了些事之后，你的心情就会很好！在过程中，你会发现，助人其实就是助己。▶在路加福音6：38，耶稣说：

> "你们要给人，就必有给你们的，并且用十足的升斗，连摇带按，上尖下流地倒在你们怀里。因为你们用什么量器量给人，也必用什么量器量给你们。"

如果你要别人爱你，你就得先爱人。如果你需要朋友，就先作别人的朋友吧。

我们种什么，确实就会收什么。这是圣经的原则。

学习和别人相处是很重要的功课，这并不只是为了个人的好处，也是为了要完成耶稣颁给我们的大使命。主吩咐我们，要到世界各地使人作祂门徒。耶稣在约翰福音17:23为我们代求，叫我们能合一，为什么呢？「使他们完完全全地合而为一，叫世人知道你差了我来，也知道你爱他们如同爱我一样。」原来，我们的合一能使世人认识耶稣。

我们要用一首诗作为结束，这首诗说道，无论别人或这世界怎么看我们，我们都要按神造我们的样式行事为人：

人们都是无理、不讲逻辑，且自我中心的。

即便如此，还是要继续爱他们。

当你做好事，人们可能会批评你有私心，或有不可告人的秘密。

即便如此，你还是要做好事。

如果你成功，你会得到假朋友，和真敌人。

即便如此，你还是要努力向成功迈进。

你今天所做的好事，明天就被忘记了。

即便如此，你还是要行善。

诚实和坦白使你容易受到伤害，

即便如此，你还是要诚实和坦白。

重要的人物有着伟大的想法，但会被心思狭小、微不足道的人所击倒。

即便如此，你还是要有伟大的想法。

人们虽然同情弱势，但始终还是会依从强势。

即便如此，你还是要为弱势伸张正义。

你多年的努力，可能一夜就会被摧毁。

即便如此，你还是要努力建造。

人们真的很需要帮助,但是当你帮助他们时,可能会反遭攻击。

即便如此,你还是要帮助人。

你把你所得最好的给世人,他们却可能会反踢你一脚。

即便如此,你还是要将你最好的施予人。

▶

静思三

目标:
想想看,该如何表达我们的感受而能避免无谓地伤及别人。

注:
最好能把学员分成两至三人一小组来进行。

▶ 问题:

人们一般上拥有哪些合理的需求?
我们该如何对人表达这些需求而不致被人反击?

你认为以下的句子那些地方不对劲?该如何表达才会更好?
- "你总是在吃完晚餐后让我独自处理善后工作,你自己却跑去看电视。你好自私,好懒惰。"
- "你的房间真见不得人,它总是那么糟糕!你真是懒惰虫,你以后的老婆/先生可真可怜!"

在基督里得自由

见证

你如何在所居住的街道范围内成为人们的好邻居？

如何可以更深入地认识他们，以致你更了解他们有哪些需求？

来临的一周

读路加福音6：27-41。本课或许说服了你，需要跟家人、朋友和邻居之间有不同的相处方式。你或许也想要寻求某些人的饶恕。如果你觉得主在你心中有这个感动，就去找那些人，请他们原谅你，清楚告诉他们你做了哪些错事。（请别用写信或电邮方式，那样可能会使他们对你产生误解。）

第十二课

你朝何处走？

第十二课：你朝何处走？

焦点经文：
提前1：5「命令的总归就是爱。这爱是从清洁的心，和无愧的良心、无伪的信心生出来的。」

本课目标：
认识信心与我们生命的目标和渴望有何关联，以致我们能活出在基督里真正的自由，并长成神原本造我们的样式。

焦点真理：
没有任何人事物能拦阻我们按神原本造我们的样式而活。

> ### 教员须知
>
> 在这一课，我们要探讨神为我们生命所订立的目标。我们将会探讨哪些是神为我们生命所订立的目标，我们可以如何凭信心把它们达成。许多基督徒以为自己正朝向神圣的目标而行，但其实不然。透过这些错误的目标所引起的愤怒、焦虑和沮丧，我们会帮助学员认出其目标的实质。
>
> 错误的目标来自错误的信念，我们误以为这些信念会使我们成功、欢喜，和满足。学员们需要认出他们一直所听信的谎言，从而更新自己的心意，并调整这些信念，使它们能与真理相符。
>
> 某些错误的目标本身并不坏，但正因为这些目标的成功端赖他人或环境，而不在自己控制的范围，所以它们也被区分为错误的目标。神为我们所定的人生目标从不依赖其他人或环境就能达成。并且实际上，唯一能拦阻这目标成就的人，也只有我们自己！
>
> 如果人们正努力要达成某个本质上并不坏的目标，但其后果却有赖于其他人或环境（即不在自己控制的范围），这时候我们通常不会建议他们完全放弃这些目标。反而我们要帮助他们认清，他们不能因这些目标是否达成而断定自己的位份及成败。他们有必要把这些目标调低成为一种"渴望"，而非"目标"。他们仍然可以努力去达成这些"渴望"，但却必须抱持新的认知——假如这些渴望达不成的话，纵然或许会感觉失望，但却不致于影响他们的位份，也不断定他们作为基督徒或作为人的成败。
>
> 注：本课最后，鼓励学员在下一课之前，完成第280页（学员手册上第102页）的问卷"我信什么？"。

小组时间流程：

欢迎	10 分钟	0:10
敬拜	10 分钟	0:20
话语一	17 分钟	0:37
静思一	25 分钟	1:02
话语二	22 分钟	1:24
静思二	30 分钟	1:54
话语三	6 分钟	2:00

 欢迎

在你寿命结束之前，你想要做些什么？

 敬拜

建议主题：祂永远与我们同在。

大声读出以下的经文：

「你们存心不可贪爱钱财，要以自己所有的为足。因为主曾说：『我总不撇下你、也不丢弃你。』所以我们可以放胆说：『主是帮助我的、我必不惧怕，人能把我怎么样呢？』」（希伯来书13：5-6）

「因为耶和华必不丢弃祂的百姓、也不离弃祂的产业。」（诗篇94：14）

「耶稣说：『我就常与你们同在、直到世界的末了。』」（马太福音28：20）

提醒学员，我们永不会孤单。没有神与我们同在，我们哪里也都不能去。

建议每个人花一些时间思想上述经文中的真理。

 话语

本课的辅助资料乃《在基督里得自由》门徒训练系列第四本书《神计划中的你(The You God Planned)（2008年由Monarch出版）第13至55页。

你的信念决定了你的基督徒生活

若我们在课程中所探讨过的事尽都属实的话，它们就必会在我们的日常生活中产生果效。回想过去的一年，特别是过去12个月的基督徒生活进程，你如何评价自己一年前和如今的差别？当你回顾的时候，你认为还需要发生哪些事，以致你能满意地说"这一年真棒"？

我们如今要探讨的重大问题是：我们既相信自己的信念能为自己带来满足感，究竟它们是否真的如实带出美好的果效？抑或我们发现这些目标在某方面出现瑕疵，须加以修正？

▶你知道，神为你生命所订立的目标是什么吗？在这一课，我们要探讨神为我们的生命设立了哪些目标。这是一个严肃的课题。

2007年7月于Keswick大会中，史约翰博士(Dr John Stott)这位著名的圣经教师，发表了人生中或许是他最后一次的公开谈话，当年他87岁。众人都很好奇他会以什么为题。一开始，他抛出了这个问题："我清楚记得在很多年前，这个问题困扰了我这年轻的信徒很久，那就是——神对祂子民一生当中的旨意是什么？"我们稍后会分享他的结论。

假设我们都希望过荣耀神的生活，那么在每天生活的细节上，会以什么样式呈现出来？你有什么特定的目标吗？通常我们都答不出来，或许连我们自己也不明究底。我们会做某件事，纯粹是因为相信那件事会带给我们安全感、意义、被接纳和快乐，如此而已。

自我们一生下来，我们都尝试不断地满足这些合理的需求。在努力的过程中，我们赋予了它们一些意义，诸如：快乐、成功、满足、满意、有乐趣、平安等等。无论是有意识或潜意识地，我们都为了要达成这些目标而作计划，并努力朝向目标前进。

为了帮助大家，现在我应该清楚界定何谓"目标"。我所指的，特别是由"我们是谁"这基本信念所带出的结果，也就是我们用来"衡量自己"的那些标准。

当然，我们可能有其他次要的目标——比如每天准时上班或是听道时保持清醒，但当我们达不成这些目标时，我们顶多耸耸肩，并打算再接再厉就好。不过，本课所指的"目标"，并不包括这些。而是那些重大的人生目标，我们相信它们是我们的基本需求，是人生中必须要去实践及达成的。我们若没有达成这些"目标"，就会觉得自己失败或无用。

感受是神的红色警讯

▶ 神在我们里面安设了一个回馈系统：就是我们的情绪和感受。当我们检视自己前进的目标时，这些情绪或感受会发出讯号，引起我们关注。

当某经历或某关系使我们感觉生气、焦虑或沮丧时，这些感受就像是亮起的红色警讯，警惕着我们可能正根据错误的信念，往错误的目标前进。

我们可以从以下的例子看到，愤怒、焦虑和沮丧等感受如何表明当事人的目标出了错。设想某少女在面对同侪压力之下，打算出席本地的某个摇滚音乐会。她认为，能让父母允许她跟朋友们去出席该音乐会，她才会高兴。起先，她担心父母亲不允许（即不确定父母亲的反应），于是她开始焦虑。而当双亲确实拒绝她的时候，她生气，表示她的目标被阻挡。她或许会尝试向父母讨价还价和作出请求，不过当她最后发现，他们不允许就是不允许，并没有任何机会可以让他们破例的时候，她就沮丧了，因为她的目标已经变得不可能实现。

▶ 愤怒显示目标被阻挡

如果与某人的关系或是某项企划使你感到生气，通常是因为某人或某事妨碍了你的目标。某人或某事正拦阻你完成你想要达成的目标。假如你陷入了交通阻塞，妨碍了你准时出席重要的会议，那时你的感受如何？

假设你有这样的信念：我的人生目标是要建立可爱、和谐、快乐的基督化家庭。这是个好目标吗？看起来不错。不过它是否成功则取决于其他人。谁可以拦阻这目标呢？每位家人都可以（不但可以而且他们会）拦阻这目标！父母若相信，要从家人的行为表现才能衡量自身价值的话，那么每当配偶或孩子没办法活出他们对和睦家庭的冀望时，他们的美梦就破裂一次。其中真正的问题在于，他们用其他人的行为来衡量自己的价值。其实，别人会如何根本不在自己能控制的范围。

> 我不知道你作何感想，但我经常在超市里排错队，不管该队伍有多短，一旦我加入了，总是会出现问题，而我的目标就遭到了阻挡。

假设一位牧师的信念是：**赢得这个社区归主**。这目标很好吧？确实如此。但是若他作为牧师的价值和成功是依据这信念的话，那他的服事一定会遭受很严重的打击。为什么？同样的道理，因为它需要依赖别人的行为才能达成。谁可以拦阻那目标呢？社区里的每个人（以及他领导的团队！）都可以！牧师若相信他的成功取决于别人的话，那么到最后，他可能会和会友起争执，或是企图控制会友，再不然，就是离职。

当某人拦阻了你的目标，而你因此大发脾气的话，你的愤怒正好可以让你检视自己的目标实质，并衡量你目标背后的信念是否正确。

如果你不想生气，不妨把那些会被人或环境所拦阻的目标丢掉，因为你无权也无力控制这些因素。神要你订立的目标并不是这样的。

记住，当我说"目标"的时候，我是指那些攸关紧要、我们用来衡量自己的东西。

▶ **焦虑显示着目标不明朗**

不单愤怒能显示你有错误的目标，焦虑也能。当某工作或某份关系使你焦虑的时候，你的焦虑可能显示着，你不确定这目标是否能达成。你希望某些事会发生，但是你无法保证它会发生。你可以掌握一些因素，但并非所有的因素。例如，你若认为自己的价值或幸福是取决于经济上的成功，那你就很有可能会焦虑。为什么？因为你不能保证自己一直都有足够的钱。即便你有了足够金钱，你也不能担保它不会被股票市场或类似事件所影响。

▶ 沮丧显示着目标不可能达成

有时候，不明确的目标也会演变成不可能达成的任务："再不可能发生了！"这时候，焦虑就会转变成沮丧。

你的成功若取决于外在未曾发生过的事物，你的目标根本就不可能实现，它只能叫你失望。你的沮丧这时也成了一个指标，告诉你无论你的目标有多属灵或多高贵，它永远都无法达成。

有些基督徒以家人能否信主，来断定自己是否有价值感和成功。他们为家人祷告、向家人作见证、邀客人到家里用餐，好向家人作见证。能说的，他们都说了；能做的，他们也都做了。但有时却一事无成，他们越努力，就越遭遇失败，他们的信心也备受打击，最后当他们知道目标似乎无从达成的时候，就陷入沮丧。沮丧也使得他们更难达成目标。

当然，想要家人信主，并且为之祷告和努力，这是对的。但是如果你以这（所爱的人得到救恩）作为准则，来判定自己作为基督徒父母、孩子或朋友的自身价值，你就等于是自找麻烦。为什么？因为他们的回应不在你的控制范围。作见证乃是靠着圣灵的大能去做，并且我们只能把结果交托给神。我们并不能使任何人得救。沮丧显示你有一个几乎不可能达成的目标，而且这个目标并不健全。

我们也有可能因生理因素而导致沮丧。亢郁症就是明显的生理因素的例子。此外，荷尔蒙的角色也举足轻重。不过，大部分的忧郁似乎都与生理因素无关。既然如此，忧郁的根源就很有可能来自于无助感或无望感。当你有个关乎自我价值的关键目标，而这目标又无法达成的时候，你就很可能会有这两种感受。

司提夫高斯(Steve Goss)说："我最近和一个人谈到他的一个困境，并且回应他当如何走出这困境。他被诊断为'临床忧郁'，我相信这诊断是正确的。这个诊断使他如释重负，因为那能解释为何他有如此强烈的负面思想。但从我的观点来看，那仿佛也是一个明显的危机，他似乎以那个诊断名号来标记自己的身份，如此做显然会带给他负面的影响。他若将自己的言行举止都归因于'临床忧郁'，认定自己免不了会忧郁的话，就会带来一个危机——无法改变。"

临床性的沮丧并不表示沮丧是不可避免的，而是在程度上，它比较严重而已。

司提夫继续说："从与他交谈的过程中，我清楚知道，他沮丧的根源来自于过往的经验，促使他相信自己是没有希望的。但这信念显然是不正确的。当他学习用真理取代谎言之后，他已满怀希望能走出沮丧。"

在神凡事都能。祂是我们一切的盼望。

静思一

目标：

帮助学员看见，情绪的健康与我们对神的信念、我们对自己和对环境的信念息息相关。假如我们的目标（即我们认为自己应该走或正在走的方向）不符合神的旨意，那么我们就很有可能会常常愤怒、焦虑或是沮丧。

▶ 问题：

假如情绪确实与神的旨意相关，那么如何能从我们的情绪得知，我们的目标是否符合神的旨意？

面对目标被拦阻的时候，人们通常作何回应？当你无路前进的时候，或者当某人、某事拦阻你完成你的目标时，你通常有什么反应？

沮丧通常因无助或绝望而生。尤其当个人对前程、对周遭环境及对自己感到无助或绝望时，就特别容易产生沮丧。我们能如何藉着信靠神，去克服这些认知（信念）？

目标受挫时的错误回应

如果我们的目标受到拦阻或不确定，我们当如何回应那些拦阻我们的人事物呢？

▶ 我们可以尝试操纵环境或控制人，抑或改变我们的目标，使它符合神为我们设立的人生目标。

举例来说，某位牧者的目标或许是，在其区内成立最好的青年事工。不过，他领袖团队的其中一人尝试阻止这个目标，坚决认为成立敬拜赞美事工更为重要。当他每次提出聘请年轻牧者的建议时，都被那位有影响力

（想优先聘请全职敬拜团领队）的领袖所否决。该牧者相信，他的自我价值与事工上的成功是相题并列的。后来，他采取了权力对策，来把他的绊脚石推开。他开始游说领袖团的其他成员、寻求宗派领袖的支持，又向会众传讲青年事工的重要性，以获得会众的支持。他一直寻找能改变对头心意的方法，或尝试从团队中除掉他的对头。他会如此做，完全是因为他（错误地）相信，自己作为一位牧者的成功，取决于他能完成"建立伟大青年事工"的目标。

假设你是位父母，你认为自己的价值取决于孩子能长成多棒的人。你为他们订立了目标，要他们成为宣教士、医生、律师或牧师。到他们青少年时期，他们的行为可能与你的理想不符，你就会面对冲突。你的孩子要自由，但你控制他们的行为，因为你相信父母的成就，在于要教养儿女成才。他们若不参加你为他们安排的活动，就哪儿也别想去。他们若不听你要他们去听的音乐，就会失去看电视的权利。事实上，教养儿女的精髓是要在这十八年的岁月期间学习放手。圣灵所结的果子不是控制儿女，而是节制自己。

其实我们不难理解，人们为何想要操纵环境或控制人。因为他们相信自己的价值感取决于这些人或环境。但这信念并不正确。从操纵者或控制者尽是些最缺乏安全感的人这事实来看，我们已经充分悟出箇中原由。

▶ 把坏的目标改成好的目标

如果神要做成一件事，祂能完成吗？换言之，如果神对你的生命有个目标，它会被拦阻、变成不确定或不可能达成吗？

神为年轻的女子马利亚预备了一个看起来不可能达成的目标。天使告诉她，她将要以处女的身份怀孕生子，而且这个孩子将成为世人的救主。这真的太不可思议了！当她询问怎能有此事时，天使只是说："在神没有难成的事"（路1：37）。

把坏的目标改成好的目标

神为我们生命所设立的目标，并非不可能、不确定或受拦阻的。

神给你的目标是可能的、确定的，也是可以达成的。

神给的目标绝不会取决于环境或别人，因为那是我们无权也无力控制的范围。

无论神为你生命订立了什么计划，你大可放心，因为没有任何环境或人能拦阻神的计划。▶神为我们生命所设立的目标，并非不可能、不确定或受拦阻的，因为神不会这样对待你。

换句话说，神岂会对你说："我要你做一些事，我知道你做不了，但是你尽全力就是了。"这简直就是可笑。就好像你对孩子说："我要你割草，但是草上满了碎石，除草机也没油了。但你还是卯足全力试试吧！"

你不会要你孩子做一件他无法完成的事。神也不会为你的人生，安设一个你无法达成的目标。▶祂给你的目标是可能的、确定的，也是可以达成的。

我们因此可以推论，▶神给的目标绝不会取决于环境或别人，因为那是我们无权也无力控制的范围。

所以，如果你发现自己经常感到愤怒、焦虑或沮丧，就应当好好检视你的目标，并且把它们纠正过来，以符合神给你的目标。

目标和渴望的差别

如果我们发现自己朝着进发的目标，确实取决于一些不可控制的环境或他人，这时我们该怎么办？更何况，那确实是一个好的目标呀！

我们无须放弃这目标。但是，我们必须放低它的标准，从一个我们认为是价值来源的目标，降为一个所谓"神圣的渴望"。

▶我们可以将一个神圣的目标定义为：特殊的人生定向，藉此能反映出神在你生命中的旨意。它并不受任何人事物环境拦阻，它只在你能力或权力控制的范围。

我们有能力和权力控制些什么呢？就我们自己。因为唯一能拦阻这神圣目标的达成、使它不确定、使它无法完成的，就只有你自己。

神圣的目标

特殊的人生定向，藉此能反映出神在你生命中的旨意。它并不受任何人事物环境拦阻，它只在你能力或权力控制的范围。

▶ 神圣的渴望则是一种特定的成果，要取得这成果则有赖于别人的参与、项目的成功与否、有利的环境，亦即一些你无权也无力控制的情境因素。

关键的观点是，尽管你的渴望有多么神圣，你都不能用它们来断定你的成功或价值，因为你无法控制其结果将会如何。

如果我们想将渴望提升为目标，我们就会产生愤怒、焦虑和沮丧。一旦渴望无法达成时，你就会觉得失望。生命中确实充满着失望，我们需要学习去接受它们。处理因无法达成的渴望所造成的失望，远比处理因错误信念衍生错误目标所导致的愤怒、焦虑和沮丧，要来得容易。

▶ **那么神为我们设立的目标是什么？**

我们如今已能认出那些不是神圣的目标了，倘若有必要，你也知道该如何降低它们在你心中的标准。不过，我们至今尚未得出结论，究竟神为我们生命所订立的目标是什么。

▶ 彼得后书1：3-10可以帮助我们了解，神给我们的人生目标是什么。

▶ 彼得从一开始（第3节）就告诉我们，我们已经拥有"一切关乎生命和虔敬的事"，▶ 而且我们有份于神的性情——我们是圣徒，全然圣洁。多棒的一个起点！

如果你浑然不知自己所拥有的，不知道神为你建立的根基有多么可贵，你只会"努力"地遵守一大堆诫命，来过基督徒的生活。其实，耶稣已释放我们脱离那靠行为的律法了。这是何等荣耀的自由！

所以，让我们先搞清楚一件事。努力达成神托付我们的人生目标，完全与神是否接纳我们无关。如果你是基督徒，你已被祂悦纳。你可以打从心底说，你如今非常美好。你不需要**努力**获取救恩，但你要行出你所得的救恩。自你成为基督徒的那一刻，这个奇妙的改变就已经开始。

神圣的渴望

一种特定的成果，要取得这成果则有赖于别人的参与、项目的成功与否、有利的环境，亦即一些你无权也无力控制的情境因素。

有些人可能会认为你在玩弄字句。无论如何，我们的重点不在于应该如何定义"目标"，而在于让你明白，我们若太过看重某些超出你能力或权力控制范围的人、事物、环境，就很有可能会自找麻烦。

神为我们设立的目标是什么？

根据已经做成的：　　　　　　　　（彼后1:3-10）
- 我们已经拥有一切关乎生命和虔敬的事
- 我们有份于神的性情
- 我们已经脱离了世上的败坏

「你们要分外地殷勤；有了信心，又要加上德行；有了德行，又要加上知识；有了知识，又要加上节制；有了节制，又要加上忍耐；有了忍耐，又要加上虔敬；有了虔敬，又要加上爱弟兄的心；有了爱弟兄的心，又要加上爱众人的心。」

▶然后，彼得说："我们已经脱离了世上的败坏"，我们无须屈服于罪。我们可以选择每日靠圣灵而活，而不依从我们的肉体过活。简单地说，我们自由了，我们就像犯罪前的亚当夏娃，可以自由地作选择。

神释放了我们，我们就真自由了（加5：1）。你真的可以选择行在自由中，按神起初造你的样式而活。没有任何人或事可以拦阻你。

经文接着提及（从第5节起）神给我们的生命目标：

▶「正因这缘故，你们要分外地殷勤；有了信心，又要加上德行；有了德行，又要加上知识；有了知识，又要加上节制；有了节制，又要加上忍耐；有了忍耐，又要加上虔敬；有了虔敬，又要加上爱弟兄的心；有了爱弟兄的心，又要加上爱众人的心。」

你看见了神为你生命所定的目标吗？可能还没。那么再看一遍。彼得要我们从信心开始，信心就是将我们的信念体系与既存的事实接连。亦即，要把这些真相视为真实的，信神所告诉我们的话为真。然后，我们要努力建立我们的信心，还要努力加上这些品格：良善、知识、节制、忍耐、圣洁、弟兄间的仁慈，以及爱心。

此处列着一连串的品格属性。这就是神为我们生命所订立的目标。

祂真正在乎的，并不是我们做什么，而是我们像什么。祂为我们订立的生命目标，是关乎我们的品格。

谁已完美地展现出这些品德属性？耶稣！

神为每位基督徒所立的目标，于是可以定义为：▶**品格越来越像耶稣**。▶耶稣已完美地展现出这些品格。▶而且好消息是：除了你自己，世上没有任何人事物，可以拦阻你成为神计划中的你。

让我们回来看史约翰(John Stott)，他多年教导圣经之后，他的结论又是什么？他说："我想和大家分享，当我人生即将走到尽头的时候，我的心就在此处找到了安息。在哪儿呢？原来神要祂的子民像基督。拥有基督的样式，就是神对祂子民一生的旨意。"

我们的目标就是越来越像耶稣

与品格有关：我们像什么，而不是我们做什么。

耶稣已完美地展现出这些品格。

没有任何人事物可以拦阻你达成这目标。

让我们读接下来的经文：

「你们若充充足足地有这几样，就必使你们在认识我们的主耶稣基督上，不至于闲懒不结果子了。人若没有这几样，就是眼瞎，只看见近处的，忘了他旧日的罪已经得了洁净。所以，弟兄们，应当更加殷勤，使你们所蒙的恩召和拣选坚定不移。你们若行这几样，就永不失脚。」

基督徒若不委身于神对品格的目标，就会跌跤。根据彼得所说的，他们忘记了自己过去的罪已经被洗净（第9节）。换言之，他们忘了自己在基督里的身份。如果，你忘了你在基督里的身份，该怎么办？把它记住！

这该如何执行呢？一个想要有快乐、和谐家庭的母亲，虽然表达了一个神圣的渴望，但是她无法保证那必定会发生。如果她把自己的目标改变为："成为神要我成为的妻子和母亲"，那就会是个很棒的目标了。因为唯一能拦阻这个目标达成的，就只有她自己。

她可能会质疑，"如果我丈夫有中年危机，我孩子叛逆，怎么办？"但那些问题不至于拦阻她的目标——成为神要她成为的好妻子和好母亲。若她的丈夫渴想一个属神的妻子，她孩子也渴望有一个属神的母亲，他们就都得到了。

一个牧师的成功和价值感，若是建立在得着社区归主、拥有最好的青少年事工或是奉献增加百分之五十等方面，就注定会面对失败。这些都是有价值的渴望，但是牧师不应用这些外在目标来定自己的成败。那么什么才是好的目标呢？成为神呼召他成为的好牧师。因为没有任何会友或社区能拦阻他达成这个目标。

困难是我们朝目标奔跑的动力

你可能认为，你目前或曾遭遇过的处境很艰难，使你无法成为神要你成为的样式。保罗说，我们可以在患难中喜乐（罗5：3-4）「因为知道患难生忍耐，忍耐生老练，老练生盼望。」

雅各也给了类似的劝勉：

「我的弟兄们，你们落在百般的试炼中，都要以为大喜乐。因为知道你们的信心经过试验，就生忍耐，但忍耐也当成功，使你们成全、完备、毫无缺欠。」（雅1：2-4）

▶坚忍度过困难能产生美德。藉此，我们更像耶稣。神为我们生命订立的目标与品格有关——我们像什么，而不是我们做什么。

假设有位基督徒妻子因为丈夫离开了她而向你求助，我们可以给她什么样的希望呢？我们可以说："别担心，我们把他赢回来"。这可能是个假的盼望。即使当中的渴望合情合理，但却是个错误的目标，因为这可能会促使她想要操纵她的丈夫回来。

如此说会比较好：

我乐意帮助你度过这难关（坚忍），成为神要你成为的样式（受过考验的美德）。如果你尚未委身于成为神要你成为的妻子和母亲，你现在愿意委身吗？你无法改变你的先生，但你可以改变你自己，而这或许是最能把他赢回来的方法。即使他不回来你身边，你仍然可以透过这个危机，来考验你的品格——你可以变得更像耶稣。那也正是你的盼望所在。

别搞错了，我不是说她有错。她可能冷不防地问："如果90%的问题在于他，又如何？"对此，她无法控制，她不能改变他。藉着改变自己，她就已在为她所能控制的范围负责。无论丈夫回不回来，神都能用这些困境，使她朝向更像耶稣的目标前进。▶考验能指出错误的目标，并帮助我们更加成熟。

受挫的配偶会说："我的婚姻毫无希望"。他们想藉着换伴侣来"解决"问题。有些人认为，他们对目前的工作或教会毫无指望，所以他们转换环境，结果却发现自己在新工作或教会也一样无望。这时，你该怎么办呢？就待在那儿，继续成长！那些艰困的情境或许正帮助你达成神给你的生命目标。当然某些情况下，我们需要换工作或教会，但我们若只是为了逃避自己的不成熟而转换环境，那么就算你到天涯海角，问题都还是一样会尾随我们。

你是否可以简单分享，你的困境如何帮助你在品格上越来越像耶稣？

275 在基督里得自由

有什么方法比忍受患难更容易使我们像耶稣呢？大概每位信徒都还在寻找。通常，患难能让我们的生命成熟，使生命变得更有意义。我们偶尔需要山顶上的经历，但能使生命成长的肥沃土壤，总是在山谷底，而不是在山顶上。

静思二

目标：

我们在此尝试帮助学员分辨神的目标与我们一流的合理渴望两者之间的差别，目的是希望学员不会用自己无需负责任、也无能力去影响的结果，来衡量自己作为基督徒或作为人的成就。

▶ 问题：

照你看来，能分辨属神的目标和神圣的渴望两者之间的区别，对于我们得自由和情绪的健康有哪些好处？

神为你生命所订立的主要目标是什么？为何这目标不至于会被拦阻？

为何得知"没有任何人事物能阻挡你成为神造你的样式"如此叫人释怀？

▶ 当我们的目标是爱时

保罗说:「命令的总纲就是爱」(提前1:5)。爱是神的属性,「因为神就是爱」(约一4:7-8)。如果你以更像耶稣作为人生目标,你就会在生命中结出圣灵爱的果子,就是 ▶ 忍耐(而非气愤)、▶ 和平(而非焦虑)、▶ 喜乐(而非沮丧)。

因此,你会如何回答我们本课一开头就提出的问题:回想一年前,特别在过去12个月里的基督徒生活进程,你如何评价自己如今和先前的差别?还需要发生哪些事,以致你能满意地说"这一年真棒"?你现在的目标是否对准了神的目标?并把更像耶稣,以生命品格所结出的果子作为自我衡量的准则?现在你正朝向什么目标前进?我希望你会说是:"朝向神要我成为的人进发,并且没有任何人或事能拦阻我这么做。"

当你以此为人生定向的时候,有趣的事将会发生。牧师若决定他的目标是"成为神要我成为的牧师",可能也会得着社区归主。家庭主妇若以"成为神要我成为的妻子和母亲"为目标,也会发现她如此做积极地影响了其家人。为什么?因为当你与神合作的时候,你的生命也会结出更多的果子。

下一课,我们要从八方面来调整自己的生命朝向属神的目标进发。结束之前,我要用一个故事来说明,我们经常如何在生命中误解了神给我们的生命目标。

> 有个人在睡梦中突然醒来,发现耶稣在他屋里,屋内充满了光。主说:"我有个任务交给你。"
>
>
>
> ▶主让他看见一块巨石,要他尽力地推它。他照做了。每天从日出到日落,他用肩膀紧靠着冰冷的巨石,尽全力地推着。每天晚上回家后,他都精疲力竭,怀疑自己是否一整天都在白费力气。
>
> 看到那人有点泄气后,撒旦决定介入,牠把不好的念头放在那人心里:"何必为这事卖命,你根本推不动它"、"你花了好多时间,它却动也不动"。这人开始认为,这是件不可能的任务,而他是个无用的仆人,因为他根本挪不动那块巨石。

这些思想使他受挫，他开始把工作放缓，"何必那么拼命？"、"我用一点点时间，一点点力气就好了"他果真如此做，或至少打算如此做。直到有一天，他把问题带到主面前，他说："主啊！我很努力地花时间服事你，用尽力气去做你要我做的。但是，我根本无法挪动那块巨石一分。怎么一回事？是我失败吗？"

"我儿啊，很久以前我要你服事我，你答应了，我要你尽力去推这巨石，你也做了。但我并没说希望你能挪动它，那至少不是单靠你自己能做到的。你的工作是推！现在你带着失败受挫的想法来到我面前，你要放弃了。但事实真是如此吗？▶看看你自己，你的手臂变得强壮，肌肉被锻炼，你的背脊有力而健康，你的双手生了老茧，你的腿变得粗壮有力。透过这些磨难，你的身子成长了，你的力量也增大了。但因为你还是不能移动那块巨石，于是你带着沉重的心情，无力地来见我。我儿啊，我将会移动那块巨石，你所受的呼召只是要顺服我，去推，并操练你的信心，来信靠我的智慧，这就是你所要做的。"

本周我们有一些功课！在你学员手册第102页，有一份"我相信什么？"的问卷。希望你能在下一课之前把它完成。

▶

 见证

能分辨目标和渴望之间的区别，将如何帮助你更有效地作见证？

 来临的一周

花一点时间完成学员手册第102页[或是教员手册第280页]的"我相信什么"问卷，来评估你自己的信心。

我们不会要求你跟其他组员分享你作业的内容。请你慎重思考，自己该如何完成这问卷上的每一项提问。

我相信什么？

		最低分				最高分
1.	我有多成功？	1	2	3	4	5

我将会更成功如果 _____

2.	我有多重要？	1	2	3	4	5

我将会更为重要如果 _____

3.	我实现成就的程度有多少？	1	2	3	4	5

我将能实现更多成就如果 _____

4.	我有多满足？	1	2	3	4	5

我将会更满足如果 _____

5.	我有多幸福？	1	2	3	4	5

我将会更幸福如果 _____

6.	我的生命拥有多少乐趣？	1	2	3	4	5

我的生命将更有乐趣如果 _____

7.	我有多少安全感？	1	2	3	4	5

我将会更有安全感如果 _____

8.	我有多平安？	1	2	3	4	5

我将会有更多平安如果 _____

第十三课

持续行走正道

第十三课：持续行走正道

焦点经文：
腓立比书4：11-13「我并不是因缺乏说这话，我无论在甚么景况，都可以知足，这是我已经学会了。我知道怎样处卑贱，也知道怎样处丰富，或饱足、或饥饿、或有余、或缺乏，随事随在，我都得了秘诀。我靠着那加给我力量的，凡事都能作。」

本课目标：
在神话语的光照中，帮助学员评估自己的信念，并在适当的地方作出调整，好让他们能持续走在更像耶稣的正途上。

焦点真理：
如果我们想要真正的成功、有成就、满足等等，我们就需要去揭露并丢弃错误的信念及其所能带来的意义，而且要委身自己相信圣经的真理。

教员须知

在这一课，我们将检视个人生活上八大领域的信念。其目的是为了帮助学员们明白，信心如何在他们日常生活的细节里发挥作用。

人们通常以为自己的信念如此这般，或口里说自己信这信那，但其实他们未必真正抱存这些信念。如果学员们花了时间，完成"我相信什么"的问卷（请看前一课），那么从他们的答案就可以看出，他们在这八大主要领域真正的信念究竟是什么；那些答案就是他们当下的生活信念。透过这一课，你将会挑战他们重新衡量自己的信念，并在有必要之处调整信念，好对准神话语中的真理。

藉着使用前几课所学到的策略，你将会帮助学员们去揭露他们所误信的谎言。

注意：若有任何学员未曾完成"我相信什么？"的问卷，请在上本课之前，给他们几分钟时间，先完成这问卷。

小组时间流程：

欢迎	10 分钟	0:10
敬拜	10 分钟	0:20
话语一	23 分钟	0:43
静思一	25 分钟	1:08
话语二	22 分钟	1:30
静思二	30 分钟	2:00

 欢迎

是否有任何人曾经欺骗你，使你相信了某事，后来你才发现那并非事实的真相？

 敬拜

建议主题：赞美神！因祂能完成祂在我们里面开始了的善工。

邀请学员们因着神在课堂中向他们所显明的事来感谢神。

然后，读腓立比书1：6
「我深信那在你们心里动了善工的，必成全这工，直到耶稣基督的日子。」

及犹大书第24节：
「那能保守你们不失脚，叫你们无瑕无疵、欢欢喜喜站在祂荣耀之前的，我们的救主独一的神，愿荣耀、威严、能力、权柄，因我们的主耶稣基督，归与祂，从万古以前，并现今，直到永永远远。阿们。」

请学员们为着这些经文中的真理来赞美神。

 话语

本课的辅助资料是《在基督里得自由》门徒训练系列第四本书《神计划中的你》（2008年由Monarch出版）第13至55页。

简介

一位卒于1779年7月22日，享年40岁，名为怀博乐(Powlett Wrighte)的人其墓碑上刻着好长一段碑文，在末处如此写着："他在伯斯特(Bristol)康复休养期间去世"。噢！可怜的博乐。伯斯特的疗效显然不像宣传手册上说的那样有效。他的目标被这个决定限制住了。

▶在耶稣再来之前，我们每个人都会死去。有一天你会失去你所有的一切，包括你最亲近的关系、你的资历、

你的产业，以及你的金钱。（既然我们已经上到最后一课，我想我们就放松一些吧！）

你只有一件东西不会失去，那就是你与耶稣的关系，以及因着耶稣而拥有的一切。比起其它事物，这些确实好得无比。对基督徒来说，死亡并不是结束，而是美好生命的起点。

▶所以，保罗可以说：「因我活着就是基督，我死了就有益处」（腓1：21）。但是，你若用任何其他东西取代经节中的基督，结果就大不相同了。

因我活着是为了我的事业，我死了...就是损失。▶

因我活着是为了我的家庭，我死了..就是损失。▶

因我活着是为了有成功的基督徒事工，我死了..就是损失。▶

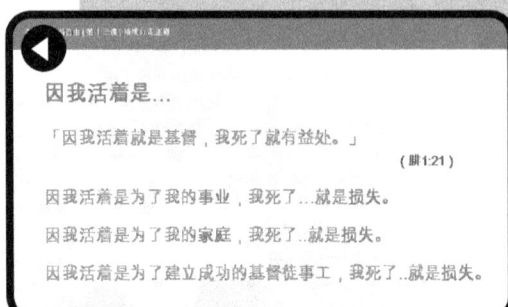

但我们若活在当下的生命就是基督，并且更像祂，我若死了，那就更好！

▶要在每天生活细节中凭信心而活，就像打高尔夫球一样。想像一下，一个十岁的孩子第一次拿着球杆，小棒子对准了球，用尽全力挥杆。他最远可以打出六、七十码，球可能降落在四面八方。就算他的球偏斜了15度吧，但由于他打不远，所以球应该还在球道上。

▶当他长大后，换了副较大的球杆，他可以打得更远，假设说150码。如果他仍旧偏了15度，他的球可能就会掉落深草区。对高尔夫球手来说，准确度比起能一杆挥到300码外更重要。同样的15度偏差，对小孩来说并没什么严重的影响，但对于能挥杆打到遥距之外的球手而言，你的球可能就飞落湖里了。

作为一个初信者，你的信念可能有15度的偏差（或许你仍旧认为成功就是有栋漂亮的房子和一份好工作），不过在那阶段，它还不会造成什么伤害。我们也不期待信徒能立即成熟。但是，你若持续地以此偏差的信念生活多年，你可能就会落入深草区，甚至发现自己落入湖里。

在这一课,我们将探讨我们的信仰是否走在神为我们设定的人生轨道中,使我们的品格能越来越像耶稣。

在你学员手册上第102页有份"我相信什么?"的问卷,如果你尚未做完,现在请赶快做。

▶假设你的基本需求(食衣住行等)都已得到满足,你可能会想让自己的生活更成功、有意义、有成就、满足、幸福、有乐趣、安全和平静,于是你就朝向你相信能满足这些目标的方向走。

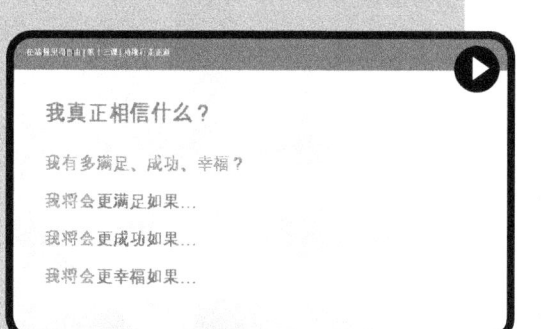

▶透过你所完成的句子:"我将会更满足如果…"、"我将会更成功如果…"等等,可以反映出你真正的信念。在当下,你是根据你真正的信念而活。

一个基督徒可以用五分(最高分)来回应这些问题("我有多成功?""我的生活多有意义?"等等)吗?那你认为,神要你成功吗?神要你觉得自己有保障吗?神当然不会要你过得不安、没意义、没成就感。

如果你觉得有些不对劲,或许你对这八个生活品质的定义,和神的定义不同。有可能你没有活出神要你过的日子,也有可能你在半路拐错了弯。若要走在正确的道路上,你理解成功、满足等等的真正意义就变得非常重要。亦即,我们看待这些东西和神所看的眼光是否一样?

我想说的是,我们当然可以每项都勾选五分,而且正如你将会看见的,我们并非依赖生命中的他人或周遭环境,而是我们有能力如此做。

在学员手册上第111页,你会看到我们将要探讨的摘要[或在教员手册第299页]。

成功来自正确的目标

让我们来看看对基督徒而言，成功意味着什么。

有位常常落入性试探的姐妹去找她的牧师。她引用约翰三书第2节「亲爱的弟兄啊，我愿你凡事兴盛，身体健壮。」接着她说："如果神应许给我们丰盛、成功和健康，为什么我没得到？"其实，她漏念了一句「正如你的灵魂兴盛一样」。这节圣经说得正对，只要她的灵命富足，她就会经历成功的人生。在神来看，成功必须从我们的内心开始做起。

我们极有可能是世人眼中的失败者，但却是神眼中的成功者。以旧约中的耶利米先知为例，在当时周围人的眼中，他像个彻底的失败者，但在神眼中，他是位成功人士。你有可能在这世上成功，但在永恒里却彻底失败。

▶成功和目标有关。成功来自于拥有正确的目标。

前一课，我们读了彼得后书1：3-10，看见神最关切的不是我们做什么，而是我们像什么。祂的目标是要我们在品性上，越来越像耶稣。

成功

成功来自于拥有正确的目标

让我们从我们的信念（信心）出发。我们首要的目标，是要领受神的样式——良善、知识、节制、忍耐、圣洁、仁慈和爱。专注在神所订立的生命目标，建立属神的品格，就会达到神眼中的成功。彼得承诺说，当这些品格藉着操练而在我们生命里面逐渐增长的时候，我们就变得有用、多结果子，也就不致跌倒。你希望能得到有效的根基，来建立真正的价值及成就感吗？这就是了。最棒的是，完全没有人可以拦阻你达到这目标！

你可能认为自己缺乏才能、才智或天赋，所以你无法成功或快乐。但这儿一点都没提到才干恩赐。因为这些天赋并非每个人都有，有的人有一样才干，有的人有十样。你可能会说"这不公平，神怎么可以这样？"其实你的尊严和价值并不是靠这些来决定的。你的价值来自于两样东西——你在基督里的身份以及你在品格上的成长。

虽然恩赐和机会未必分配得均匀，但是神却公平地把祂自己分给了我们。我们都是神的儿女，而且一个有十项才干的基督徒和一个只有一项才干的基督徒，两者皆可以在品格上成长。

那些不愿意在品格上委身于神这目标的基督徒，就会失败，正如我先前所提的那位姐妹。彼得说，他们忘了自己的罪已经被赦免（第9节）。换句话说，他们忘了自己在基督里的身份。如果你忘了你在基督里的身份，最好的做法是什么？把它记住！

另外一个检视成功的好例子，就是约书亚领导以色列人进入迦南地的故事，神对他说：

> 「只要刚强，大大壮胆，谨守遵行我仆人摩西所吩咐你的一切律法，不可偏离左右，使你无论往哪里去，都可以顺利。这律法书不可离开你的口，总要昼夜思想，好使你谨守遵行这书上所写的一切话。如此，你的道路就可以亨通，凡事顺利。」（书1：7-8）

约书亚的成功是依赖他人或环境的优势吗？不，他的成功端赖一件事：约书亚若信神的话并照样去行，他就会成功。这听起来很简单，但是神马上要约书亚经历考验，就是要他用一个非传统的作战方式攻克耶利哥城——绕城七天，然后吹号。想像一下，你若把这策略推荐给你的军事将领，如何？

但那就是神要他做的。约书亚的成功和争战的环境无关，而是和顺服有关。

▶成功就是接受神为我们生命所设立的目标，并靠着祂的恩典，成为祂要我们成为的样式。

这里有一道因信心所延伸的问题：在不违背神话语的情况下，你是否相信自己可以在事业上成功？在不违背神话语的情况下，你认为自己有可能被选为国会议员或地方政府的官员吗？

成功

成功就是接受神为我们生命所设立的目标，并靠着祂的恩典，成为祂呼召我们成为的样式。

意义来自善用时间

▶意义和我们如何运用时间有关。无关紧要的事会随着年日被遗忘,但有意义的事将会在永恒里被纪念。保罗写道:「人…的工程若存得住,他就要得赏赐」(林前3:14)。他教导提摩太:「在敬虔上操练自己。操练身体,益处还少;惟独敬虔,凡事都有益处,因有今生和来生的应许」(提前4:7-8)。如果你想让自己的生命更具意义,就要把你的精力放在有意义的事情上,也就是那些会存到永恒的事。

你可曾想过,世界视哪些事为有意义?和神的话相比,它们显得如何?足球总决赛经常是头条新闻,但是25年前谁得了总冠军,又有谁在意呢?青少年或许认为摇滚音乐很有意义,但是20年后,这些乐团会在哪儿呢?为了记录人的功绩,我们建纪念碑,但是一代未过,这记录一旦被超越过后,就会在人们的记忆中从此消退。▶无关紧要的事会随着年日被遗忘,▶但有意义的事将会在永恒里被纪念。

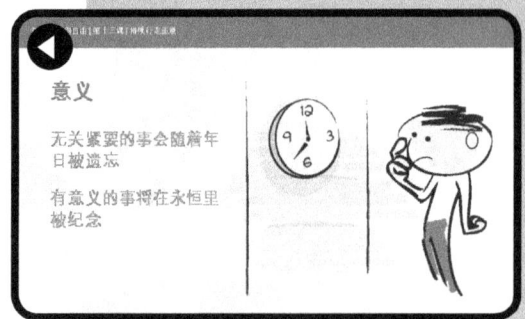

可悲的是,我们可能连自己的重要性也未曾察觉。你可知道,基督徒在神国度里所做的工会存到永远。你可能会说,"我只是帮忙教主日学"。哇,你把真理教给五岁的小孩!他们的选择会带来永恒的影响。所以,你所做的很有意义。教主日学也许看起来像是件小事,但是它也让父母得以安静参加崇拜、学习认识神。神的儿女中,没有一位是不重要的;在神国度里,也没有一项不具意义的任务。

▶成就感从服事人而来

彼得写道:「各人要照所得的恩赐彼此服事,做神百般恩赐的好管家」(彼前4:10)。因发现自己在基督里的独特性,以及运用恩赐和才干去建立他人并荣耀主,就能带给自己成就感。

这与世界所教导我们的相反,它和我们外在的环境几乎无关。

成就感来自于"在自己所处之地成长",而不是相信自己能改变某些环境或周遭的人。

有位工程师成为基督徒之后，开始查经小组，并且写了通告贴在布告栏。他的某位同事把它撕下来，递给他说："你不能把耶稣带进来这里。"

但是，另一位同事却在他的小组信主，且在他离职后，接下了查经小组的工作。

几个月后，他回去探望他们，新的组长对他说："你记得撕下那张宣传单的人吗？他病了，而且病危。我每晚都到医院去看他，我想你会很高兴知道，我带他信主了。"

他成了属灵的祖父。这完全缘自于他在自己工作的地方成立了一个简单的查经班，为了要做成保罗所写的：「作传道的工夫，尽你的职分」（提后4：5）。

我们每个人都有神所赐的独特位份（和该同事约谈是那位工程师的呼召，不是你的）。▸能发现自己生命中的那份独特呼召，就是我们实践成就的重要起点。关键在于，我们要找出哪些是自己无以替代的角色，然后定意在那些角色岗位里，成为神要我们成为的人。打个比方，世上有七十多亿人，只有你可以在你家中扮演独特的角色，如父亲、妻子、母亲、父母或子女，没有人能比你做得更好。神特别把你放在那儿，让你藉着服事你的家人来服事祂。

况且，你是唯一认识你邻居的人，你在你的工作上也扮演着基督使者的独特身份。这些都是你的宣教工场，神要你在那儿为祂收割。你最大的成就来自于接受神赋予你的独特角色，并尽你最大的努力，帮助你周遭的人们。同样，我们需要学习"在所处之地成长"。但可惜的是，很多人都忽略了生命的这份呼召，反倒在世界寻求成就感。请下定决心，在这世上担负起基督使者的身份，寻求你在神国度里的成就吧（林后5：20）！

不要模仿别人；而要成为神所造那独特的你。神不会问我，为什么不成为葛理翰。但祂可能会问我，为什么没有尽到本分！

满足来自于活出有品质的生活

▶什么能使我们得到生命真正的满足？耶稣说："饥渴慕义的人有福了，因为他们必得饱足"（太5：6）。你相信吗？如果你相信，你会做什么？你会渴慕公义。如果你没有这样做，说明了其实你并不相信。

真相是，除了活出公义的生活，没有任何东西能使你满足。

什么会导致你对人或对事不满？如果你向人们问起，他们何时会对某人或对某事不满的时候，答案不外乎是当人际关系的品质、服事的品质或工作的品质降低的时候。

所以满足是品质上的一个问题，并非量的问题。做好少数几件事比起随便做一堆事更能叫我们心满意足。个人满足与否的关键，不在于做很多的事，而是更深委身于自己做事的品质。

人际关系也是如此。如果你不满意你的人际关系，可能是因你待人太肤浅。所罗门说：「滥交朋友的，自取败坏；但有一朋友比弟兄更亲密」（箴18：24）。满足来自于委身于少数几位知己之间有意义的深交。

耶稣也为我们作了榜样。他教导许多群众，也装备七十位参与事工，但是他投放最多时间在十二位门徒身上。在这十二位当中，他又选了三个人——彼得、雅各和约翰——在很多关键时刻与他在一起，如：变像山、橄榄山上及客西马尼园里。从他被钉十字架受苦的时候，我们可以看出端倪，他把他的母亲委托给约翰照顾。这就是有品质的关系。我们都需要这种有品质的相交，才能使我们心满意足。

▶满足来自于过公义的生活，并且拥有富意义的人际关系。

满足

满足来自于活出有品质的生活

有趣的是，有些令人不满意的事，即使你把它们解决了，还是不会叫人满意。这些事就发生在教会里。人们可能会抱怨"空调太冷"、"太热啦"等等，但问题解决过后，并不会叫他们满意。那些人还是会找别的事来抱怨。满足来自于过公义的生活，并且拥有富意义的人际关系。

满足

满足来自于过公义的生活，并且拥有富意义的人际关系。

静思一

目标：

我们在此期望帮助学员看见，若要达成神为我们生命所订立的目标，就必须从这些地方开始做起——接受祂在我们生命中所赐下的恩典、学像祂、妥善做事及委身建立有品质的关系。

▶ 问题：

从我们刚才所听过的事当中，有哪些事特别吸引你？为什么？

作为基督徒，我们的成功有赖哪些事？

有哪些是世界称之为有意义，但在永恒中却没有意义的东西？

你如何能活出更有成就的生命？

请举例说明，你曾经做过或领受过真正能让你感到满足的事？为什么你觉得如此满足？

幸福来自珍惜我们所拥有的

▶世界对幸福的定义，就是得到我们想要的。广告告诉我们，我们需要一辆更时髦的车、更贵的香水，或其他更好、更快、更方便的一些东西。我们受电视、广告的影响，我们变得不安，非要拥有一些最现代、最时髦的东西。若得不到，我们就不快乐。

在基督里得自由　291

从来没有一个群体会因为拥有很多东西而快乐。为什么？因为东西并不会使我们快乐或幸福！真正的幸福很简单："幸福就是珍惜他们所拥有的"。一旦你专注于自己所没有的，你就永远不会快乐。但是，如果你珍惜你所拥有的，你就会快乐一辈子。保罗说：

> 「敬虔加上知足便是大利了。因为我们没有带什么到世上来，也不能带什么去。只要有衣有食，就当知足。」（提前6：6-8）

事实上，你已经拥有能使你快乐一辈子的东西了。你有基督！你有永生！你有一位爱你的天父，祂应许要供应你一切所需！怪不得，圣经一直提醒我们要感恩（帖前5：18）。尤其当你能想想，我们本来应该下地狱时，你就会感恩了。如果你要幸福，就要满足于你所有的，并因自己在基督里已拥有的东西而感恩。

然而，我们还是会想要更多。神领以色列民脱离奴隶的生活，清楚指示他们要去那里（日间有云柱，夜间有火柱带领他们），还定时给他们食物。但他们说什么呢？"我要更多！"他们每件事都抱怨，甚至他们说自己宁愿回去当奴隶。当我们到神面前的时候，神问我们生活得如何。你会说："还好，但我希望拥有更多一点"吗？如果祂说："我把我的独生子都给了你"，我们难道还会说："但我还想要更多"吗？

▶那些珍惜自己所拥有的，他们就会幸福快乐。当我们懂得为自己所拥有的东西感恩，而非着眼在自己所没有的东西上时，我们的一生就会幸福快乐。

幸福

幸福是懂得为自己所拥有的东西感恩，而非着眼在自己没有的东西上。

▶ 乐趣来自享受生活中的每时每刻

开心来自于抛开拘束，让乐趣自然发生。你有没有规划过一个重大的玩乐节目？通常当你规划玩乐的时候，结果都不会令人满意，并不能达到预期的效果。但有时到了最后一分钟，就在你决定放开拘束时，乐趣即时就来了。

世人都晓得要脱去拘束寻乐，所以他们跑去喝酒。但我们无需那样做。▶基督徒享受即时乐趣的秘诀，在于除去不合乎圣经的拘束。而主要拦阻基督徒享受乐趣的一件事

乐趣

乐趣来自享受生活中的每时每刻

乐趣

秘诀在于除去不合乎圣经的拘束,例如顾全面子

另一个打压我们快乐的想法,是我们总想"向某某人看齐",但问题是,为何要向他们看齐呢?他们连自己要去哪里也不知道呢!

安全感

当我们依靠不能长存到永远的东西时,我们就会觉得不安

杰慕艾略特(Jim Elliot)(1927-1955)当他还是一名学生,有一次为自己的前程祷告,寻求神带领的时候,他写了这些话。在他读学院的日记本中,他写着:"父啊,若你愿让我去南美洲,在那里与你同工,甚至为你而死…就让我快一些去吧。"1955年,在厄瓜多尔东部的库拉赖河边(Curaray River),他以及另外四名宣教士被澳卡印第安族人(Auca Indians)所杀,当时他们正为Missionary Aviation Fellowship进行宣教工作。

就是顾全面子。我们不想让别人视我们为不得体,也不想被轻看,所以我们压制自己的自发性,呈现自己端庄得体的一面。那来自于我们的血气,我们要取悦人。保罗说,要得人的喜欢,就不是服事主(加1:10)。不认同的人可能会不悦地抗议"人家会怎么说?"已获自由的基督徒会说:"谁在乎他们怎么说?我只在乎神怎么说。当我开始为教练而竞赛的时候,就早已不再为群众的掌声而演出了。"

我喜欢大卫王那无拘束的快乐。大卫因最终能将约柜迎回耶路撒冷而高兴不已,所以他在神面前踊跃跳舞。他知道神也因此欢欣。但是米甲,他那厌倦宴会的妻子,认为他的体态有失王者风范,就耻笑他。大卫说:"你这话不好,我是在主面前跳舞,不是在你或其他人眼前跳舞。无论你喜不喜欢,我都会继续跳"(延伸自撒下6:21)。结果,受神审断的不是大卫,而是米甲(撒下6:23)。讨主喜悦远比讨人欢心更有乐趣!

安全感来自于着眼永恒的价值

▶我们所以会觉得没有安全感,是因为我们依赖地上那些我们无法控制的事。你没察觉神正在震动这世界的根基吗?感觉不安是全球性的问题。你无须是个天才就能知道,这堕落的世界将会面对艰困的日子。人口爆炸,资源递减。我们正面对极大的矛盾和冲突。世界所发生的这些事件,似乎都摇撼着我们,要我们看见自己的保障究竟在何处。

我们只能在一个地方找到真正的保障,就是在基督的永恒里。耶稣说,没有人能从祂手中将我们夺去(约10:27-29)。保罗也说,没有任何事物能使我们与神的爱隔绝(罗8:35-39),我们也受了圣灵的印记(弗1:13-14),还有什么能比这保障更大?

我们现在所拥有的"东西"都将会失去。一位被杀的宣教士,杰慕艾略特(Jim Elliot)说:"若放弃那不能长存的而去得那不会朽坏的人并不是傻子。"保罗说:"我先前以为与我有益的,我现今因基督都当作有损的。不但

在基督里得自由　293

如此，我也将万事当作有损的，因我以认识我主基督耶稣为至宝。我为他已经丢弃万事，为要得着基督"（腓3：7-8）。

▶当我们着眼于永恒价值的时候，我们就会有保障。

平安来自平伏内心的风暴

"待人心存好意，世界就有平安"是每个人所向往的。那是一个很棒的渴望，不过却是个错误的目标。没有人能保证外在的平安，因为没有人能控制环境或他人。各国之间签约又毁约的次数出奇地频繁。一个和平抗议群体和激进团体相遇，结果却大打出手。夫妻哀求家里能有和平，只要"他（她）能处理好自己的事"。

▶若我们从外界寻求平安，我们将会大失所望。神给的平安是内在的，不是外在的。它关乎你内心的动静，而非外在的环境。

▶与神和好是我们已经拥有的（罗5：1）。▶至于神所赐的平安，则是我们内心每天必须去持守的。即使外面刮起狂风暴雨，我们仍能有内住的平安。「我所赐的平安不像世人所赐的。你们心里不要忧愁」（约14：27）。很多事情可以干扰我们外在的世界，因为我们无法掌握所有的环境和关系。但我们每天可以掌管自己的思想和情绪，让神的平安每天掌管我们的心。或许在我们周遭的环境一团混乱，但是神比外面的风暴更大。"每天发生在你生命中的事，都是神和你能够去处理的。"

敬拜、祷告和回应神的话将有助于我们经历神的平安（西3：15-16；腓4：6-7）。一言以蔽之，耶稣就是和平之子（赛9：6）。

今天是你余生的开始

▶今天是你余生的第一天！你可愿意让你的余生朝向神为你订立的人生目标，而且越来越像耶稣吗？

若要落实凭信心而活的生活，就要每天决定信神的话为真，并依靠圣灵的大能活出真理。

本课是否让你看清，你有那些信念尚未符合神的话？是否在哪里偏了15度？如果有，你现在该知道怎么做了。就是选择真理，更新你的心思。真理会叫我们自由，我们也会因不断更新思想而转变。

事实上，在你剩下来的年日里，你若继续照着去行，就会越来越像耶稣。你也需要丢弃旧有的信念，并持续地拥戴神藉着圣经向你所启示的真理。现在你已经有一些具体的策略可以帮助你了。我们每个人都可以做得到。神已经给我们能力去选择我们的信念。如果我能相信神说的话是真理，那么你也可以相信！

▶无论你曾离"更像耶稣"这条路多远，现在你都能确定你是神的儿女，祂喜悦你。无论你现在的景况如何，祂都非常关心你的生命，祂要给你的是一个有希望的未来（耶29：11）。▶更兴奋的是，你知道没有任何人或事能拦阻你成为神要你成为的样式。只有你自己才能决定是否要接受神为你所订立的人生目标。

▶神给你这目标，是要你更像耶稣。这和你的品格有关——你像谁，而非你做什么事情。

在结束前，我想要分享一篇文章（来源不详）。内容涉及作者如何接受神话语的抉择。你的余生是否也愿意作类似的选择：

> 我是"不怕羞辱团契"的一分子。我有圣灵的能力。大局已定，我已跨越地界。我已下定决心，我是主的门徒。我不会回头、松懈、放缓脚步、后退或不前。我的过去已被赎回，我的现在是真实的，我的未来是确定的。我的人生不再低迷；我不再走马看花、肤浅、委曲求全；我的梦不再单调；我的异象不再沉闷；谈话不再平庸；不再吝于给予；我的人生目标也不再卑微！

我不再需要世界的奖赏、富贵、地位、晋升、喝彩声，或名望。我未必永远都是对的；我无须名列前茅、成为顶尖人物；无须人们认同、赞美、看重或奖励。我如今在此活着，依靠信心而活；坚忍地爱，祷告中得力，并靠主的能力作工。

我的面容已定，我的步态快捷，我的目标乃是天堂，我的路是窄路，我的道路崎岖，我的同伴不多，我的向导可靠，我的使命清晰。我不能被收买、妥协、被阻扰、被诱惑、走回头路、降低标准，或拖延不前。面对牺牲的必要时，我不会退缩；面对逆境时，我不会犹疑；在仇敌面前，我不会让步；我不对名望动心；也不庸庸碌碌地待在人群里。

我不会放弃、闭口、松懈，或轻举妄动；直到我为基督传讲了、祷告了、付清了、存够了，并且坚持了。

我是耶稣的门徒，我必须去，直到祂来；给予，直至自己倒下；传讲，直至人人都知晓；并要作工，直到祂吩咐我歇息。

当祂再来接祂新妇的时候，祂必认得我，因我已活出基督的色彩。

我们为主所做的一切，不是为了赚取祂的赞同，或证明我们自己的能力。我们是因爱祂而做，因祂已为我们付上了一切。

你剩下的生命就摆在你面前，你可以成为神要你成为的样式，没有任何人事物能拦阻你。真叫人兴奋呀！

> 此宣言在各地被广泛流传。作者不详。有人说，它是由一位年轻的非洲牧师所写，他为了信仰的缘故经已殉道。另有些人宣称，它是为1966年美国举办的基督徒运动员团契退修会所编而有。无论是由谁所写，它确实是委身基督的大能宣言。阅读的人必须知道宣言内所提的各项，都是从内在的信心而来，而非"必须为神而做"的一种感受而已。

最后请学员向神表达，自己是否愿接纳神为他们所订立的人生目标。

你可以考虑鼓励学员们不定期地聚集，彼此鼓励，参考彼此"打击营垒"的策略，以及继续彼此团契的生活。

[用以下祷告作为结束：]

主啊！

感谢你，因着耶稣所做成的工，我们成了圣徒，是你圣洁的子民。我们的目标，是要按你造我们的样式而活。谢谢你，没有任何人事物可以拦阻我们。基督已释放我们，使我们得以自由。

我们相信你的真理，愿你的话更新我们的心思。

求你用你的圣灵充满我们，差遣我们带着你的能力出去，使我们越来越像耶稣，成为主的门徒，多结果子。

主啊，差我们到世界去，使万人作你的门徒。

感谢你，没有任何事会使我们与你的爱隔绝，谢谢你永远与我们同在。

我们爱你，我们愿意将你放在我们生命中的首位。因我活着就是基督，我死了就有益处。阿门。

 见证

在我们所探讨过的八大领域中，挑选其中的两个或三个领域。我们要如何将这些原则实行出来，以影响我们周遭的非基督徒。

 来临的一周

在"我相信什么？"问卷的八大领域中，哪一些对你来说最具挑战性？在学员手册上第111页有"神在你信心之旅中的指引"，请花一些时间阅读与该领域相关的经文。你也可以使用这些指引，来拟定你在心意更新上"打击营垒"的下一步策略。

在基督里得自由 297

静思二

目标：

鼓励学员反思自己目前的生活，并请他们将所领受的教导中的其中一两项关键思想应用在自己的生活中。

▶ 问题：

幸福来自于珍惜我们所拥有的东西，而不是得到我们想要的东西。假如这就是幸福的定义，那么你可以如何改变你对自己境遇的想法？

乐趣或许轻易就流逝，但主的喜乐却能长存。你如何能经历主的喜乐，并让你的基督徒生活更富趣味？

哪些因素会使人感到不安？你如何能让自己活得更有保障？

个人省思：依"我相信什么？"问卷所述的八大领域，写下其中对你而言最具挑战性的两个领域。你如何能在这两个领域中作出改善？

神在你信心之旅中的指引

成功来自于拥有正确的目标

成功就是接受神为我们所订立的人生目标，并靠着祂的恩典，按祂的呼召而活（书1：7-8；彼后1：3-10；约三2）。

意义来自于善用时间

无关紧要的事会随着年日被遗忘，但攸关紧要的事将会在永恒里被纪念（林前3：13；徒5：33-40；提前4：7-8）。

成就感从服事别人而来

成就是找出自己在基督里的独特之处，并使用我们的恩赐去造就别人，荣耀主（提后4：5；罗12：1-18；太25：14-30）。

满足感来自于过有品质的生活

满足来自于过公义的生活，藉着提升人际关系的品质和做事的品质，我们从中获得满足（太5：5；箴18：24；提后4：7）。

幸福来自于珍惜我们所拥有的

幸福是为着我们所拥有的而感恩，而不是着眼在我们所没有的东西，因为那些珍惜自己所有的人是幸福快乐的！（腓4：12；帖前5：18；提前6：6-8）。

乐趣来自于享受生命的每时每刻

其秘诀在于除掉不合乎圣经的拦阻，比如顾惜面子（撒下6：20-23；加1：10，5：1；罗14：22）。

安全感来自于着眼永恒的价值

当我们依靠那些会朽坏、不能长存到永远的东西时，我们就会心生不安（约10：27-30；罗8：31-39；弗1：13-14）。

平安来自于平伏内心的风暴

神的平安是内住的，不是外在的（耶6：14；约14：27；腓4：6-7；赛32：17）。

在你的教会走多一里路

更多应用

我们在这课程里所教的圣经原则，同样可以应用在其他更广泛的领域上。当课程开跑了之后，或许你会想在下述领域用上这些原则：

处理较深入的生命课题

"在基督里得自由"此课程主要传递两大讯息：第一，**每位基督徒都可以领受基督所赐予他们的一切**，去处理个人属灵的冲突，以致他们能成为结果子的门徒。第二，没有一位基督徒的问题会是太杂乱或太深，以致基督无法解决的。他们不但能够有解决之道，而且还可以成为结实累累的门徒。

我们可以提供训练和资源，装备你的教会，去帮助那些面对深入生命课题的信徒，比如曾经遭虐待、有进食障碍、忧郁、恐惧、上瘾性行为、自虐、经历创伤，或是患人格分裂的信徒。请你相信，这些案例并非"绝症"，他们日后甚至可以成为结实累累的门徒。我们曾经在一般的教会中见证过这些成功的案例，即使是普通人，只要他们靠着基督去做，都能带出非一般的果效。

释放你的婚姻得自由

个人能掌握自由是一回事，夫妻二人在婚姻中能共同得自由又是另一回事。藉着完成类似"在基督里得自由的步骤"，夫妻二人能够使他们的婚姻更加美满，有时甚至也帮助他们面对婚姻的挣扎，为婚姻带来极大的改善。Freedom In Christ 定期为教会领袖举办"释放你的婚姻得自由"夫妻营。为了个人婚姻的好处，你可以前来参加。不但如此，参加过后，你也可以使用我们在婚姻上的资源，带回去应用在你的教会。

释放你的教会得自由

教会容易落入分裂、纷争，和重复犯罪的模式中。好的教导或好的默想总是无法解决这些课题。因为检讨这些课题的时候，我们轻易就假定问题出在"别人"身上，而忽视了灵界的真实性。其实，我们并不是与人争战，乃是与"空中的邪恶势力"争战。忽略了这属灵真相，后果可真堪虑。在教会架构的集体运作里，我们确实可能会给仇敌留了地步，或继续容许仇敌霸占牠在教会所得的地盘。但我们要告诉你，铲除这些集体的"地盘"并不困难，而且通常还能为教会带来极大的转变。

"释放你的教会得自由"是集体的静修会，专为教会的领导层而设，让他们可以从中接受装备，去处理教会内的负面模式、分裂、重复犯罪、掌控，及其他根深蒂固的课题。

释放你的社区得自由

Freedom In Christ Ministries已开始在全英国各地，在不同地区的教会内应用"释放你的教会得自由"的方法，帮助各教会的领袖团。当领袖之间能真正同心为教会未曾解决的集体过犯真切地悔改时，我们期待能看见，它会带来属灵环境上的突破，以致更多人能回转归向主。对于定期地聚集的教会领袖们而言，我们随时可以作你们团契的催化剂和激励者，提供合宜的帮助。

欲知更多详情，请致电0118 321 8084，或上我们的网页www.ficm.org.uk查询。

为年轻人而设的"在基督里得自由"

> "每位年轻的门徒都寻求能与耶稣相遇,期待自己的生命能被改变。这崭新、激励人心的课程,将帮助年轻人发现自己是谁的真理,以致他们能被释放,按神造他们的样式而活。"
>
> Mike Pilavachi, Soul Survivor创办人兼主管

> "'在基督里得自由'是有创意的一门课,适用于青少年,能装备他们成为年轻一代结实累累的门徒。"
>
> Martin Saunders, Youthwork杂志编辑

为年轻人而设的"在基督里得自由"旨在让年轻人能平稳地成长为门徒,全心全意地为主多结果子,并为教会带来彻底的改变。无论年轻人身处什么遭遇或来自什么背景,一旦他们与真理联接以及认识自己在基督里的位分时,你就会看见他们如何被改变。他们将从压制缠累中被释放出来,并能不断更新自己的想法,以持守所得的自由。

它根据"在基督里得自由"的课程编辑而成,两个课程能同步使用,两者各课(包括选修的简介课)的内容皆对应。此课程由英国的British Youth For Christ以及Freedom In Christ Ministries共同设计而成。

此课程强调使用相关的、互动性质的多媒体教材进行教导,来配合11至18岁年轻人的身心所需。课程分11至14岁、15至18岁两个年龄班次进行。每一堂课都经过悉心包装,有适合他们年龄的丰富游戏组合、各项活动、带动讨论的引题、短片引用,以及讲解时段。

每堂课各有影片教学,由Youth For Christ的Nathan Iles及Kate John特别呈现。这些影片皆采取外景拍摄,藉着有力、现代、有娱乐性的教学方式,传达教学重点。每一堂课分三个阶段,按阶段分别传递两至四分钟的教学重点。

感谢好几位热心人士,他们慷慨地捐献了可观的一笔数目,作为课程制作的成本。为年轻人而设的《在基督里得自由》如今以惊人的价钱出售,让你物有所值。一份教员手册(包括DVD影片教学材料)只售35英镑。彩色的青少年手册,包括了每周笔记、适合其年龄层使用的《在基督里得自由的步骤》,每份只卖2.99英镑,而一套五份的组合装售价则12.99英镑。与成人版的课程一样,此版本课程另有圣经关键真理的明信片,可供您选购。

我们鼓励青少年领袖们向Freedom In Christ报名登记(无需付费),如此你就能登入我们的网页,下载相关的PowePoint档案和额外的一些讲义,并加入"Freedom In Christ For Young People"的线上教会区。另外,你也可以出席由Freedom In Christ定期所举办的"栽培结实累累的门徒"活动,或观赏相关的活动DVD影片(请看第24页)。

欲知更多详情,请上网查询
www.ficm.org.uk/youth。

成为FIC之友

透过这课程，你是否见过人们的生命被转化？

你是否愿意更多参与，好让自己的生命能发挥更大的影响力？

倘若你因这教学所产生在个人、教会和社区的影响力而深受激励，你可以参与我们的团队，让自己能发挥更大的影响力。非常欢迎你加入我们的团队！

Freedom In Christ Ministries这事工目的是为了要装备世界各地的教会，栽培出结实累累的门徒。我们的经费来源，端赖有心人士的支持。这些有心人已经明白了装备领袖的重要性，而且愿意付代价为教会的领袖们提供工具，以致领袖们能帮助信徒成为结实累累的门徒。

成为FIC之友表示你愿委身按月奉献给我们。而FIC将会为你提供最新的消息，让你知悉我们的事工近况，以及你的捐献如何使用在我们的事工中。

一般上，你的支持捐献将会用在以下五个领域：
- 协助装备英国的教会领袖
- 协助海外人士设立Freedom In Christ的全国办事处
- 把教材资料翻译成其他语言
- 与世界各地的组织机构携手装备领袖们
- 研发进深的训练和装备资源

请填写以下表格，或是登入网页 www.ficm.org.uk，注册成为FIC之友。

最后两则想法

- 有些团队在上完"在基督里得自由"课程时，他们对此课程感激万分，甚至他们向学员收取了奉献，并把所得的寄给我们。此举实在让我们非常蒙福！

- 你的教会是否可以支持Freedom In Christ Ministries？你可以从我们的网页，下载一份PowerPoint档案，里面说明了我们将会如何使用你们的支持和捐献。

请填妥此表格，寄到：Freedom In Christ Ministries, PO Box 2842, READING RG2 9RT

称谓：_____ 名字：_____ 姓氏：_____

地址：_____

邮递区号：_____ 电话：_____ 电邮：_____

☐ 附上一次过奉献，英镑_____

☐ 我已经安排了按月奉献的银行期票，银额为 ☐100英镑 ☐50英镑 ☐20英镑 ☐_____英镑

给付户名：Freedom In Christ Ministries　户头汇款代号：60-17-21　户口号码：54191653

援助捐献（只限须缴付英国税收者填写）*。本人须缴付英国税收，希望Freedom In Christ Ministries能把我的捐献，注明为援助捐献金(Gift Aid Donations)。

签署：_____ 日期：_____

*请注意，您呈报的所得税额必须等同于或大于您捐献额所取回的税收。倘若您申报的所得税有所更动的话，请记得通知我们。Freedom In Christ Ministries乃注册的慈善团体，注册号为1082555。

www.ingramcontent.com/pod-product-compliance
Lightning Source LLC
Chambersburg PA
CBHW082004220426
43661CB00058B/2674